中等职业教育国家规划教材配套教材

管理会计

(第5版)

张小磊　赵舒婷　主编

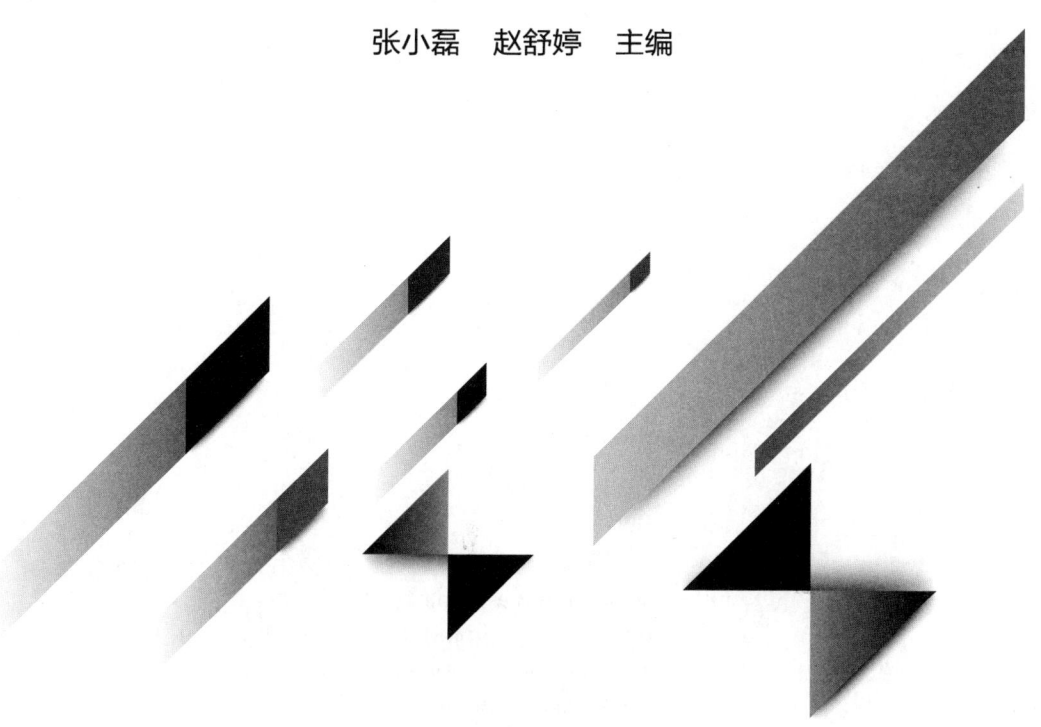

中国财经出版传媒集团
中国财政经济出版社

图书在版编目（CIP）数据

管理会计/张小磊，赵舒婷主编．—5 版．—北京：中国财政经济出版社，2018.12
（2022.7重印）

ISBN 978 – 7 – 5095 – 8654 – 9

Ⅰ．①管⋯　Ⅱ．①张⋯②赵⋯　Ⅲ．①管理会计 – 中等专业学校 – 教材　Ⅳ．①F234.3

中国版本图书馆 CIP 数据核字（2018）第 263839 号

责任编辑：王　芳　　　　　　责任校对：李　丽
封面设计：华乐功

中国财政经济出版社 出版

URL：http：//www.cfeph.cn
E – mail：jiaoyu@cfeph.cn

（版权所有　翻印必究）

社址：北京市海淀区阜成路甲 28 号　邮政编码：100142
营销中心电话：010 – 88191537　北京财经书店电话：64033436　84041336
北京富生印刷厂印刷　各地新华书店经销
787×1092 毫米　16 开　12.75 印张　306 000 字
2019 年 1 月第 5 版　2022 年 7 月北京第 2 次印刷
定价：26.00 元
ISBN 978 – 7 – 5095 – 8654 – 9
（图书出现印装问题，本社负责调换）
本社质量投诉电话：010 – 88190744
打击盗版举报热线：010 – 88191661　QQ：2242791300

第5版说明

为全面贯彻落实《国家教育事业发展"十三五"规划》(国发〔2017〕4号)、《关于印发管理会计基本指引的通知》(财会〔2016〕10号)及《财政部关于全面推进管理会计体系建设的指导意见》(财会〔2014〕27号)等文件,我们依据教育部最新颁布的《中等职业学校会计专业教学标准(试行)》对中等职业教育国家规划教材配套教材《管理会计》进行了修订。

本书按照培养有素质、有技能职业人才的要求,进行了以下修订:

1. 作为职业教育教材,我们编写时全面贯彻按照"适应需求、面向人人、有机衔接、多元立交"的思路,以增强学生核心素养、技术技能水平和可持续发展能力为重点,对接最新行业、职业标准和岗位规范,从理论够用、实训知识并重的角度设计教材体系,着力于加强中职学校学生实践能力和职业技能的培养。

2. 本书以培养学习者的职业能力为根本出发点,以管理会计的预测、决策、控制、考评为重点,将"知识、技能、素质"融入到了每一个案例中。

3. 修订了原教材中不规范的文字,更正了图例中的错误以及教材中不合理的结构及内容。

4. 每一章增加了知识点框架,让学习者清楚每一章节的知识点及重点内容;删除了对中职生来说较难的知识及案例,使教材内容更加容易理解。

本书由四川省成都市财贸职业高级中学校张小磊、赵舒婷两位老师担任主编。张小磊老师确定本书编写的指导思想与基本要求,负责全书整体框架,提出修订大纲,张小磊和赵舒婷老师对编写内容进行审核。各章编写分工如下:第一章由赵舒婷老师编写,第二、三章由尹媛媛老师编写,第四、五章由蔡小清老师编写,第六、七章由楼庆冬老师编写,第八、九、十章由牟甘犊老师编写。本书上一版由胡冬鸣、张振国担任主编。在教材的出版过程中,我们得到了众多知名会计专家、一线教师以及行业从业人员的指导和帮助，在此表示感谢。但新的管理会计规定在教学与实践中的贯彻执行仍需有个过程，我们真诚地希望各类中职学校在教材的使用中，能够总结经验，及时提出修改意见和建议，使之不断完善和提高。

编者
2018 年 8 月

目 录

第一章 概 论 ………………………………………………………………（ 1 ）
    第一节 管理会计的形成和发展 ………………………………………（ 1 ）
    第二节 管理会计的基本理论 …………………………………………（ 3 ）

第二章 成本习性和变动成本法 …………………………………………（ 7 ）
    第一节 成本习性概述 …………………………………………………（ 7 ）
    第二节 混合成本及其分解 ……………………………………………（ 13 ）
    第三节 边际贡献 ………………………………………………………（ 19 ）
    第四节 变动成本法 ……………………………………………………（ 20 ）

第三章 预测分析 …………………………………………………………（ 35 ）
    第一节 预测分析概述 …………………………………………………（ 35 ）
    第二节 销售预测 ………………………………………………………（ 38 ）
    第三节 成本预测 ………………………………………………………（ 47 ）
    第四节 利润预测 ………………………………………………………（ 51 ）
    第五节 资金预测 ………………………………………………………（ 69 ）

第四章 经营决策 …………………………………………………………（ 72 ）
    第一节 经营决策概述 …………………………………………………（ 72 ）
    第二节 经营决策的方法 ………………………………………………（ 76 ）
    第三节 经营决策案例分析 ……………………………………………（ 81 ）

第五章 投资决策 …………………………………………………………（ 94 ）
    第一节 投资决策概述 …………………………………………………（ 94 ）
    第二节 投资决策分析的要素 …………………………………………（ 96 ）
    第三节 投资决策的一般方法 …………………………………………（108）
    第四节 固定资产更新改造决策分析 …………………………………（114）

第六章 全面预算 …………………………………………………………（116）
    第一节 全面预算概述 …………………………………………………（117）

第二节　全面预算的编制 …………………………………………… (121)
　　第三节　预算编制的几种方法 ……………………………………… (130)

第七章　标准成本控制 …………………………………………………… (134)
　　第一节　标准成本控制概述 ………………………………………… (135)
　　第二节　标准成本的制订 …………………………………………… (137)
　　第三节　成本差异的计算和分析 …………………………………… (140)
　　第四节　成本差异调查和例外管理 ………………………………… (147)

第八章　存货控制 ………………………………………………………… (152)
　　第一节　存货控制概述 ……………………………………………… (152)
　　第二节　经济批量法 ………………………………………………… (156)
　　第三节　ABC 分类控制法 …………………………………………… (160)

第九章　作业成本法 ……………………………………………………… (163)
　　第一节　作业成本法概述 …………………………………………… (164)
　　第二节　作业成本计算 ……………………………………………… (168)

第十章　责任会计 ………………………………………………………… (173)
　　第一节　责任会计概述 ……………………………………………… (174)
　　第二节　责任中心及其考评 ………………………………………… (176)
　　第三节　内部转移价格 ……………………………………………… (180)
　　第四节　责任中心业绩报告 ………………………………………… (182)

附　　表 …………………………………………………………………… (185)
　　附表 – 1　复利终值系数表 ………………………………………… (185)
　　附表 – 2　复利现值系数表 ………………………………………… (188)
　　附表 – 3　年金终值系数表 ………………………………………… (191)
　　附表 – 4　年金现值系数表 ………………………………………… (194)

第一章 概 论

思维导图

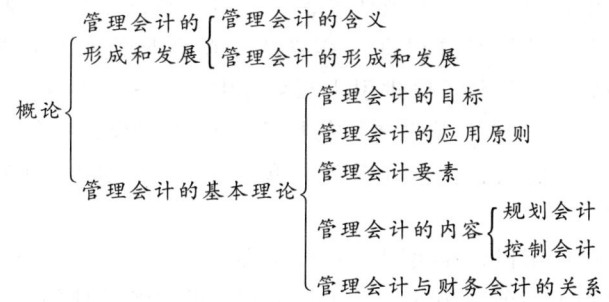

学习目标

本章要求在了解管理会计产生、发展的基础上,掌握管理会计的概念,以及管理会计的目标、原则、要素及内容等。了解管理会计与财务会计的主要关系,为以下各章节的学习打下基础。

第一节 管理会计的形成和发展

一、管理会计的含义

财政部在 2014 年 10 月 27 日颁发的《财政部关于全面推进管理会计体系建设的指导意见(财会〔2014〕27 号)》文件中,为管理会计定义如下:

管理会计是会计的重要分支,主要服务于单位(包括企业和行政事业单位)内部管理需要,是通过利用相关信息,有机融合财务与业务活动,在单位规划、决策、控制和评价等方面发挥重要作用的管理活动。管理会计工作是会计工作的重要组成部分。

管理会计是会计方法和管理方法的结合与统一,它充分利用会计的信息并同管理的需要结合形成了专门的规划和控制的方法。规划就是在事前对未来进行预测、确定预期目标,然后对备选方案进行科学的决策,选择可以实施的最优方案;控制就是在经营活动中,把实际情况与预期目标进行比较、分析,以控制不利的因素。"会计"与"管理"结合，管理会计就不会局限于事后的反映和监督，而是规划未来，控制现在。

管理会计不仅仅是"会计"与"管理"的结合，它还把统计学、运筹学、数学等方法融会贯通，成为一门将多学科融为一体的综合性学科。

二、管理会计的形成和发展

管理会计从传统的财务会计中分离开来，并成为与财务会计并列的独立学科，是社会生产力发展到一定阶段的产物，也是会计发展的必然结果。管理会计的初步形成可以追溯到20世纪20年代，美国人泰罗在总结传统管理经验和教训的基础上，着重从工人工作的时间、动作的合理配合上进行研究。他一方面按不同工种选择最优工人，测定其在标准工作时间内的标准工作量；另一方面把劳动中多余的动作去掉，使工人操作科学化、合理化，最大程度地提高生产效率。泰罗被西方誉为"科学管理之父"。西方会计界在泰罗的科学管理学说指引下，开始研究并促进"泰罗制"在企业经营活动中广泛应用，将标准成本、差异分析和预算控制等科学管理引入到会计中来。这也就改变了人们以往一直否认会计具有管理职能的观点。与"泰罗制"的推广应用相配合，一些新观念、新方法在会计实践中得到不断的充实完善，使会计突破了单纯的事后计算和反映，而进入事前事中，规划未来和控制现在。

20世纪40年代~50年代，在美国，人们开始研究并利用系统数学解析方法，使运筹学、概率论的应用得到了空前的拓展。运用数学方法说明经济现象，使原本多变的、不确定的、不定量的经济现象得到具体而肯定的答案，从而使企业在竞争中获取最大经济利益。这种预测未来，参与企业决策的管理活动，形成了决策会计的主要内容，也为管理会计奠定了基础。

从20世纪50年代起，欧美国家进入了战后经济发展时期，这一时期，现代科学技术突飞猛进并广泛地应用于生产经营，使生产力得以迅速发展。但是，跨国公司大量涌现，企业规模不断扩大，生产经营更趋复杂，市场情况瞬息万变，竞争异常激烈。企业对此必须事先确定正确的经营目标，制定科学的经营决策。面对经济发展的新形势，当年的"泰罗制"已无法适应。在这种形势下，行为科学作为一种现代管理科学应运而生。行为科学主要是应用心理学、社会学的原理来探讨调整人际关系，引导激励企业员工在经营活动中发挥主观能动作用，以实现最大经济效益。按照行为科学所确定的原理和方法，企业应实行"目标管理"，并要求在一定时期内实现事前确定的总目标。在这个总目标下，企业内部各管理层围绕这个总目标，各自制定一个与总目标相应的具体目标，实行目标管理。企业的各个管理层都是一个责任中心。各级管理层负责人根据员工完成目标的情况予以考核。企业负责人不仅要求会计能如实反映整个企业的经营成果，而且要求控制和考核各责任中心和员工的工作业绩。这样，会计与责任的控制和考核相结合，就形成了管理会计另一个重要内容——责任会计。

综上所述，管理会计从财务会计中分离出来后，又不断吸取了现代管理科学，如信息论、系统论、控制论和行为科学等方面的成果，发展成为以电子计算机为工具的一门新的相对独立的、多门学科相互渗透的综合性学科。

第二节　管理会计的基本理论

国家财政部在 2016 年 6 月 22 日发布的《管理会计基本指引（财会〔2016〕10 号）》文件中对于管理会计的目标、应用原则和要素等都做出了明确规定。

一、管理会计的目标

管理会计的目标是通过运用管理会计工具方法，参与单位规划、决策、控制、评价活动并为之提供有用信息，推动单位实现战略规划。

二、管理会计的应用原则

1. 战略导向原则

管理会计的应用应以战略规划为导向，以持续创造价值为核心，促进单位可持续发展。

2. 融合性原则

管理会计应嵌入单位相关领域、层次、环节，以业务流程为基础，利用管理会计工具方法，将财务和业务等有机融合。

3. 适应性原则

管理会计的应用应与单位应用环境和自身特征相适应。单位自身特征包括单位性质、规模、发展阶段、管理模式、治理水平等。

4. 成本效益原则

管理会计的应用应权衡实施成本和预期效益，合理、有效地推进管理会计应用。

三、管理会计要素

在《管理会计基本指引》中，管理会计要素被概括为应用环境、管理会计活动、工具方法、信息与报告四个方面。

1. 应用环境

管理会计应用环境，是单位应用管理会计的基础，包括内外部环境。内部环境主要包括与管理会计建设和实施相关的价值创造模式、组织架构、管理模式、资源保障、信息系统等因素。外部环境主要包括国内外经济、市场、法律、行业等因素。

2. 管理会计活动

管理会计活动是单位利用管理会计信息，运用管理会计工具方法，在规划、决策、控制、评价等方面服务于单位管理需要的相关活动。

3. 工具方法

管理会计工具方法是实现管理会计目标的具体手段。管理会计工具方法是单位应用管理会计时所采用的战略地图、滚动预算管理、作业成本管理、本量利分析、平衡计分卡等模型、技术、流程的统称。管理会计工具方法主要应用于以下领域：战略管理、预算管理、成本管理、营运管理、投融资管理、绩效管理、风险管理等。

4. 信息与报告

管理会计信息包括管理会计应用过程中所使用和生成的财务信息和非财务信息。单位生成的管理会计信息应相关、可靠、及时、可理解。管理会计报告是管理会计活动成果的重要表现形式，旨在为报告使用者提供满足管理需要的信息。管理会计报告按期间可以分为定期报告和不定期报告，按内容可以分为综合性报告和专项报告等类别。

四、管理会计的内容

管理会计的基本内容概括为规划、控制现在和评价过去。规划和控制也是管理会计的两项基本职能。

管理会计的内容可按其基本职能分为规划会计和控制会计两个部分。

（一）规划会计

"规划"是根据预测的资料，作出决策方案，再据以制订出企业各项目标的过程。规划是预算的基础和决策目标的依据。

规划会计从预测开始，根据短期和长期预测资料，作出经营决策和投资决策。根据经营决策和投资决策的资料制订出企业的目标利润。根据目标利润编制全面预算和进行各项控制。

1. 预测

预测一般包括利润预测、成本预测、销售预测、资金预测等，通过预测分析可以了解企业生产经营前景和经济发展趋势，在此基础上确定未来一定时期的各项经济目标。协助管理当局作出决策，并在此基础上编制出责任预算和全面预算。

2. 经营决策

经营决策主要运用量本利分析的方法，确定企业未来经营目标，并以此为基础，通过对有关可行性方案的分析、评价，选取产品开发、设备利用、产品销售等方面的最佳方案。经营决策主要包括价格决策、生产决策、成本决策、销售决策等。

3. 投资决策

投资决策是在确定预期投资报酬水平和以货币时间价值为基础，通过可行性方案的研究、对比，评价投资得失，择优而定。

4. 全面预算

全面预算一般采用变动成本计算方法将企业的经营目标以数量形式表现出来，建立一个包括生产、供应、销售、资金、成本和利润等在内的相互联系的预算体系，从而使企业内部各部门和生产经营各环节相互协调，保证既定目标的实现。

（二）控制会计

"控制"是以预算执行情况所反映的信息进行记录、计算、比较、分析，并揭示实际与预算的差异,在对差异原因作出合理分析的基础上,采取妥善处理措施的过程。控制的目的在于使规划和决策得以顺利实现。

控制会计以责任会计为主体,根据有关目标执行情况的信息,协助管理当局进行有效控制。各项控制主要是指存货控制和成本控制。

1. 存货控制

存货控制一般采用 ABC 控制法和经济批量法,在保证企业经营活动对存货正常需要的前提下,尽量降低存货成本费用。通过对存货成本的构成及其相互关系的计量与分析,确定存货的进货批量和储存的合理数量,并制订相应的日常存货控制制度与方法。

2. 成本控制

成本控制采用标准成本制度进行,即通过对历史成本资料的分析、对比,对未来经济、技术的测定,预先确定产品的标准成本。将实际成本与标准成本进行比较、分析,找出成本差异的原因,以达到降低产品的成本。

3. 责任会计

责任会计是企业内部各个层次的责任中心与其经济业绩进行计量、检查和考核的内部控制制度。责任会计的内容一般分为:①划分责任中心,规定责权范围;②编制责任预算,分解目标责任;③编制业绩报告,考评工作业绩等。

五、管理会计与财务会计的关系

(一) 管理会计与财务会计的联系

1. 同属于现代会计

管理会计与财务会计源于同一母体,共同构成了现代企业会计系统的有机整体。两者相互依存、相互制约、相互补充。

2. 最终目标相同

管理会计与财务会计所处的工作环境相同,共同为实现企业和企业管理目标服务。

3. 相互分享部分信息

管理会计所需的许多资料来源于财务会计系统,其主要工作内容是对财务会计信息进行深加工和再利用,因而受到财务会计工作质量的约束。作为管理会计控制的主要方法,标准成本制度也被引入财务会计中,同时管理会计内部使用的现金流量表等也被财务会计列入对外公布的报表。

4. 两者的服务对象是交叉的,不是完全割裂的

实际上,财务会计作为外部会计同时也对企业内部服务;管理会计作为内部会计仍然也为外部服务。譬如,财务会计所提供的许多指标和资料,如资金、成本、利润等,是企业管理人员编制预算、制定决策方案、实施控制所必不可少的。再如,管理会计所提供的投资决策、可行性研究结果,对于企业的外部投资者、债权人及其他有关方面决定投资、贷款也是重要的参考信息。

（二）管理会计与财务会计的区别

1. 服务对象不同

管理会计主要为企业内部管理人员服务，为企业内部各级管理人员提供有效经营和最优决策的信息，是为强化企业内部管理、提高经济效益服务的，所以也称为"内部会计"。而财务会计则是为企业所有者及有经济利害的关系人服务的。财务会计虽然对内、对外都能提供有关的会计信息，但它侧重于对企业外界有经济利害关系的团体或个人服务，如股东及潜在的投资者、银行及其他债权人、工商税务和主管部门等，所以也称为"外部会计"。

2. 核算重点不同

管理会计着重于规划未来、控制现在和评价过去。即它不仅要反映过去，而且要利用历史记录来预测和规划未来，参与决策、控制和评价企业的所有经济活动。而财务会计着重反映过去，单纯地提供历史的经济信息。

3. 核算依据不同

管理会计不受公认的会计准则和会计制度的约束，它通常不需要填制凭证及账务处理，其报表也可根据管理人员需要自行设计，而且也不定期编制。管理会计一般采用经济决策和数学方法。它只是受经营决策中的成本与效益关系的约束。财务会计则必须严格遵守会计准则和会计制度。财务会计从填制凭证、登记账簿到按规定格式定期编制财务报表，都必须符合规定。

4. 核算主体不同

管理会计主要是以企业内部各个责任部门为主体，对它们的经营活动的业绩进行控制、考核和评价。也可以从整个企业、生产经营的全过程出发进行协调和平衡，最大限度地提高企业的经济效益。而财务会计则以整个企业的生产经营全过程来综合考核、评价企业整体的财务状况和经营成果。

5. 编报时间不同

管理会计可以根据企业管理的需要编制各种报表，既不受格式的限制，也不受时间的限定，可以按月、按季、按年，甚至按天、按周、按若干年来编制报表。它既可以编制过去某一时期的报表，也可以编制未来某一时期的报表。而财务会计则根据会计账簿的记录来编制固定格式的报表，其时间上通常是按月、按年编制。

6. 法律效力不同

管理会计编制的报表，是为加强内部管理服务的，不对外公布，不具有法律效力。而财务会计编制的报表，对外公布，它必须提供真实、可靠的财务会计信息才能满足外部经济利害关系者的需要，因此是具有法律效力的。

7. 计算精确程度不同

管理会计在企业内部规划未来、控制现在时带有预测成分。因此，其所提供的数据不可能也不要求绝对精确，一般只要求近似计算即可。而财务会计则要求所提供的数据都是有依据的，即从实际发生的经济业务中取得。因此，财务会计所提供的数据力求准确，通常计算到小数点后两位。

第二章 成本习性和变动成本法

思维导图

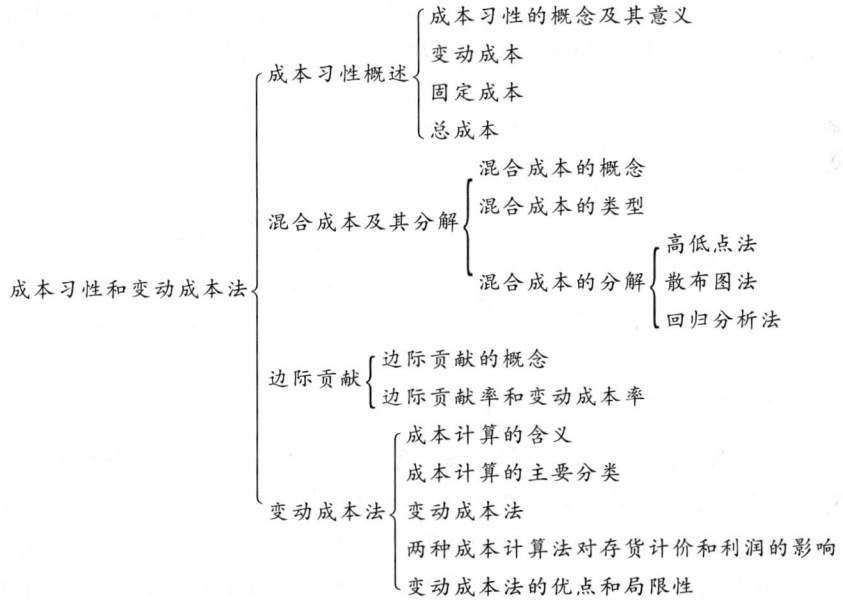

学习目标

通过学习成本习性，掌握变动成本、固定成本、混合成本等概念；认清成本在管理会计中具有的重要意义；掌握各种成本的模型以及混合成本的分解；在了解变动成本法和完全成本法区别的基础上，掌握变动成本的应用；掌握两种成本法对存货计价和利润的影响，以及两种成本法下当期损益差异数的变动规律。

第一节 成本习性概述

一、成本习性的概念及其意义

成本是企业在生产经营过程中发生的各项耗费，是综合反映企业生产经营效益的一项重要经济指标。财务会计中将成本划分为制造成本和非制造成本两大类。制造成本一般分为直接材料、直接人工和制造费用。非制造成本（即期间费用）可分为销售费用、管理费用和财务费用。这种成本分类能反映成本的基本构成，揭示成本实际形成过程，从而在一定程度上有助于了解成本发生的具体内容，以分析成本升降的原因，并寻找降低成本的途径。但是，它没有同企业的生产能力联系，无法满足事前成本的规划和控制，也就无法进一步挖掘企业内部降低成本的潜力。然而在管理会计中有一种具有重要意义的成本分类新标志，那就是成本的习性。

（一）成本习性的概念

成本习性又称成本性态，它是指成本总额与业务总量（产量、销售量）之间的依存关系。确切地讲，就是全部成本中哪些成本与业务量变化有关，哪些成本与业务量的变化无关。这里的业务量是指企业在一定的生产运营期内投入或完成的经营工作量的统称。按业务量变动对成本的影响，可以将全部成本划分为变动成本和固定成本两大类。

财务会计将制造成本分为三类，其与管理会计按成本性态分类的关系如下：

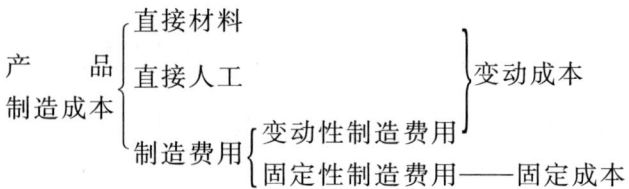

（二）成本按习性分类的意义

成本按习性分类就是通过成本与业务量之间的特定数量关系，掌握业务量的变动对各类成本变动的影响。同时，将全部成本划分为变动成本和固定成本两大类。成本按习性分类是管理会计对企业经济活动进行规划和控制的先决条件，有助于管理会计充分发挥规划和控制的作用。它贯穿于管理会计的基本内容，是管理会计中一系列计算、分析方法的基础。按成本习性来规划、控制成本具有重要意义。

1. 成本按习性分类是实行变动成本法的前提

变动成本法与传统的完全成本法不同，两者的根本区别在于产品成本的内容及范围不一致。在完全成本法下，产品成本包括了产品成本的全部，即包括直接材料、直接人工和制造费用；而在变动成本法下，产品成本只包括变动的生产成本，即包括直接材料、直接人工和制造费用中的变动部分，而把制造费用中的固定部分与销货及管理费用一起纳入期间费用，并在当期收益中予以扣除。变动成本法突破了传统的产品成本概念，从而使产品成本的计算、存货的计价和期间费用的计算以及损益的确定等有别于传统的完全成本法。

2. 成本按习性分类可为企业经营决策提供重要信息

在变动成本法下，销售收入减去变动成本就是边际贡献，根据边际贡献的大小可以对企业经营活动中某些备选方案进行分析评价，从而作出正确的决策。如企业产品定价决策、"亏损产品"是否应停产的决策、生产的合理安排等决策，都需要利用边际贡献这一数据，而这一数据的由来离不开成本按习性分类，即变动成本。

3. 成本按习性分类是企业开展本量利分析的基础

本量利之间的依存关系只有在成本按习性分类的情况下才能清晰显现,而在完全成本法下这种依存关系无从寻找。在相关的业务量范围内,固定成本与单位变动成本是相对不变的,从而就使收入何时补偿全部成本的计量成为可能,由此,可计算保本点销售量(额)以及目标利润等。

4. 成本按习性分类有助于实行弹性预算和进行成本控制

弹性预算是一种能够适应业务量变化的预算,它要求随着业务量的变化随时能适应变化了的成本数据。有了成本按习性分类,就能充分反映业务量与总成本的依存关系。

进行成本控制,必须要先确定可靠的标准。在相关范围内,单位变动成本相对不变,因此,以此作为单位产品成本的控制标准就具有一定的稳定性。而如果把固定性制造费用也计入产品成本,那么,产量一有变化,其单位产品成本就会发生变化,显然,不利于对成本进行控制和考核。

成本按习性分类,是成本管理的客观要求,也是管理会计分析方法的基础。变动成本和固定成本是管理会计中最基本的概念,进行成本按习性分类有助于企业从数量上具体掌握成本与业务量之间的内在规律,为企业预测、规划、控制、决策、分析和考核提供有价值的信息,从而可以进一步挖掘企业潜力,充分调动员工的积极性,实行最优化管理和提高企业经济效益。

二、变动成本

变动成本是指成本总额在相关范围内随着业务总量的变动而呈线性变动的成本。如财务会计中的直接材料、直接人工、变动性制造费用、营业税金等都属于变动成本。

[例 2-1] 红兴厂生产 A 产品,单位产品耗用原材料 1 千克,该种材料价格为 3 元/千克,单位产品耗用原材料为 3 元。设产品的月产量为 x,单位原材料成本为 b,那么耗用原材料的总成本为 bx。它们之间的关系如表 2-1 所示。

表 2-1　　　　　　　　　A 产品产量和材料成本表　　　　　　　　　单位:元

产量(件) (x)	变动成本 (耗用原材料成本总额 bx)	单位变动成本 (单位产品耗用原材料成本 b)
1000	3000	3.00
2000	6000	3.00
3000	9000	3.00
4000	12000	3.00
5000	15000	3.00
6000	18000	3.00

从表 2-1 中,可以看出变动成本有两个基本特点:变动成本总额随业务总量变动而呈正比例变动;单位变动成本则不随业务量而变动,是固定不变的。

变动成本总额和单位变动成本的特点可以用模型来表示,如图 2-1、图 2-2 所示。

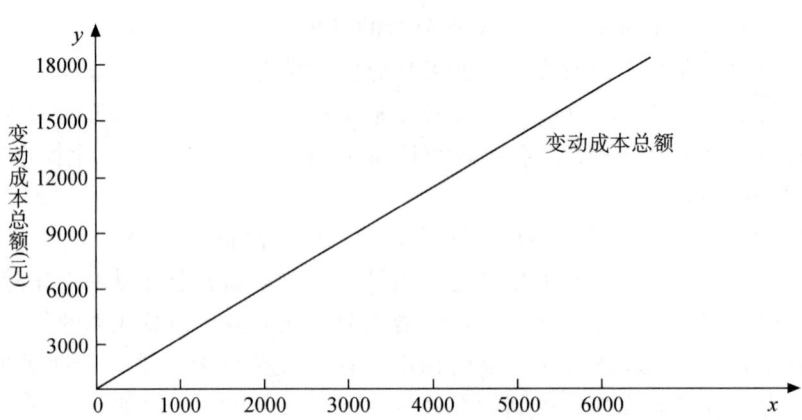

图 2-1 变动成本的习性模型图

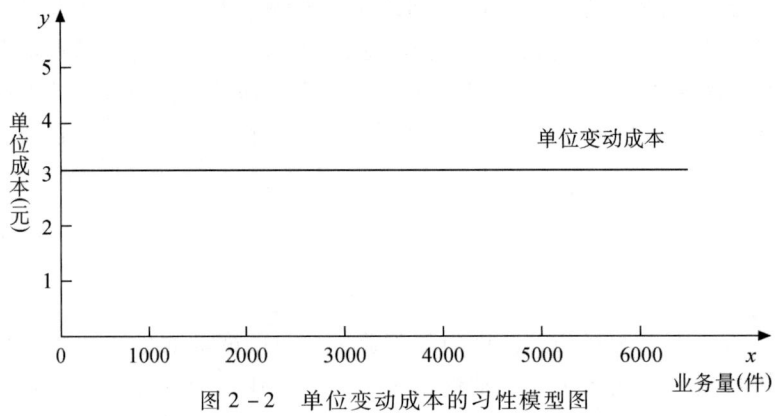

图 2-2 单位变动成本的习性模型图

从变动成本的特点可以看出,企业要降低变动成本多盈利,不在于扩大业务量,而在于尽可能降低单位变动成本,如降低商品的进货成本和降低产品的直接材料及直接人工。这是因为变动成本总额的降低并不一定会使单位产品利润增加。

必须注意的是,在实际工作中,变动成本总额与业务量之间的正比例增减变动关系可能只在一定业务量范围内存在,超过这个范围就可能表现为非正比例增减变动关系。我们把这个特点的业务量范围称为"相关范围"。在相关范围内变动成本总额与业务量总额之间是保持严格、完全的线性关系,但在相关范围以外,则可能表现为非线性关系。

三、固定成本

固定成本是指成本总额在一定时期和相关范围内,不受业务总量变动影响的成本。如管理人员工资、房屋的租金、直线法计提的固定资产折旧等。

[例2-2] 红兴厂每月支付房屋租金3000元,假定[例2-1]中其他条件不变。我们可以通过本例,了解业务量在一定范围内固定成本(租金)与业务量之间的数量关系。如表2-2所示。

表 2-2　　　　　　　　　　　A 产品产量和租金成本表　　　　　　　　　　单位：元

产量（件）(x)	固定成本（月租金）	单位产品固定成本（单位产品租金）
1000	3000	3.00
2000	3000	1.50
3000	3000	1.00
4000	3000	0.75
5000	3000	0.60
6000	3000	0.50

从表 2-2 中，可以看出固定成本的两个基本特点：固定成本总额不随业务量变动即固定不变；单位产品的固定成本随业务量的增减而呈反比例变动。

固定成本总额和单位业务量的固定成本的特点可以用模型来表示，如图 2-3、图 2-4 所示。

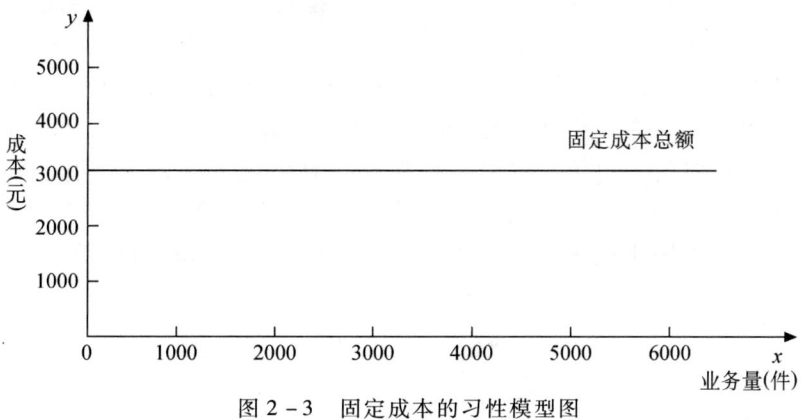

图 2-3　固定成本的习性模型图

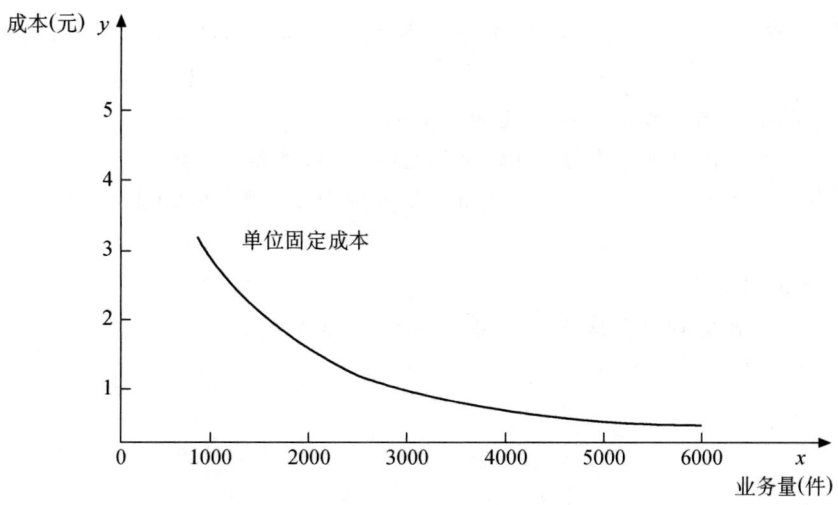

图 2-4　单位固定成本的习性模型图

固定成本总额模型（图2-3），表明固定成本总额不受业务量变动影响，在图中表现为一条与横轴平行的直线。单位固定成本模型（图2-4），表明单位固定成本随业务量的增减变化在图中表现为一条随着业务量增加而递减的曲线。

需要强调，在一定时期和一定业务量范围内（即相关范围内），固定成本总额不随业务量的增减而变动。如果业务量超越相关范围，则固定成本必会发生相应变动。因为，当需要完成的业务量突破了现有生产能力时，势必需要增添设备、扩建车间厂房和增加人员等，从而使固定成本中的折旧费和管理人员工资等相应增加。另外，固定成本总是与特定的计算期相联系，一个月的固定成本与一年的固定成本的水平肯定不同。

还应指出，在实际工作中，固定成本还可以根据管理行为是否能改变支出数额划分为约束性固定成本和选择性固定成本。所谓"约束性固定成本"是指管理当局的决策行为无法改变其支出数额的固定成本，如按直线法计提的固定资产折旧费、管理人员工资、租金等，这些都是企业为持续生产经营活动必须负担的最低成本，即使企业生产经营中断，这些成本费用仍将发生，甚至不会减少，因此具有极大的约束性。企业要想降低约束性固定成本，只有从经济合理地利用企业生产能力、提高产品产量着手，相对减少每个业务量所含的单位固定成本。所谓"选择性固定成本"则是指通过管理当局的决策行为可以改变其支出数额的固定成本，如广告宣传费、职工培训费、研究开发费等。这些成本费用支出对企业扩大产品销路、提高产品质量、增强竞争能力是有好处的。但是，其支出数额的多寡又非绝对不可改变。选择性固定成本的支出水平一般是每个会计年度确定的，如果企业遇到未曾预料的困难时，决策者可以在短期内斟酌削减这些支出。可见固定成本中的"固定"，并不意味着绝对固定不变，仅仅表明这些成本不直接受业务量变动的影响而已。因此，要想降低选择性固定成本，除了扩大业务量外，还应从精打细算、减少其绝对额着手。

四、总成本

管理会计按成本习性将全部成本划分为变动成本和固定成本。其总成本的计算公式为：

总成本 = 固定成本总额 + 变动成本总额
　　　 = 固定成本总额 + 单位变动成本 × 业务量

假定总成本为 y，固定成本总额为 a，业务量为 x，单位变动成本为 b。上述公式可用下式表示：

$$y = a + bx$$

根据这一公式可画出总成本的模型，如图2-5所示。

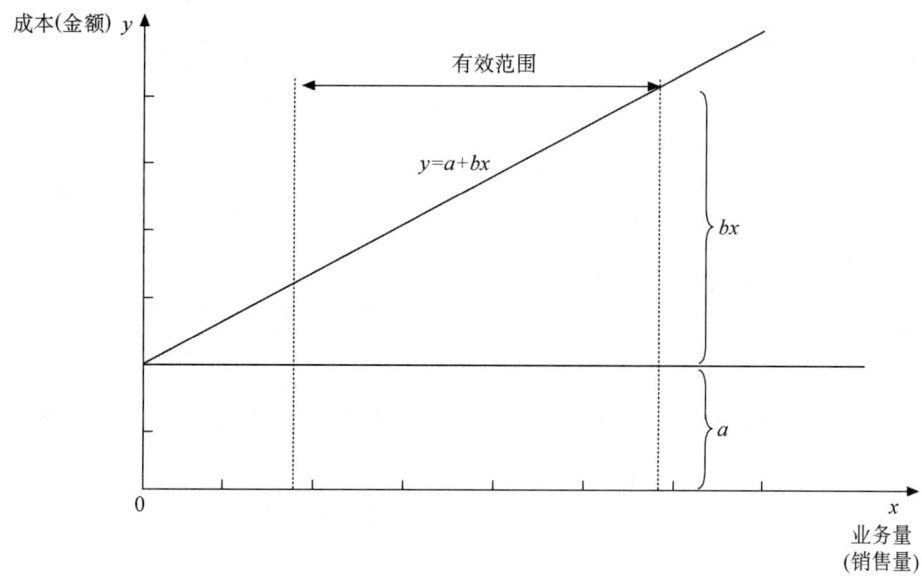

图 2-5 总成本的模型图

第二节 混合成本及其分解

一、混合成本的概念

混合成本是指介于固定成本和变动成本之间、随业务量变动又不成正比例变化的那部分成本。管理会计中按成本习性划分为变动成本和固定成本两大类。在实际工作中,这种划分是比较困难的,因为不少成本虽然随业务量变动而变动,但并不是成比例变动,不能简单地直接归入变动成本或固定成本。混合成本总额随业务量增减变动而变动,但不呈正比例变化关系。

二、混合成本的类型

混合成本按其变动部分与业务量的依存关系可分为以下三种类型:

(一) 半变动成本型

半变动成本又称标准式混合成本,它是由明显的固定和变动两部分成本合成的。其固定部分是不受业务量影响的基数成本,变动成本则是在基数成本的基础上随业务量的增长而成正比例增长的成本。例如,企业的机器设备,即使不使用,也须为保证它处于完好状态而进行最低度的维护保养,而一旦设备投入运行,随着产量增加和运转时间的增长,维护保养费就会相应地按比例增长。此外,如电话、水电煤气等公用事业费都属于这种类型。半变动成本型的模型,如图 2-6 所示。

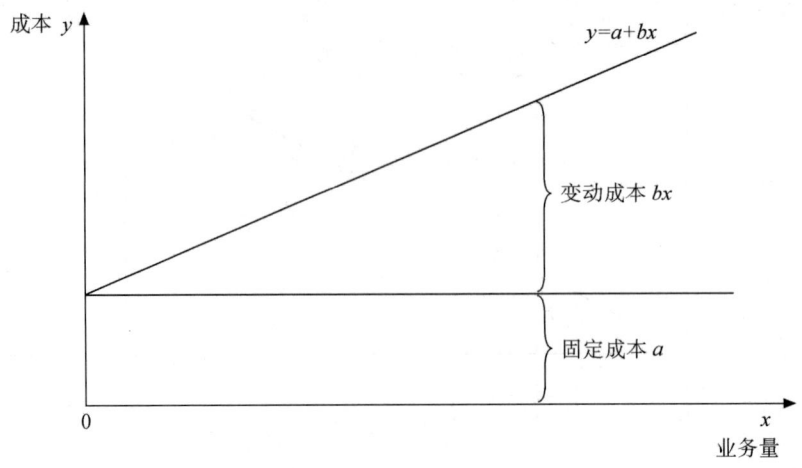

图 2-6 半变动成本型的模型图

（二）阶梯式变动成本型

这类混合成本的特点是：业务量在一定范围内增减变化，其成本总额固定不变；而当业务量增长超过一定限度，其成本总额会突然跳跃上升，然后在业务量增长的一定限度内又保持不变，直到另一个新的跳跃为止。例如，一名质量检验员每日能检验产品 100 件，如果产量每超过 100 件，就要增加一名质检员，假定质检员工资都是 1000 元，那么这种质检员的工资属于阶梯式混合成本。此外，如化验员、保养员、运货员等的工资也属于此种类型。阶梯式变动成本型的模型，如图 2-7 所示。

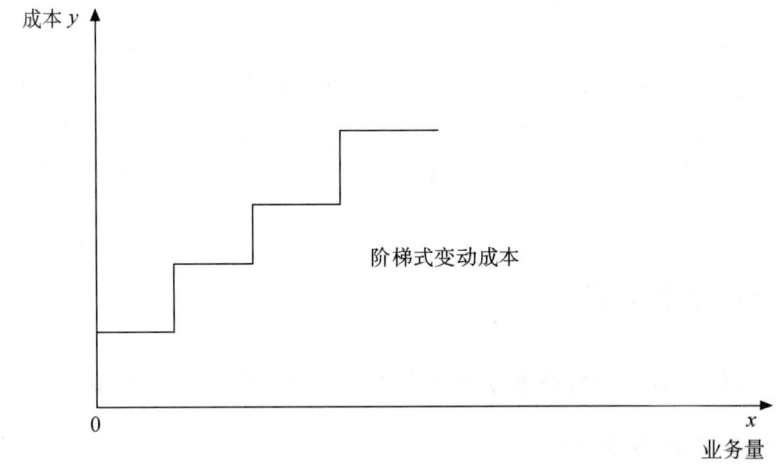

图 2-7 阶梯式变动成本型的模型图

（三）延期式变动成本型

这类混合成本的特点是：在一定的业务量范围内，其成本总额保持不变，属于固定成本；但当业务量超过规定的业务量标准时，其成本总额随业务量变化而相应成比例增长。例如，某企业实行计时工资加奖金的制度，全年工资基本维持不变，奖金在计划产量的基础上，每增产10%，按工资增加5%的奖金。该工资属固定成本，奖金属延期式变动成本。延期式变动成本型的模型，如图2-8所示。

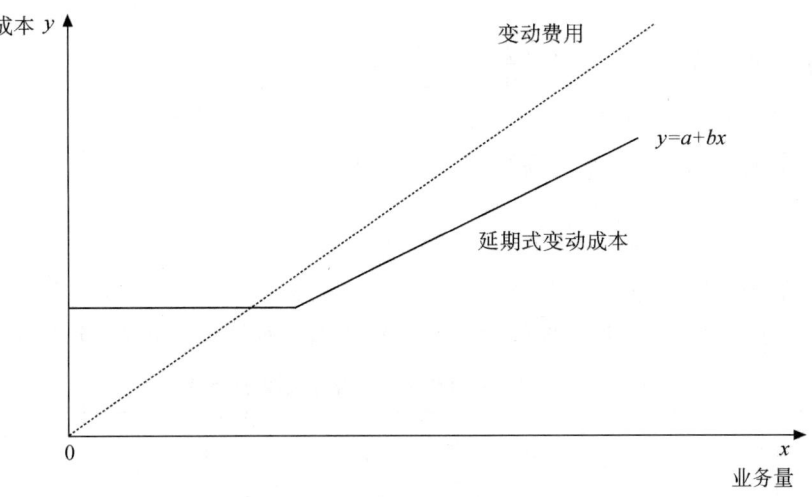

图2-8 延期式变动成本型的模型图

在实际工作中，混合成本的类型还有不少，其成本总额与业务量的关系还可描绘出许多模型，这里只介绍以上最基本的三种模型。

三、混合成本的分解

混合成本是既含有固定成本又含有变动成本的双重性成本。它同业务量之间的依存关系不太清晰，因此，不能为企业管理人员规划和控制生产经营提供有效服务。所以，必须采用一定的方法将混合成本中固定成本和变动成本分解开来。分解混合成本最常见的计算方法有高低点法、散布图法和回归分析法等。

（一）高低点法

高低点法是以一定时期内业务量的最高点、最低点和相应成本高低点之差，并运用一定的技术方法来确定混合成本中变动成本和固定成本的方法。

高低点法的基本原理是：任何一项混合成本都包括有变动成本和固定成本两个部分，因而可以用直线方程式表示：

$$y = a + bx$$

式中：y——混合成本总额

a——混合成本中的固定成本总额

b——混合成本中的单位变动成本

x——业务量

按上述原理可用公式表示如下：

最高点成本公式为：

$$y_{(高)} = a + bx_{(高)}$$

最低点成本公式为：

$$y_{(低)} = a + bx_{(低)}$$

1. 计算单位变动成本

$$单位变动成本(b) = \frac{Y(高) - Y(低)}{X(高) - X(低)}$$

2. 计算固定成本总额

$$固定成本总额(a) = Y(高) - b \times X(高)$$

或：

$$固定成本总额(a) = Y(低) - b \times X(低)$$

混合成本分解后，将 a、b 的值直接代入直线方程 y = a + bx 即可用于预测成本。

[例 2 – 3] 红兴厂 1 ~ 6 月份的销售额与销售成本的资料如表 2 – 3 所示。

表 2 – 3　　　　　　红兴厂 1 ~ 6 月份的销售额和销售成本表　　　　　　单位：元

项目＼月份	1 月	2 月	3 月	4 月	5 月	6 月
销售额	65000	80000	75000	60000	68000	72000
销售成本	49000	56000	54000	46000	50200	51800

根据表 2 – 3 资料，采用高低点法将混合成本分解成固定成本和变动成本，如表 2 – 4 所示。

表 2 – 4　　　　　　　　　　　　　　　　　　　　　　　　　　　　　单位：元

	最高点	最低点	差　额
混合成本（销售成本）	56000	46000	10000
业务量（销售额）	80000	60000	20000

b = 10000 ÷ 20000 = 0.50（元）

a = 56000 – 0.50 × 80000 = 16000（元）

或 a = 46000 – 0.50 × 60000 = 16000（元）

最后，将 a、b 值代入直线方程

y = 16000 + 0.50x

根据以上公式，假设销售额为 100000 元时（假定在相关范围内），其成本为：

y = 16000 + 0.50 × 100000 = 66000（元）

必须注意，采用高低点法选用的历史成本数据，应能代表该项业务活动的正常情况，不得含有任何非正常状态下的成本。同时，这种方法也只能适用于相关范围内的业务量，若超过相关范围则不适用。这种方法比较简便，使用广泛；但也存在明显缺点，分析成本效果较差。这种方法只适用于成本变化趋势比较稳定的企业。

（二）散布图法

散布图法是将一定时期的混合成本历史数据逐一在坐标图上标明以形成散布图，然后通过目测，在各个成本点之间画出一条反映成本变动平均趋势的直线，通过作图来分解混合成本的一种方法。

散布图法的基本步骤是：

（1）建立直角坐标系，以纵轴（y）代表混合成本，以横轴（x）代表业务量。

（2）历史数据描点，根据业务量和混合成本的历史数据，描出相应的坐标点，以形成散布图。

（3）画线，用目测法确定趋势直线，并使散布图中各点均在此直线上或使各点到直线距离之和达到最小。

（4）确定固定成本 a，即将成本趋势直线同纵轴的交点确定为固定成本。

（5）求单位变动成本 b，$b = \dfrac{y-a}{x}$

（6）建立成本性态模型，将 a 和 b 的值代入 y = a + bx。

[例 2 - 4] 根据 [例 2 - 3] 资料，采用散布图法分解混合成本。

首先，在坐标图上描出六个坐标点，然后，用目测方法确定一条趋势直线。如图 2 - 9 所示。

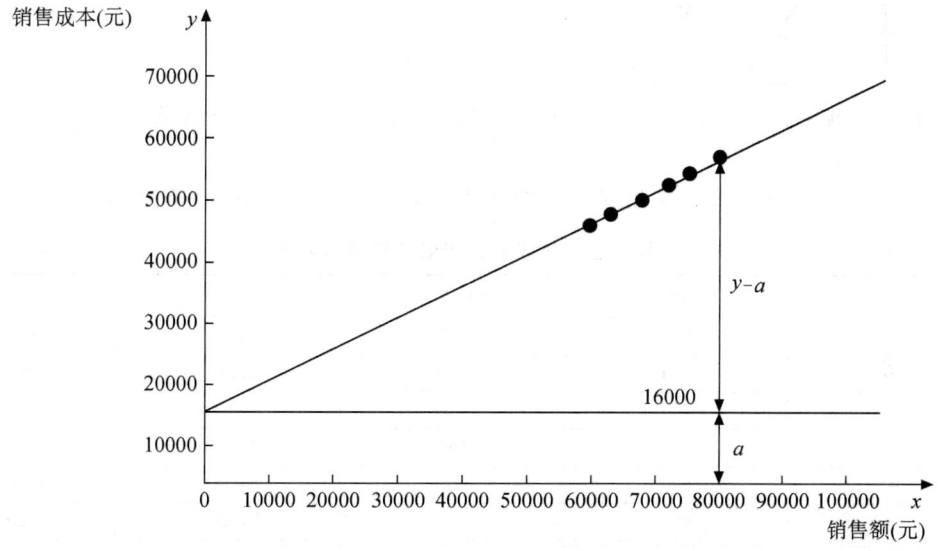

图 2 - 9　散布图法的坐标图

其次，在趋势直线与纵轴上找出交点 16000 元，作为固定成本（a）。

最后，选择一点，计算单位变动成本（b）。

  b = (y - a) ÷ x

  b = (56000 - 16000) ÷ 80000 = 0.50（元）

  或 b = (46000 - 16000) ÷ 60000 = 0.50（元）

将得到的 a、b 值代入直线方程为：

  y = a + bx = 16000 + 0.50x

散布图法与高低点法一样，只适用于相关范围内的业务量。这种方法形象直观，容易掌握。但是，成本趋势直线是根据目测得出的，难免有一定的误差，只能是一个近似值，尚需进一步改进。

(三) 回归分析法

回归分析法是根据一定时期业务量（x）和混合成本（y）的历史资料，运用最小平方法原理计算出最能反映业务量（x）与混合成本（y）关系的回归直线，借以确定混合成本中固定成本和变动成本的一种数理统计方法。

其原理是从散布图中可以找到一条与全部观测值误差的平方和最小的直线，这条直线在数学上被称为回归直线或回归方程：y = a + bx。

回归分析法仍以 y = a + bx 直线方程为基础。

其中 y 代表混合成本，a 代表混合成本中的固定成本，b 代表混合成本中的单位变动成本，x 是业务量。根据这一基本方程和实际 n 个观测值，即可建立回归直线的联合方程组，可简化为：

$$\begin{cases} a = \dfrac{\sum y - b \sum x}{n} \\ b = \dfrac{n \sum xy - \sum x \sum y}{n \sum x^2 - (\sum x)^2} \end{cases}$$

将有关数据代入，先求 b，后求 a，最终就可以把混合成本分解为变动成本和固定成本。现举例予以说明。

[例 2-5] 红兴厂上半年销售额与销售成本的有关资料如表 2-5 所示。

表 2-5　　　　　某企业上半年的销售额与销售成本表　　　　　单位：万元

月　份	销售额（x）	销售成本（y）	x^2	xy
1	600	480	360000	288000
2	650	500	422500	325000
3	700	510	490000	357000
4	750	560	562500	420000
5	800	600	640000	480000
6	900	650	810000	585000
合　计	4400	3300	3285000	2455000

将表 2-5 中有关数据代入公式，分别求出 b、a 值。

$$b = \frac{6 \times 2455000 - 4400 \times 3300}{6 \times 3285000 - 4400^2}$$

$$= \frac{210000}{350000} = 0.60 \text{（万元）}$$

$$a = \frac{3300 - 0.60 \times 4400}{6} = \frac{660}{6} = 110 \text{（万元）}$$

由此可知，其混合成本的公式可表示为：

$$y = 110 + 0.60x$$

回归分析法是在散布图法基础上运用数理统计的原理，其理论明晰，分析结果较正确，但是计算繁杂，如能运用电子计算机系统处理则可扬长避短。

但必须强调，无论是高低点法、散布图法，还是回归分析法，均含有估计的成分，带有一定程度的假定性，故分解的结果不可能绝对精确，只能是一个近似值。所以在实际工作中，应根据具体情况灵活运用。

第三节 边际贡献

一、边际贡献的概念

边际贡献是指产品销售收入大于变动成本的那部分差额，也称边际贡献毛益或创利额。边际贡献首先用以补偿固定成本，如补偿后有余额，才真正有盈余；反之，则亏损。边际贡献通常有两种表现形式：单位边际贡献和边际贡献总额。

单位边际贡献是指单位产品售价与单位变动成本的差额，这在一定程度上反映了产品的获利能力，其计算公式为：

单位边际贡献 = 单位产品售价 – 单位变动成本

边际贡献总额是指产品销售收入总额与销售变动成本总额的差额，其计算公式是：

边际贡献总额 = 销售收入总额 – 变动成本总额

如果生产、销售一种产品，其公式可表示为：

边际贡献总额 = 销售单价 × 销售量 – 单位变动成本 × 销售量

或： = （销售单价 – 单位变动成本）× 销售量

= 单位边际贡献 × 销售量

如果生产、销售多种产品，边际贡献总额的计算公式可表示为：

边际贡献总额 = $\sum$（销售单价 × 销售量） – $\sum$（单位变动成本 × 销售量）

二、边际贡献率和变动成本率

边际贡献率，是指产品单位边际贡献与销售单价或者产品边际贡献总额与产品销售收入总额的一种比率。其计算公式为：

$$\text{边际贡献率} = \frac{\text{单位边际贡献}}{\text{销售单价}} \times 100\%$$

或： $= \dfrac{\text{边际贡献总额}}{\text{产品销售收入总额}} \times 100\%$

变动成本率，是指产品单位变动成本与产品销售单价或者变动成本总额与产品销售收入总额的一种比率。其计算公式为：

$$\text{变动成本率} = \frac{\text{单位变动成本}}{\text{销售单价}} \times 100\%$$

或： $= \dfrac{\text{变动成本总额}}{\text{产品销售收入总额}} \times 100\%$

边际贡献率与变动成本率之间的关系可用下式表示：

边际贡献率 + 变动成本率 = 1

由此可见，两者是此增彼减的关系，也就是说，产品的变动成本率高，边际贡献率就低；反之，则相反。

第四节 变动成本法

在现代会计学术语中，"成本计算"具有丰富的含义。在它前面加上一定的限定词能组成多个会计专有名词。本节在交代成本计算含义的基础上，集中介绍几种主要的成本计算分类概念。

一、成本计算的含义

在现代会计学中，对成本计算有广义和狭义两种解释。狭义的成本计算是指一般意义上的成本核算，即归集和分配实际成本费用的过程；广义的成本计算是指现代意义上的成本管理系统，这个系统是由成本核算子系统、成本计划子系统、成本控制子系统和成本考核子系统有机结合而成的。管理会计中使用的是广义成本计算概念。

二、成本计算的主要分类

（一）按成本计算的演化过程进行分类

以此为标志分类，可以将成本计算分为原始成本计算、主要成本计算、加工转换成本计算和传统成本计算。

这种分类是财务会计最基本的分类。

（二）按成本计算流程的不同分类

成本计算的流程是指成本计算的时空特征，它主要取决于企业工艺技术和生产组织的特点，表现为成本归集对象及期末存货计价方法的不同。以此为标志，可分为按批量不定期进行的分批成本计算和按加工步骤定期进行的分步成本计算，它们简称为分批法和分步法。

（三）按成本计算时态的不同分类

以此为标志可分为事先进行的估计成本计算、事后进行的实际成本计算和介于两者之间的标准成本计算。

（四）按成本计算规范性的不同分类

可分为常规成本计算和特殊成本计算。

（五）按成本计算手段的不同分类

可分为手工操作成本计算和电算化成本计算。

三、变动成本法

在现代管理会计的常规成本计算过程中，还有一种十分重要的分类，这就是按产品成本期间成本的划分口径和损益确定程序的不同进行的成本计算分类。以此为标志，可将成本计算分为完全成本计算（简称完全成本法）和变动成本计算（简称变动成本法）。本节主要讲述变动成本法。

变动成本法是不同于完全成本法的一种成本计算方法。完全成本法是指在计算产品生产成本和存货成本时，把一定期间所发生的直接材料、直接人工、变动制造费用和固定制造费用的全部成本包括在产品成本中的一种成本计算方法。这种方法是传统的财务会计中的方法，亦称传统成本计算法或吸收成本计算法。采用这种方法计算产品成本时，其成本不仅应包括产品生产过程中直接消耗的直接材料、直接人工和变动制造费用，而且还应包括一定份额的固定制造费用。在产品的销售期内，应将所销产品的完全生产成本冲转当期的销售收入并取得补偿。

变动成本法起源于20世纪30年代的美国。它是指在计算产品的生产成本和存货成本时，只包括产品在生产过程中所消耗的直接材料、直接人工和变动制造费用，不包括固定制造费用的一种成本计算方法，又称直接成本法。变动成本法不包括固定制造费用，这部分不计入产品成本的固定费用而作为期间成本处理。一般来说，固定制造费用同产品的实际生产没有直接联系，既不会由于产量的增长而增加，也不会因产量的下降而减少。它实质上是连续会计期间所发生的成本，其效益不应递延到下一个会计期间，而应在其发生的当期全额列入损益表冲减销售收入。

现举例说明两个成本计算法。

[例2-6] 红兴厂10月份生产A产品1000件，其他有关资料如下：

  直接材料   24000元
  直接人工   9600元
  变动制造费用 1400元
  固定制造费用 5000元

（1）按完全成本法计算：

  单位产品成本 = (24000 + 9600 + 1400 + 5000) ÷ 1000 = 40（元）

  成本总额 = 1000 × 40 = 40000（元）

（2）按变动成本法计算：

  单位变动成本 = (24000 + 9600 + 1400) ÷ 1000 = 35（元）

  成本总额 = 1000 × 35 = 35000（元）

变动成本法的特点，指的是它与完全成本法的区别，主要体现在以下四个方面：

（一）产品生产成本构成不同

变动成本法根据成本习性把全部成本划分为变动成本和固定成本两大类。其产品成本只包括变动成本的直接材料、直接人工和变动制造费用。而完全成本法则根据成本的经济职能把全部成本划分为生产成本和非生产成本两大类，其中生产成本包括直接材料、直接人工与全部制造费用（即变动制造费用和固定制造费用），非生产成本包括销售费用和管理费用等期间费用。

（二）产品成本计算结果不同

用变动成本法计算确定的单位产品成本总是要小于完全成本法计算的成本，其差额就是单位产品的平均固定制造费用。从［例2-6］可以看到，完全成本法计算的单位产品成本为40元，而变动成本法计算的单位产品成本为35元，其差额就是平均固定制造费用（5000÷1000=5元）。

（三）固定制造费用的处理和补偿方式不同

变动成本法将固定制造费用当作期间费用直接冲减当期收入而一次性得以补偿。完全成本法则将固定制造费用计入产品成本，并在存货与销货之间进行分配。因而，固定制造费用要随产品的出售而逐期得以补偿。用完全成本法计算的期末产品，其数额必然大于采用变动成本法计算的数额。

（四）当期损益计算结果不完全相同

由于两种方法计算的产品成本不同，期末存货及销货成本的水平也不同，势必造成按变动成本法所计算、确定的当期损益大于或者小于按完全成本法计算、确定的当期损益。

四、两种成本计算法对存货计价和利润的影响

在完全成本法下，首先用销售收入补偿本期已销产品的销售成本以确定销售毛利，然后再用销售毛利补偿营业费用以确定当期销售利润。其计算程序及公式为：

第一步：

　　销售收入 - 销售成本 = 销售毛利

第二步：

　　销售毛利 - 期间费用 = 销售利润

式中：

　　销售成本（为完全生产成本）=（期初存货完全生产成本 + 本期存货完全生产成本）- 期末存货完全生产成本

　　期间费用（为非生产成本）= 销售费用 + 管理费用 + 财务费用

在变动成本法下，首先用销售收入补偿本期已销产品的变动成本以确定边际贡献；其次再用边际贡献补偿固定成本以确定当期销售利润。其计算程序及公式为：

第一步：
  销售收入 − 变动成本 = 边际贡献
第二步：
  边际贡献 − 固定成本 = 销售利润
式中：
  变动成本 = 变动生产成本 + 变动非生产成本
     = 单位变动生产成本 × 销售量 + 单位变动非生产成本 × 销售量
  固定成本 = 固定生产成本 + 固定非生产成本
     = 固定的制造费用 + 固定的销售费用 + 固定的管理费用 + 固定的财务费用

上述销售利润由于未考虑所得税的因素，因此，也就是税前利润。

（一）单一会计期间两种成本法对存货计价和利润的影响

1. 生产量等于销售量

[例2-7] 红兴厂生产单一品种的产品，2018年有关生产、成本和销售的资料见表2-6。根据该资料，用两种成本法计算单位产品成本。

表2-6   某产品2014年的生产、成本和销售表   单位：元

项目	数量	项目	金额
年初存货量	0	直接材料	180000
全年完工产量	15000件	直接人工	50000
全年销售量	15000件	变动制造费用	40000
年末存货量	0	固定制造费用	60000
产品单位售价	50	变动销售及管理费用	8000
		固定销售及管理费用	22000

（1）按完全成本法计算：
  本期产品总成本 = 180000 + 50000 + 40000 + 60000 = 330000（元）
  单位产品成本 = 330000 ÷ 15000 = 22（元/件）

（2）按变动成本法计算：
  本期产品总成本 = 180000 + 50000 + 40000 = 270000（元）
  单位产品成本 = 270000 ÷ 15000 = 18（元/件）

根据以上计算结果，编制两种利润表予以比较分析，如表2-7、表2-8所示。

表2-7   利 润 表
（按变动成本法编制）   单位：元

项目	金额
营业收入	750000
变动成本	
变动生产成本	270000
变动销售及管理费用	8000
变动成本合计	278000

续表

项目	金额
边际贡献	472000
减：固定成本	
固定制造费用	60000
固定销售及管理	22000
固定成本合计	82000
税前利润	390000

表 2-8　　　　　　　　　　利　润　表

（按完全成本法编制）　　　　　　　　　　单位：元

项目	金额
营业收入	750000
营业成本	
期初存货成本	0
本期生产成本	330000
可供销售的生产成本	330000
减：期末存货成本	0
已销产品销售成本	330000
营业毛利	420000
减：期间费用	30000
税前利润	390000

从表 2-7、表 2-8 可以看出，当生产量等于销售量时（即产销平衡），尽管按变动成本法计算的单位产品成本为 18 元，而按完全成本法所计算单位产品成本为 22 元，但它们所计算、确定的该期间的税前利润是一致的，都是 390000 元。虽然变动成本法下未把固定制造费用 60000 元计入产品生产成本，以致其单位产品成本 18 元比完全成本法下计算的单位产品成本 22 元少 4 元，但它将这部分费用作为期间费用在边际贡献中作了扣除。而在完全成本法下，由于无期初存货也无期末存货量，所以其全部固定制造费用都未被期末存货吸收，而转入已销产品的成本。因此，在某一会计期间，当生产量等于销售量（即期末存货量等于期初存货量）时，两种成本法计算的税前利润相等。

2. 生产量大于销售量

［例 2-8］ 按［例 2-7］资料，红兴厂 2018 年全年产量为 15000 件，全年销售量为 10000 件，期末存货量为 5000 件，其他有关资料假设不变。按变动成本法和完全成本法分别编制利润表，如表 2-9、表 2-10 所示。

表 2-9 利 润 表
（按变动成本法编制） 单位：元

项目	金额
营业收入	500000
变动成本	
变动生产成本	180000
变动销售及管理费用	8000
变动成本合计	188000
边际贡献	312000
减：固定成本	
固定制造费用	60000
固定销售及管理费用	22000
固定成本合计	82000
税前利润	230000

表 2-10 利 润 表
（按完全成本法编制） 单位：元

项目	金额
营业收入	500000
营业成本	
期初存货成本	0
本期生产成本	330000
可供销售的生产成本	330000
减：期末存货成本	110000
已销产品生产成本	220000
营业毛利	280000
减：期间费用	30000
税前利润	250000

从表 2-9、表 2-10 可以看出，当生产量大于销售量时，尽管两者销售收入相等，但两者最后计算确定的税前利润却不一致。按完全成本法计算的税前利润比按变动成本法计算的税前利润多 20000 元。出现这一差额的原因在于两种成本法计入当期利润的固定制造费用出现了差异。在变动成本法下，计入当期利润表的固定制造费用是当期发生的全部固定制造费用；而在完全成本法下，计入当期利润表的固定制造费用不仅受到当期发生的全部固定制造费用的影响，而且还受期末存货水平的影响。具体来说，这 20000 元的差额是因为本期发生的固定制造费用 60000 元中，只有 40000 元（60000÷15000×10000）通过销售成本计入完全成本法计算的利润表，其余 20000 元（60000÷15000×5000）被期末存货吸收并结转下期。而在变动成本法下，这 60000 元固定制造费用作为期间成本全部计入了利润表。

由此可见，在某一会计期间，当生产量大于销售量（即期末存货量大于期初存货量）时，按完全成本法计算的税前利润大于按变动成本法计算的税前利润。其验算公式为：

利润差额 = 单位固定制造费用 × 存货增加量
        = （60000÷15000）×5000 = 20000（元）

3. 生产量小于销售量

[例 2-9] 仍按 [例 2-7] 资料，假设红兴厂 2018 年年初存货量为 5000 件，全年生产量为 15000 件，全年销售量为 20000 件，其他资料不变。按完全成本法和变动成本法分别编制利润表，如表 2-11、表 2-12 所示。

表 2-11　　　　　　　　　　　利　润　表
（按变动成本法编制）　　　　　　　　　　　　单位：元

项目	金额
营业收入	1000000
变动成本	
变动生产成本	360000
变动销售及管理费用	8000
变动成本合计	368000
边际贡献	632000
减：固定成本	
固定制造费用	60000
固定销售及管理费用	22000
固定成本费用	82000
税前利润	550000

表 2-12　　　　　　　　　　　利　润　表
（按完全成本法编制）　　　　　　　　　　　　单位：元

项目	金额
营业收入	1000000
营业成本	
期初存货成本	110000
本期生产成本	330000
可供销售生产成本	440000
减：期末存货成本	0
已销产品生产成本	440000
营业毛利	560000
减：期间费用	30000
税前利润	530000

从表 2-11、表 2-12 可以看出，当生产量小于销售量时，尽管两者销售收入相等，但最后确定的税前利润却不相等。按完全成本法计算的税前利润比按变动成本法计算的税

前利润少 20000 元。这是由于在按完全成本法计算时,期初存货量释放的固定制造费用 20000 元（5000×40）的结果。也就是说,在完全成本法下,计入损益表的固定制造费用是 80000 元（即 60000+20000）,而在变动成本法下,固定制造费用只将本期的 60000 元全部作为期间成本计入了利润表。

由此可见,在某一会计期间,当生产量小于销售量（即期末存货量小于期初存货量）时,按完全成本法计算的税前利润小于按变动成本法计算的税前利润。其验算公式为:

利润差额 = 单位固定制造费用 × 存货减少量
$$= 4 \times 5000 = 20000（元）$$

综上所述,在某一会计期间,两种成本法所计算的税前利润有以下三种变动规律:

第一,在完全成本法下,期末存货吸收的固定制造费用等于期初存货释放的固定制造费用,则它们的税前利润相等;第二,在完全成本法下,期末存货吸收的固定制造费用大于期初存货释放的固定制造费用,则按完全成本法确定的税前利润一定大于按变动成本法确定的税前利润;第三,在完全成本法下,期末存货吸收的固定制造费用小于期初存货释放的固定制造费用,则按完全成本法确定的税前利润一定小于按变动成本法确定的税前利润。

(二) 若干连续会计期间两种成本法对存货计价和利润的影响

1. 生产总量等于销售总量

[例 2-10] 红兴厂生产单一品种产品,各会计年度的生产量保持一致,销售量逐年变动。连续 3 年的有关生产、销售和成本资料,如表 2-13 所示。

表 2-13　　　　　某产品的生产、销售和成本表　　　　　单位:元

年份	生产量（件）	销售量（件）	售价（元/件）	生产成本		销售及管理费用	
				变动	固定	变动	固定
2016 年	10000	10000	50	200000	60000	20000	10000
2017 年	10000	8000	50	200000	60000	16000	10000
2018 年	10000	12000	50	200000	60000	24000	10000

根据表 2-13 可计算出各年的单位生产成本和各年的期初、期末的存货量,如表 2-14 所示。

表 2-14　　　某产品的单位生产成本和期初、期末存货量表　　　单位:元

年份	期初存货（件）	生产量（件）	销售量（件）	期末存货（件）	单位产品生产成本		
					变动成本	固定成本	合计
2016 年	0	10000	10000	0	20	6	26
2017 年	0	10000	8000	2000	20	6	26
2018 年	2000	10000	12000	0	20	6	26

根据以上资料,按完全成本法和变动成本法分别编制利润表,如表 2-15、表 2-16 所示。

从表 2-15、表 2-16 可以看出,在连续三个会计年度内,当生产总量等于销售总量时,也就是说期初存货量等于期末存货量时,按两种成本法计算确定的 3 年税前利润总额相等,都是 630000 元。

表 2-15　　　　　　　　　　　　　利　润　表
（按完全成本法编制）　　　　　　　　　　　　　单位:元

项　目	2016 年	2017 年	2018 年	合　计
营业收入	500000	400000	600000	1500000
营业成本				
期初存货成本	0	0	52000	0
本期生产成本	260000	260000	260000	780000
可供销售的成本	260000	260000	260000	780000
减:期末存货成本	0	52000	0	0
已销产品生产成本	260000	208000	312000	780000
营业毛利	240000	192000	288000	720000
减:期间费用	30000	26000	34000	90000
税前利润	210000	166000	254000	630000

表 2-16　　　　　　　　　　　　　利　润　表
（按变动成本法编制）　　　　　　　　　　　　　单位:元

项　目	2016 年	2017 年	2018 年	合　计
营业收入	500000	400000	600000	1500000
变动成本				
变动生产成本	200000	160000	240000	600000
变动销售及管理费用	20000	16000	24000	60000
变动成本合计	220000	176000	264000	660000
边际贡献	280000	224000	336000	740000
减:固定成本				
固定制造费用	60000	60000	60000	180000
固定销售及管理费用	10000	10000	10000	30000
固定成本合计	70000	70000	70000	210000
税前利润	210000	154000	266000	630000

2. 生产总量大于销售总量

[例 2-11] 红兴厂生产单一品种产品,在三个连续的会计年度中,生产量逐年变动,而销售量保持不变,假设有关资料如表 2-17 所示。

根据表 2-18 可看到各年的单位产品成本和各年期初、期末存货量。

根据以上资料,按完全成本法和变动成本法编制利润表,如表 2-19、表 2-20 所示。

表 2-17　　　　　某产品的生产、销售和成本表　　　　　　　　　单位:元

年份	生产量（件）	销售量（件）	售价（元/件）	生产成本 变动	生产成本 固定	销售及管理费用 变动	销售及管理费用 固定
2016 年	10000	10000	50	200000	60000	20000	10000
2017 年	12000	10000	50	240000	60000	20000	10000
2018 年	15000	10000	50	300000	60000	20000	10000

表 2-18　　　　某产品的单位生产成本和期初、期末存货量表　　　　　单位:元

年份	期初存货（件）	生产量（件）	销售量（件）	期末存货（件）	单位产品生产成本 变动成本	单位产品生产成本 固定成本	单位产品生产成本 合计
2016 年	0	10000	10000	0	20	6	26
2017 年	0	12000	10000	2000	20	5	25
2018 年	2000	15000	10000	7000	20	4	24

表 2-19　　　　　　　　　　利　润　表
　　　　　　　　　　　（按完全成本法编制）　　　　　　　　　　单位:元

项目	2016 年	2017 年	2018 年	合计
营业收入	500000	5000000	500000	1500000
营业成本				
期初存货成本	0	0	50000	0
本期生产成本	260000	300000	360000	920000
可供销售的生产成本	260000	300000	410000	920000
减:期末存货成本	0	50000	168000	168000
已销产品生产成本	260000	250000	242000	752000
营业毛利	240000	250000	258000	748000
减:期间费用	30000	30000	30000	90000
税前利润	210000	220000	228000	658000

表 2-20　　　　　　　　　　利　润　表
　　　　　　　　　　　（按变动成本法编制）　　　　　　　　　　单位:元

项目	2016 年	2017 年	2018 年	合计
营业收入	500000	500000	500000	1500000
变动成本				
变动生产成本	200000	200000	200000	600000
变动销售及管理费用	20000	20000	20000	60000
变动成本合计	220000	220000	220000	660000
边际贡献	280000	280000	280000	840000
减:固定成本				
固定制造费用	60000	60000	60000	180000

续表

项 目	2016 年	2017 年	2018 年	合 计
固定销售及管理费用	10000	10000	10000	30000
固定成本合计	70000	70000	70000	210000
税前利润	210000	210000	210000	630000

从表 2-19、表 2-20 可以看出，在连续三个会计年度中，当生产总量大于销售总量时，按变动成本法计算的税前利润小于按完全成本法计算确定的税前利润。从利润表中可知，按完全成本法编制的利润表 3 年的税前利润为 658000 元，而按变动成本法编制的利润表 3 年的税前利润为 630000 元，两者相差 28000 元。其原因可以这样分析：如果把连续三个会计年度作为一个会计期间来看，期初存货量为零，生产总量为 37000 件，销售总量为 30000 件，期末存货量为 7000 件。这就是说，按完全成本法确定的利润表，其生产总成本中，有 28000 元（7000×4）的固定制造成本被期末存货所吸收，并结转到下期。而按变动成本法确定的利润表中，则将所有的固定制造成本作为期间费用抵减了边际贡献。因此，两者税前利润相差 28000 元。

另外，我们从以上利润表中还可以看出，在按变动成本法编制的利润表中，不论三个会计年度各年的产量有无变动，存货量有无增减，只要销售量相同，其各年的税前利润就保持一致（3 年均为 210000 元）。这样，我们可以得出一个结论：采用变动成本法，在售价与单位变动成本不变的前提下，产量的变动与存货的增减对利润没有影响，决定利润大小的主要因素是销售量。而与此相反，采用完全成本法，即使售价、成本不变、销售量也不变动，只要各年生产量发生变动，存货量有所增减，其利润就会随之发生变化。

3. 生产总量小于销售总量

[例 2-12] 红兴厂生产单一品种产品，在三个连续的会计年度中，生产量与销售量逐年变动，假设有关资料，如表 2-21 所示。

表 2-21　　　　某产品的生产、销售和成本表　　　　单位：元

年 份	生产量（件）	销售量（件）	售 价（元/件）	生产成本		销售及管理费用	
				变 动	固 定	变 动	固 定
2016 年	8000	10000	50	160000	60000	20000	10000
2017 年	10000	11000	50	200000	60000	20000	10000
2018 年	12000	10000	50	240000	60000	20000	10000

假设 2016 年年初存货量为 4000 件，其单位产品变动成本为 20 元，单位固定成本为 7.5 元，如表 2-22 所示。

表 2-22　　　　某产品的单位生产成本和期初、期末存货量表　　　　单位：元

年 份	期初存货（件）	生产量（件）	销售量（件）	期末存货（件）	单位产品生产成本		
					变动成本	固定成本	合 计
2015 年	略	略	略	4000	20	8	28

续表

年份	期初存货（件）	生产量（件）	销售量（件）	期末存货（件）	单位产品生产成本		
					变动成本	固定成本	合计
2016 年	4000	8000	10000	2000	20	7.50	27.50
2017 年	2000	10000	11000	1000	20	6	26
2018 年	1000	12000	10000	3000	20	5	25

根据以上资料，按完全成本法和变动成本法分别编制利润表，如表 2-23、表 2-24 所示。

表 2-23 利润表
（按完全成本法编制） 单位：元

项目	2016 年	2017 年	2018 年	合计
营业收入	500000	550000	500000	1550000
营业成本				
期初存货成本	112000	55000	26000	112000
本期生产成本	220000	260000	300000	780000
可供销售的生产成本	332000	315000	326000	892000
减：期末存货成本	55000	26000	75000	75000
已销产品生产成本	277000	289000	251000	817000
营业毛利	223000	261000	249000	733000
减：期间费用	30000	30000	30000	90000
税前利润	193000	231000	219000	643000

表 2-24 利润表
（按变动成本法编制） 单位：元

项目	2016 年	2017 年	2018 年	合计
营业收入	500000	550000	500000	1550000
变动成本				
变动生产成本	200000	220000	200000	620000
变动销售及管理费用	20000	20000	20000	60000
变动成本合计	220000	240000	220000	680000
边际贡献	280000	310000	280000	870000
减：固定成本				
固定制造费用	60000	60000	60000	180000
固定销售及管理费用	10000	10000	10000	30000
固定成本合计	70000	70000	70000	210000
税前利润	210000	240000	210000	660000

从表 2-23、表 2-24 中可以看出：在连续三个会计年度中，当生产总量小于销售总量

时，按变动成本法计算确定的税前利润大于按完全成本法计算确定的税前利润（即660000＞643000），差额为17000元。其原因可以这样分析：如果把连续三个会计年度作为一个会计期间来看，期初存货为4000件，生产总量为30000件，销售总量为31000件，期末存货为3000件。这就是说，按完全成本法确定的利润表，其生产总成本中有32000元（4000×8）固定制造成本由期初存货所释放，而结转到本期。而其生产总成本中有15000元（3000×5）固定制造成本被期末存货所吸收，并结转到下期。从而，在完全成本法下，由于期初存货释放而结转到本期的固定制造成本与期末存货吸收而结转到下期的固定制造成本相抵后为17000元（32000－15000）。而按变动成本法确定的利润表中，则将所有的固定制造成本全部在当期抵减边际贡献，因此，既不存在期初存货结转到本期的成本，也没有将本期的成本结转到下期。因此，按完全成本法与按变动成本法计算确定的税前利润相差17000元。而且，必定是后者大于前者。

两种成本法计算的税前利润差异数可通过以下公式验算：

差异数 =（期初存货中单位固定制造费用×期初存货量）
       －（期末存货中单位固定制造费用×期末存货量）

[例2－12] 的验算为：

差异数 =（8×4000）－（5×3000）
       = 32000－15000 = 17000（元）

综上所述，两种成本法对当期损益的影响一般可以归纳为：

第一，若某期生产总量等于销售总量，即期末存货量等于期初存货量时，也就是说，期末存货中的固定制造费用与期初存货中的固定制造费用相等，变动成本法与完全成本法计算确定的税前利润相等。第二，若某期生产总量大于销售总量，即期末存货量大于期初存货量时，也就是说，期末存货量中的固定制造费用大于期初存货中的固定制造费用，则变动成本法计算的税前利润小于完全成本法计算的税前利润。第三，若某期生产总量小于销售总量，即期末存货量小于期初存货量时，也就是说，期末存货中的固定制造费用小于期初存货中的固定制造费用，则变动成本法计算的税前利润大于完全成本法计算的税前利润。

五、变动成本法的优点和局限性

（一）变动成本法的优点

变动成本法突破了完全成本法传统、狭隘的成本观念，为正确计算利润，规划、控制企业经营活动，提高企业经济效益开拓了新途径。具体来说，其优点体现在以下五个方面：

1. 成本费用列支与相关的收入更加配比

原则上讲，会计记录在一定期间发生的费用与收入，必须归属于这一会计期间。变动成本法一方面把与产量有密切联系的直接材料、直接人工和变动制造费用计入产品成本，使之随产品销售而转作销售成本（即变动生产成本），若当期产品销售比例扩大，则转移销售成本比例也增大；另一方面把与产量增减无关的却与会计期间有关的固定制造费用以及其他固定的销售、管理费用计入当期损益,同当期损益销售收入相配比。另外,将未销售的产品成本转作期末存货,以便与未来预期获得的收入相配比。而完全成本法由于将本属于期间成本的固定制造成本也计入了产品成本,随产品而流动,随产品销售而转作销售成本,因而不太符合配比原则。

2. 便于企业进行各种预测、经营决策和规划未来

变动成本法所计算的单位变动成本、边际贡献及其有关信息,能揭示业务量与成本变动的内在规律以及生产、成本、销售和利润之间的依存关系。企业管理当局能利用这些信息深入地进行本量利分析和边际贡献分析,如用来预测保本点、规划目标利润、目标销售、目标成本等,以及正确进行短期经营决策,如接受追加订货的定价决策,最优生产批量等。而完全成本法未按成本习性把变动成本与固定成本区分,无法计算边际贡献,因而也就不便于进行预测和决策分析,也不便于规划企业未来的经济活动。

3. 有利于防止生产的盲目性

在变动成本法下,产量的高低和存货增减对利润均无影响,在售价、单位变动成本、销售量组合不变的情况下,利润随销售量的变动而同方向变动。这样可促使企业管理当局重视销售、加强促销工作,把注意力放到研究市场动态,搞好销售预测和以销定产,防止盲目生产。而在完全成本法下,当产销不平衡时,往往会给管理当局造成一种错觉,误以为只有扩大生产才能增加盈利,从而导致盲目生产、库存积压等,为后续会计期间留下隐患。

4. 有利于进行成本控制与业绩评价

采用变动成本法,可以与责任会计相结合,建立责任预算和责任核算,正确进行成本控制和业绩评价。一般来说,变动制造成本最能直接反映出生产部门的业绩,是生产部门的可控成本,例如,在直接材料、直接人工和变动制造费用方面的超支或节约,就立即会从产品的变动制造成本指标上显示出来,这样便于进行成本的日常控制。至于固定制造成本,责任一般不在生产部门,通常应由各管理部门负责。变动成本法下其变动生产成本的升降所提供的信息不仅能进行科学、合理地控制,还能对各责任单位的工作业绩进行考核与评价,从而有利于推行和完善企业内部的经济责任制。而完全成本法则无法提供变动成本和固定成本的分类信息,也就难以反映生产部门真实的业绩和分清各部门的责任,因而也就不适应内部经济责任制的需要。

5. 简化并规范成本计算,提供清晰的成本信息

变动成本法将固定成本列入期间成本,大大简化了将固定生产成本计入产品成本时的成本分摊工作,从而减少了由分摊标准的多样性带来的主观随意性,简化了成本核算,增加了会计信息的客观性和标准性。

(二) 变动成本法的局限性

变动成本法并非十全十美,它也存在一些不足之处,主要表现在以下三个方面:

1. 不符合公认会计准则成本概念

公认会计准则成本概念是指为取得产品而发生的全部耗费,既括变动成本,也包括固定成本。因此,变动成本法计算的产品成本不能满足这一要求,因为它只包括变动成本部分,而把固定成本排除在外。鉴于公认会计准则规定对外财务报告必须按完全成本进行存

货计价和损益确定,而变动成本法在计算产品成本和存货计价方面都欠完整,因此它不符合目前财务信息分开披露的要求。而完全成本法则不存在此类问题。

2. 不能适应长期投资决策和定价决策的需要

长期投资决策主要是考虑增加或减少生产能力及经营规模的问题,即投资意向。因此,从长期来看,固定成本不可能不发生变动,单位变动成本也会随着技术进步而下降。因此,变动成本法难以为长期投资决策提供可使用的信息。

另外,在定价决策中,变动成本和固定成本都应得到价值的补偿。若忽视固定成本因素,就有可能定价过低,造成定价不合理。显然,变动成本法所提供的成本资料,一般多无法适应上述需要。

3. 变动成本和固定成本的划分具有假定性

在实际工作中,纯粹的变动成本和固定成本很少,大多是混合成本。尽管有一定的方法将混合成本分解为变动成本和固定成本,但都只能是一个近似值,在很大程度上都是假设的结果。这样提供的数据资料,必将影响预测和决策的正确性、可靠性。

综上所述,变动成本法只能用于内部管理。在对外编制财务报表时,仍应以完全成本法为准。这两种成本计算方法各有利弊,我们应将这两种方法综合起来使用,因地制宜,各用其长。

第三章 预测分析

思维导图

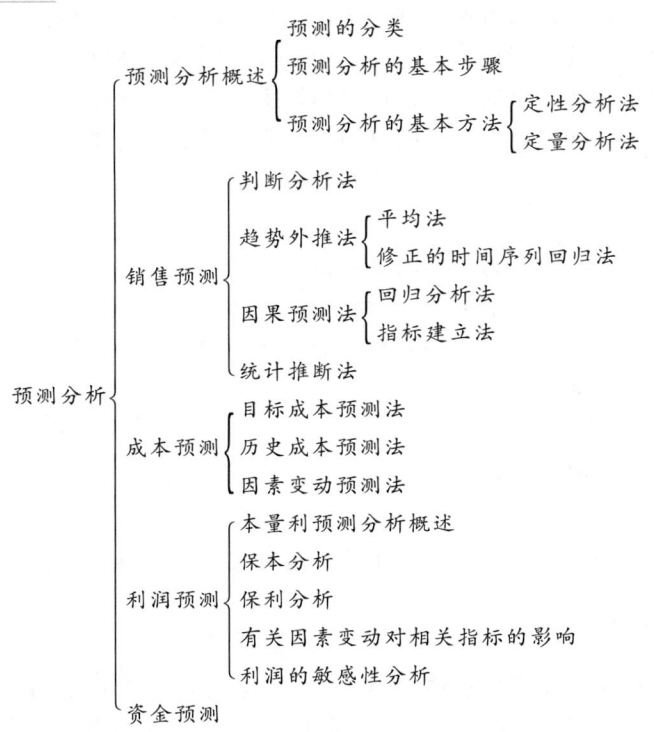

学习目标

通过学习本章，掌握预测分析的基本方法。能熟练运用预测分析方法，对未来的销售额进行预测；能熟练运用成本预测的方法，对产品成本进行预测，能通过本量利分析进行利润的预测，并能对影响目标利润的构成的各因素进行敏感性分析；能熟练运用资金需要量预测的常用方法，进行资金需要量预测。

第一节 预测分析概述

预测是根据反映客观现象的信息资料，利用各种科学的方法和技术来预计和推断事物发展的可能性和必然性的行为，即根据过去和现在来预计未来，对不确定的或不甚了解的事物作出叙述。

预测分析的应用范围极为广泛，已形成一门综合性的学科。随着我国经济体制改革不断深化，企业面临的竞争越来越激烈。为了求生存、谋发展，企业需要对市场的瞬息变化和经济形势的发展趋势进行深入的调查研究，在取得大量信息资料的基础上，作出科学的预测分析，为企业领导的决策提供真实有效的素材。

一、预测的分类

预测一般按其预测期长短不同，可分为短期预测、中期预测和长期预测。

短期预测通常是指预测期在 1 年以内的预测，如年度预测、季度预测和月度预测。通常要求企业在生产经营中，以短期数据为依据，根据产品的原材料供应、成本和价格的变动趋势，结合企业现有的生产能力来指导企业在预测期内的各项生产经营管理活动。

中期预测是指 1 年到 5 年的预测，这种预测主要是为适应企业在生产安排和订货等方面的需要而进行的，以便能根据市场的供需变化及其发展趋势来调整企业的经营目标和策略，同时通过中期预测，能将短、长期预测有机地衔接起来，为企业制定相应的动态规划提供依据。

长期预测通常是指预测期为 5 年以上的预测，这种预测主要是以社会经济发展的长远规划和科学技术的发展水平为依据，结合能源、交通、生产、消费等各种因素的可能变动趋势来进行的，着重于研究产品生产和销售的长期经营方针和策略。长期预测主要是为企业制定长期经营目标服务的。

二、预测分析的基本步骤

预测分析是一项既复杂又细致的工作，一般可按以下步骤进行：

（一）确定预测目标

预测目标是根据企业经营的总体目标来设计和确定的，确定预测目标是做好预测分析的前提，是制定预测分析计划、确定信息资料来源、选择预测方法及组织预测人员的依据。

（二）搜集和整理资料

预测目标确定后，应着手搜集有关经济、市场和技术等方面的资料。这些资料有过去的纵向资料，有现在的横向资料；有市场信息、同行业的竞争情况；还有国内外经济发展趋势，等等。在搜集了大量资料的基础上，还要对这些资料进行整理、归纳、鉴别，去伪存真，去粗存精，尽量从中发现与预测目标有关的各因素之间的规律性和相互依存关系。

(三) 选择预测方法

每种预测方法都有特定的用途，对于不同的预测对象、内容和所掌握的资料，应采用不同的预测方法，如果选择的预测方法不适当，就不能达到预测的目的。如对于那些资料齐全、可以建立数学模型的预测对象，应在定量预测方法中寻找适当的方法；而对于资料缺乏的预测对象，应当根据经验去选择适当的定性预测方法。

(四) 分析判断、检查验证

根据已建立的预测模型或预测中所掌握的未来信息，进行分析判断，充分揭示事物的变化趋势及发展结果。计算预测中产生的误差，检验预测结论与当前实际是否符合，并分析差异产生的原因，用以验证选用的预测方法是否适当有效，以便在预测过程中及时加以改正。

(五) 修正预测值

由于数学模型不可能把非计量因素考虑进去，所以需要结合定性分析的结论对其预测值进行修正或补充说明，以提高预测的精确度。

(六) 报告预测结论

将修正后的预测结论以报告形式上报给企业有关领导，作为决策的第一手资料。

三、预测分析的基本方法

预测的方法种类很多，大致可分为两大类，即定量分析法和定性分析法。

(一) 定性分析法

定性分析法，又称非数量分析法，它是一种直观性的预测方法，主要依靠人们的主观分析判断来确定事物的未来状况和发展趋势。预测人员一般是有经验的管理人员、销售人员、财务人员和工程技术人员，他们按照过去积累的经验进行分析与判断，各自分别提出初步的预测意见，然后进行综合、补充和修正，得出最终预测结论。

在缺乏完整的历史资料或有关变量之间不存在较为明显的数量关系等情况下，适合采用此种方法。

(二) 定量分析法

定量分析法，又称数量分析法，它是根据较为齐备的历史资料，采用统计推断或建立数学模型的方法，对所取得的数量资料进行科学的加工处理，以充分揭示各有关因素之间的规律性联系，作为对未来事物发展趋势预测的依据的方法。定量分析按照具体做法的不同，大致可以分为以下两种类型：

1. 趋势外推法

此方法又称时间序列法，它是将某指标过去的变化趋势作为预测的依据，而把未来作为历史的自然延续的一种方法。属于这类方法的有：算术平均法、移动平均法、趋势平均法、平滑指数法和修正的时间序列回归分析法等。

2. 因果预测法

此方法是根据预测对象与其他相关指标之间相互依存、相互制约、有规律性的联系，来建立相应的因果数学模型所进行的预测分析方法。属于这类方法的有：回归分析法、指标建立法、投入产出法、经济计量法等。

（三）两类方法的关系

定性分析法和定量分析法在实际应用中并非相互排斥，而是相互补充，相辅相成。定量分析法虽然较精确，但许多非计量因素无法考虑。而定性分析法虽然可以将这些非计量因素考虑进去，但估计的准确性在很大程度上受预测人员的经验和素质影响，这不免使预测结论因人而异，带有一定的主观随意性，因此实际工作中常常将两者结合应用，相互取长补短，以提高预测分析的准确性和预测结论的可信性。

第二节 销 售 预 测

销售预测是指以所搜集到的历史资料和能够获得的各种信息为基础，运用科学的预测方法和管理人员的实际经验，预计市场对本企业产品在未来时期的需求趋势。在市场经济"以销定产"的条件下，企业销售预测处于先导地位，它对于指导利润预测、成本预测和资金预测，安排经营计划，组织生产和进行长、短期决策都起着重要作用。这是由于销售是企业经营管理的关键，企业汇集在产品的生产、质量、管理和经营上的各种努力，只有在产品销售后才能得以回报，所以离开了可靠的销售预测，企业所作的各种预测和决策就没有多大意义了。随着我国经济体制改革的不断深化，多种形式的经济实体并存和竞争使企业的销售预测显得更重要，也更复杂了。只有认真研究各种销售预测的方法，根据实际情况灵活运用，才能使销售预测的结果真实可靠，发挥应有的作用。

常用的销售预测的方法很多，现介绍其中的几种：

一、判断分析法

判断分析法是指根据熟悉市场变化情况的人员对产品未来的销售量作出判断的一种方法。参加判断的人员可以是本企业熟悉销售业务、对市场将来发展变化趋势较为敏感的领导人员、销售人员、管理人员，也可以是企业外的专家。此方法一般适用于不具备完整可靠的历史资料，无法进行定量分析的企业。判断分析法具体又可分为以下三种：

（一）主观判断法

主观判断法又称意见汇集法，企业的每一个销售人员对他负责的产品的市场现状和发展前景以及企业在市场竞争中所处的地位都很清楚，根据他们的经验，结合市场调查的情况，可以较快地作出判断。这种方法费时短、耗费小，具有较强的实用价值。在瞬息万变的市场中，运用这种方法也能很快对预测结果进行修正。

但就某一个销售人员来说，对问题理解的广度和深度往往受到一定的限制，而且他们对形势的估计可能过于乐观或悲观，从而干扰预测结论的准确性。因此，企业往往是组织多人对同一产品或市场进行预测判断，再将这些数据进行平均处理，以消除人为的偏差。

（二）特尔菲法

特尔菲法又称专家调查法，它主要是采用通讯的方式，通过向各有关专家发出预测问题调查表的方式来搜集专家们的意见，然后由企业有关部门把各专家意见综合、整理和归纳并作出预测判断。

采用这一方法，在征询意见时，各专家之间应尽量做到互不通气，以使各位专家能真正根据自己的经验、观点和方法进行预测，避免受到特别权威专家的左右。有些复杂的问题涉及面较广，而每个专家所占有的资料总是有限的，如果由各位专家单独预测，则难免带有一些片面性，这就需要进行重复征询；同时，在每次重复征询过程中，都应注意把上次征询意见的结果进行加工整理后反馈给每位专家，特别要注意不应忽略少数人的意见，以使各专家在重复预测时能作出较全面的分析和判断。

（三）专家小组法

它是由企业组织各有关方面的专家组成小组，运用专家们的集体智慧进行判断的方法。小组中的专家们可以广泛讨论、相互启发，以弥补个人意见的不足，从而全面深入地分析研究问题。但是，这种方法的预测结果容易受少数特别权威人士意见的左右。有的碍于情面，难于畅所欲言；有的受别人观点的影响，放弃了自己有独到之处的观点。所以，采用这一方法，要求每一位专家要从企业的整体利益出发，充分表达自己的观点，不应受不同意见的约束和影响。

二、趋势外推法

趋势外推法在销售预测中的应用较为普遍，它是根据销售的历史资料，用一定的计算方法来推测未来的销售变动趋势的方法，其具体形式包括平均法和修正的时间序列回归分析法等。

（一）平均法

平均法是根据所掌握的特定预测对象若干时期的历史销售资料，按照一定方法进行处理，计算其平均值，以预测销售量的一类方法，具体包括算术平均法，简单移动平均法、加权平均法、趋势平均法和平滑指数法。

1. 算术平均法

算术平均法是将过去若干时期销售量（额）的算术平均数作为未来的销售预测数的预测法，其计算公式为：

$$预测销售量（额）= \frac{各期销售量（额）之和}{期数}$$

[例 3-1] 达丰公司 2018 年上半年实际销售额情况如表 3-1 所示。

表 3-1　　　　　　　达丰公司 2018 年上半年实际销售额资料表　　　　　　单位：万元

月　份	1	2	3	4	5	6
销售额	1030	1200	1100	1210	1240	1300

要求按算术平均法预测 2018 年 7 月份的销售额。

$$7 月份预测销售额 = \frac{1030+1200+1100+1210+1240+1300}{6}$$
$$= 1180（万元）$$

这种方法的优点是计算简单，缺点是没有考虑时间序列的变化趋势，且将各月份间的差异平均化，因而可能会使预测结果产生较大的误差。所以这种方法只适用于各期销售量基本稳定的产品的预测，如不存在季节性变动的食品和日常用品的预测。

2. 简单移动平均法

这是一种采用简单的不加权的移动平均数进行预测的方法。其计算公式为：

$$X_{t+1} = \frac{X_t + X_{t-1} + \cdots\cdots + X_{t(n-1)}}{n}$$

式中：X_{t+1}——下期的预测值；

　　　t——本期；

　　　$t+1$——下期；

　　　$t-1$——上期；

　　　n——项数。

简单移动平均法是根据过去若干时期的实际资料，求其平均数的方法，但每次只用最近若干期的资料。所谓"移动"，是指随着时间的不断推移，计算的平均值也在不断向后顺延。

[例 3-2] 仍依 [例 3-1] 的资料，用简单移动平均法（移动期为 3），预测 4、5、6、7 月份的销售额。

$$4 月份的预测销售额 = \frac{1030+1200+1100}{3} = 1110（万元）$$

$$5 月份的预测销售额 = \frac{1200+1100+1210}{3} = 1170（万元）$$

$$6 月份的预测销售额 = \frac{1100+1210+1240}{3} = 1183.33（万元）$$

$$7 月份的预测销售额 = \frac{1210+1240+1300}{3} = 1250（万元）$$

简单移动平均法在计算上比较简单，但它同样使历史资料的差异平均化。与算术平均法不同的是，它在历史资料的使用上尽量选择接近预测月份的数据，从而使预测数更接近实际。这一方法适用于销售额略有波动的产品。

3. 加权移动平均法

加权移动平均法是指在掌握全部各期资料的基础上，按近大远小的原则确定各期权数，并据以计算加权平均销量的一种方法。计算过程中通常采用自然数作为权数。

[例3-3] 仍依 [例3-1] 的资料,用加权移动平均法预测4、5、6、7月份的销售额。

4月份的预测销售额 $= \dfrac{1030 \times 1 + 1200 \times 2 + 1100 \times 3}{1+2+3} = 1121.67$（万元）

5月份的预测销售额 $= \dfrac{1200 \times 1 + 1100 \times 2 + 1210 \times 3}{1+2+3} = 1171.67$（万元）

6月份的预测销售额 $= \dfrac{1100 \times 1 + 1210 \times 2 + 1240 \times 3}{1+2+3} = 1206.67$（万元）

7月份的预测销售额 $= \dfrac{1210 \times 1 + 1240 \times 2 + 1300 \times 3}{1+2+3} = 1265$（万元）

加权移动平均法对越接近预测期的资料越重视,相对前两种平均法,因采用不同的权数进行加权,消除了差异的平均化,从而使预测数与实际情况更为接近,有较高的预测精确度。

4. 趋势平均法

趋势平均法是指在按移动平均法计算移动平均值的基础上,进一步计算趋势值的移动平均值,然后利用某一特定的基础销售量（额）移动平均值和趋势值来预测未来销售量（额）的一种方法。

[例3-4] 达丰公司2018年各月实际销售量资料如表3-2所示。

表3-2　　　　　　　　达丰公司2018年12个月实际销售量资料表　　　　　　　单位：吨

月份	1	2	3	4	5	6	7	8	9	10	11	12
实际销售量	100	120	130	160	190	230	260	300	280	290	300	320

要求根据以上资料测算2019年1月份销售量。

基础销售量移动平均值和趋势移动平均值的计算如表3-3所示。

表3-3　　　　　　　　移动平均值和趋势移动平均值计算表　　　　　　　单位：吨

月份	实际销售量（吨）	五期移动平均值	变动趋势值	三期趋势平均值
1	100			
2	120			
3	130	140		
4	160	166	26	
5	190	194	28	29.33
6	230	228	34	28.67
7	260	252	24	26.00
8	300	272	20	19.33
9	280	286	14	15.33
10	290	298	12	
11	300			
12	320			

根据表3-3,可得到2019年1月份销售量为:

286 + 15.33 × 4 = 347.32（吨）

表 3-3 中：五期移动平均值的计算，如 3 月份的 140 为（100 + 120 + 130 + 160 + 190）÷ 5 所得；变动趋势值的计算，如 4 月份的 26 为（166 - 140）所得；三期趋势平均值的计算，如 5 月份的 29.33 为（26 + 28 + 34）÷ 3 所得。

上式中的 286 吨是指 2018 年 9 月份计算的五期移动平均值，即（260 + 300 + 280 + 290 + 300）/ 5 = 286。从 2018 年 9 月到 2019 年 1 月相距 4 个月，而 2018 年 8 月 ~ 10 月三个月平均增长为 15.33 吨，即（20 + 14 + 12）÷ 3 = 15.33，所以，根据上式可预测到 2019 年 1 月份的销售量可达到 347.32 吨。

趋势平均法的优点在于既考虑了销售量的移动平均数，又考虑了趋势值的移动平均数，这样可以尽量消除一些偶然因素的影响。其缺点是过于复杂。如果企业各期产品的生产量和销售量有逐渐增加的趋势，则适合使用这种方法。

5. 平滑指数法

平滑指数法是根据前期销售量（额）的实际数和预测数，利用事先确定的平滑指数为权数进行加权平均来预测下一期销售量（额）的方法，其计算公式为：

$$\overline{Q}_t = \alpha Q_{t-1} + (1-\alpha)\overline{Q}_{t-1}$$

式中：$\overline{Q}_t$——预测销售量（额）；

Q_{t-1}——上期的实际销售量（额）；

$\overline{Q}_{t-1}$——上期的预测销售量（额）；

α——平滑指数。

平滑指数是一个经验数据，它具有修匀实际数所包含的偶然因素对预测值影响的作用。它的一般取值范围为 0 ~ 1，我们通常在 0.3 ~ 0.7 之间取值。平滑指数取值越大，则近期实际数对预测结果的影响就越大；平滑指数取值越小，则近期实际数对预测结果的影响就越小。所以，在进行近期预测或者销售量（额）波动较大的预测时，平滑指数应取得适当大些；在进行长期预测或者销售量（额）波动较小的预测时，平滑指数应取得适当小些。

[例 3-5] 仍依 [例 3-1] 的资料，假定 2019 年 1 月份的预测销售额为 1050 万元，平滑指数 α = 0.4，用平滑指数法预测 2019 年以后几个月份的销售额，如表 3-4 所示。

表 3-4　　　　　某企业 2019 年 2-7 月份销售额预测表　　　　　单位：万元

月 份	αQ_{t-1}	$(1-\alpha)\overline{Q}_{t-1}$	$\overline{Q}_t$
1			1050
2	1030 × 0.4 = 412	1050 × 0.6 = 630.00	1042
3	1200 × 0.4 = 480	1042 × 0.6 = 625.20	1105.20
4	1100 × 0.4 = 440	1105.2 × 0.6 = 663.12	1103.12
5	1210 × 0.4 = 484	1103.12 × 0.6 = 661.87	1145.87
6	1240 × 0.4 = 496	1145.87 × 0.6 = 687.52	1183.52
7	1300 × 0.4 = 520	1183.52 × 0.6 = 710.11	1230.11

平滑指数法实际上是一种分别以 α 和（1 - α）为权数的特殊的加权平均法。采用这

种方法可适当消除偶然因素引起的实际的波动，使预测更加精确，该方法适用面较广，但平滑指数的选择存在一定的随意性。

（二）修正的时间序列回归法

通过分析一段时期内销售量（Q）与时间（t）的函数关系，来建立回归模型并据此进行预测的方法称为时间序列回归法。由于时间自变量的值单调递增，形成等差数列，因而可以利用这一特点对时间值进行修正，简化回归系数的计算公式。凡是利用修正的时间自变量计算回归系数的方法均可称为修正的时间序列回归法。鉴于产品寿命周期不同阶段的销售量函数模型分别表现为直线、二次曲线和对等曲线等形式，因此修正的时间序列回归法又包括修正的回归直线法、修正的二次曲线回归法和修正的对数曲线回归法。此书只介绍修正的直线回归法。

将此法用于销售预测时，预测模型

$$Q = a + bt$$

式中，a 和 b 为回归系数，Q 为销售业务量（因变量函数），t 为未经过修正的时间自变量。

按照直线回归法原理，回归系数 a 和 b 的计算公式分别为：

$$a = \frac{\sum Q - b \sum t}{n}$$

$$b = \frac{n \sum Q_t - \sum t \sum Q}{n \sum t^2 - (\sum t)^2}$$

如果按照时间序列的特点对 t 值进行修正，使 $\sum t = 0$，就可使上述回归系数计算公式简化为：

$$a = \frac{\sum Q}{n}$$

$$b = \frac{\sum Q_t}{\sum t^2}$$

在修正的直线回归法下，销售回归模型仍为 $Q = a + bt$，但因为回归系数是按修正的 t 值计算的，所以公式中的 t 为经过修正的时间自变量。问题的关键是如何确定修正时间自变量 t 的值，使 $\sum t = 0$。这需要结合已掌握的时间序列期数 n 的奇偶性分以下两种情况讨论：

（1）如果 n 为奇数，则令第 (n+1)/2 期的 t 值为 0，其余前后各期以该期为中心，以 1 为间隔（即级差）确定 t 值。例如，当 n 为 7 时，第 4 期为中心，令该期的中心 t 值为 0，在该期以前的各期 t 值依次递减，在该期以后的 t 值依次递增（见表 3-5）。

表 3-5　　　　　　　　　　各期修正 t 值结果

时期	1	2	3	4	5	6	7	n = 7
修正的 t 值	-3	-2	-1	0	+1	+2	+3	$\sum t = 0$

（2）如果 n 为偶数，则令第 n/2 期和第（n/2）+1 期的值分别为 -1，+1。其余各期以 2 为间隔依次减增。例如，当 n 为 6 时，分别令第 3 期和第 4 期的 t 值为 -1 和 +1，第 2 期和第 5 期分别为 -3 和 +3，其余各期依次类推（见表 3-6）。

表 3-6　　　　　　　　各期修正 t 值结果

时期	1	2	3	4	5	6	n=6
修正的 t 值	-5	-3	-1	+1	+3	+5	$\sum t = 0$

则利用修正的直线回归法进行销售预测的步骤总结如下：

（1）判断 n 的奇偶性，确定修正的 t 值。

（2）列表计算 n、$\sum t$、$\sum t^2$、$\sum Q$ 和 $\sum Q_t$。

（3）利用公式计算回归系数 a 和 b。

（4）将 a 和 b 的值代入 Q = a + bt，建立销售预测模型。

（5）按下式确定未来第 k 期的 t 值：

$$t_{n+k} = t_n + kd$$

式中 d 为修正 t 值的级差，当 n 为奇数时，d 为 1；当 n 为偶数时，d 为 2。

（6）将未来第 k 期的 t 值代入销售量预测中的应用——修正的时间序列回归法。

三、因果预测法

因果预测法一般是根据历史资料建立相应的因果关系的数学模型，用以描述预测对象的变量与相关联的变量之间的依存关系，然后通过数学模型的求解来确定预测对象在计划期的销售量（额）的方法。

在现实经营活动中，因果预测分析法的具体应用有两种主要方式：一是利用相关分析技术自行建立预测模型，然后再进行预测，常见的方法是回归分析法。二是直接利用现有的经验模型进行预测，又称指标建立法。

（一）回归分析法

在现实经营活动中，回归分析法是因果预测分析中最常用的方法。如轮胎与汽车，面料、辅料与服装，皮革与皮鞋，水泥与建筑之间存在着依存关系，而且都是前者的销售量取决于后者的销售量。所以可以利用后者现成的销售预测的信息，采用回归分析的方法来推测前者的预计销售量（额）。具体步骤如下：

第一，确定影响销售量（额）的主要因素 x_i（i=1, 2, …, n），当 i≥2 时，则需采用多元线性回归，自变量 x_i 越多，预测结果就越精确，但计算过程越复杂；自变量 x_i 越少，则预测误差越大。为了使计算过程简化，应做到尽量选择重要因素，而忽略不重要的、非定量的、偶然的因素。

第二，根据有关资料确定销量 y 与自变量 x_i 之间的数量关系，建立因果预测模型。如只有一个自变量 x 的话，可以根据回归分析的原理建立直线方程 y = a + bx，其常数项 a 与系数 b 的值可按下面公式加以计算：

$$b = \frac{n\sum xy - (\sum x)(\sum y)}{n\sum x^2 - (\sum x)^2}$$

$$a = \frac{\sum y}{n} - b\frac{\sum x}{n}$$

第三，根据未来有关自变量 x_i 变动情况，预测销售量（额）。将计划期预计销售量（额）x 代入 y = a + bx，即可求得预测对象 y 的预计销售量（额）。

[例3-6] 假设某轮胎橡胶厂主要生产汽车轮胎，假设某地区各年份汽车实际销售量和轮胎实际销售量情况如表3-7所示。

表3-7　　　　　　　　　某地区汽车与轮胎销售量资料表

年 份	2013	2014	2015	2016	2017	2018
汽车销售量（万辆）	10	12	15	18	20	23
轮胎销售量（万只）	68	78	85	106	122	140

假定2019年汽车销售量的预测数为28万辆，该轮胎橡胶厂轮胎的市场占有率约为30%，要求预测该厂2019年的轮胎销售量。

首先，设 y 为汽车轮胎的销售量，x 为汽车销售量。x 是影响汽车轮胎销售的主要因素。

其次，建立回归分析模型 y = a + bx，其中 a 表示原来社会上所有汽车对轮胎的每年需要量，b 表示汽车每销售10000辆对轮胎的需要量。根据以上所给出的资料，将有关数据计算并列在表3-8中。

表3-8　　　　　　　　　轮胎预计销售量基础数据测算表

年 份	x（万辆）	y（万只）	x^2	xy
2013	10	68	100	680
2014	12	78	144	936
2015	15	85	225	1275
2016	18	106	324	1908
2017	20	122	400	2440
2018	23	140	529	3220
合计（n = 6）	$\sum x = 98$	$\sum y = 599$	$\sum x^2 = 1722$	$\sum xy = 10459$

将计算结果代入计算公式得到：

$$b = \frac{n\sum xy - (\sum x)(\sum y)}{n\sum x^2 - (\sum x)^2} = \frac{6 \times 10459 - 98 \times 599}{6 \times 1722 - 98^2} = 5.57$$

$$a = \frac{\sum y}{n} - b\frac{\sum x}{n} = \frac{599}{6} - 5.57 \times \frac{98}{6} = 8.85$$

最后，建立轮胎销售量与汽车销售量之间的关系：

$$y = 8.85 + 5.57x$$

该地区 2019 年轮胎预计销售量为：

$$y = 8.85 + 5.57 \times 28 = 164.81（万只）$$

该厂 2019 年轮胎预计销售量为：

$$y = 164.81 \times 30\% = 49.443（万只）$$

（二）指标建立法

指标建立法所采用的预测模型，既可以是企业以前建立的，也可以借用其他企业所建立的经验模型。只要掌握模型中的各相关指标数据，代入模型中的计算公式即可得到预测值。

[例 3-7] 众和公司需要预测生产自行车专用设备的销售量。

第一，根据现有资料调查和分析，掌握自行车的增长趋势和它的专用设备需求之间的关系。

201×年，我国共生产自行车 1440 万辆，按自行车行业协会预测，今后几年内的年平均增长速度将达到 20%，则下年度要增产 288 万辆，从专用设备的加工能力得知，每生产 1 万辆自行车，需要 2.4 台专用设备。

专用设备增加数 = 自行车增加数 × 相关指标
$$= 288 \times 2.4 = 691（台）$$

第二，从现有专用设备拥有量和设备更新情况，估算专用设备的更新数量。

假设，当时全国自行车厂拥有专用设备数量约为 4500 台，该专用设备年更新率约为 8%，则年平均更新数为：

$$4500 \times 8\% = 360（台）$$

该设备年需要量为：

$$691 + 360 = 1051（台）$$

第三，根据以往的资料，以及企业发展趋势，估计该企业在今后一段时期内专用设备的市场占有率约为 30%，因此该企业专用设备的潜在需求量为：

$$1051 \times 30\% \approx 315（台）$$

四、统计推断法

任何产品都要经历从开始试销，到打开销路，逐步扩销，一直到最后被淘汰的过程。这个过程通常称为产品的"寿命周期"。它一般可分为"试销""成长""成熟""饱和""衰退"五个阶段。处于不同阶段的销售水平是截然不同的。

统计推断法就是利用统计的方法，对市场进行抽样调查，结合产品的寿命周期，来推断企业产品的销售趋势的方法。

[例 3-8] 假定某市拥有居民 200 万户，通过市场调查，得到资料如表 3-9、表 3-10 所示。

表 3 – 9　　　　　　　　耐用消费品市场阶段划分数据表

寿命周期	试销	成长	成熟	饱和	衰退
年数	1~5 年	1~5 年	1~3 年	1~3 年	1~3 年
估计使用户数	5%以下	5%~50%	50%~75%	75%~90%	90%以上

表 3 – 10　　　　　某市三种耐用消费品所处市场阶段及拥有户数统计表

产品名称	A	B	C
所处市场阶段	试销期（4 年）	成长期（3 年）	成熟期（2 年）
拥有户数（万户）	3.6	41.2	124

另根据市场调查，计划期间本市兴业工厂生产的 B 产品在本市的市场占有率为 40%，对外地区的供应量约为 3 万台。要求作出该市对三种耐用消费品平均每年需要量的预测和兴业厂在计划期间的销售预测。

该市三种耐用消费品平均每年需要量的预测计算如表 3 – 11 所示。

表 3 – 11　　　　　　某市三种耐用消费品年需要量预测值计算表

产品名称	单位	所处市场阶段	已拥有户数比重(%)	各阶段的潜在购买（以每户一辆或一台计）	平均每年需要量
A	辆	试销期(4 年)	1.8	200×(5%−1.8%)=6.4 万辆	$\frac{6.4}{4}=1.6$ 万辆
B	台	成长期(3 年)	20.6	200×(50%−20.6%)=58.8 万台	$\frac{58.8}{3}=19.6$ 万台
C	台	成熟期(2 年)	62	200×(75%−62%)=26 万台	$\frac{26}{2}=13$ 万台

该市兴业厂计划期预计销售量为：
19.6×40% +3 =10.84（万台）

第三节　成本预测

成本是衡量一个企业经营状况的重要指标，是会计管理的主要对象之一。成本预测就是根据企业目前经营状况和发展目标，利用专门的方法对企业未来成本水平和变动趋势进行的推测。通过成本预测，有助于提高预见性，减少盲目性，有利于成本控制，提高经济效益，同时也为企业进行科学决策提供有效依据。

一、目标成本预测法

目标成本是指在确保实现目标利润的前提下，企业在成本方面应达到的目标。进行目标成本预测是为了控制企业生产经营过程中的物质消耗和活劳动消耗，降低产品成本，保证目标利润的实现。目标成本的预测一般可采用以下两种方法：

第一，以某一先进的成本水平作为目标成本，它可以是本企业历史最好水平或国内外同类产品中的先进成本水平，也可以是标准成本或定额成本。

第二，根据事先制定的目标利润和销售预测的结果，充分考虑价格因素，按照预计的销售收入扣除目标利润就得到目标成本，即：

$$目标成本 = 预计单价 \times 预计销售量 - 目标利润$$
$$= 预计销售收入 - 目标利润$$

目标成本可以作为衡量产品成本、费用支出的标准，从而在生产过程中及时监督和分析脱离目标成本的偏差。所以，目标成本的确定既要考虑到先进性，又要注意到可行性。这样，才有利于调动各方面的积极性，从而保证目标的实现。

二、历史成本预测法

成本预测中的历史资料预测法是在掌握有关历史资料的基础上，建立总成本模型 $y = a + bx$，利用销售量的预测值 x，预测出未来总成本和单位成本的预测方法。模型中的 a 表示固定成本总额，b 表示单位变动成本。确定它们常用的方法主要有高低点法、直线回归分析法等。

（一）高低点法

高低点法是选用一定时期历史资料中最高产量和最低产量的产品总成本之差（Δy），与两者产量之差（Δx）进行对比，先求出单位变动成本（b）的值，然后再求出固定成本总额（a）的值，并据以推算出在计划期一定产量条件下的总成本与单位成本，其计算公式为：

$$y = a + bx$$

$$\Delta y = b\Delta x$$

$$b = \frac{\Delta y}{\Delta x} = \frac{y_{高} - y_{低}}{x_{高} - x_{低}}$$

再将 b 的值代入高点或低点的总成本公式，即可求得 a 的值：

$$a = y_{高} - bx_{高}$$

或：

$$a = y_{低} - bx_{低}$$

a 与 b 的值求得后，再代入计划期的总成本公式，即可求得预测总成本，其公式为：

$$y = a + bx$$

[**例 3-9**] 利源公司历年产量与总成本资料如表 3-12 所示，若计划期产量为 140 条，要求采用高低点法预测 2019 年该企业产品的总成本。

表 3-12　　　　　　利源公司产品产量与总成本资料表　　　　　　单位：元

年份	产量（条）	总成本
2014	80	8290
2015	85	8600

续表

年份	产量（条）	总成本
2016	95	9500
2017	120	11500
2018	130	12300

根据表 3-12 资料，可以得出：

$$b = \frac{y_{高} - y_{低}}{x_{高} - x_{低}} = \frac{12300 - 8290}{130 - 80} = 80.2 \text{（元/条）}$$

$$a = y_{高} - bx_{高} = 12300 - 80.2 \times 130 = 1874 \text{（元）}$$

或：

$$a = y_{低} - bx_{低} = 8290 - 80.2 \times 80 = 1874 \text{（元）}$$

则：

$$y = a + bx = 1874 + 80.2 \times 140 = 13102 \text{（元）}$$

当产量为 140 条时，产品成本总额为 13102 元。

高低点法是一种简便易行的预测方法，若企业产品成本的变动趋势比较稳定，采用此法比较适宜。但如果企业各期成本变动的幅度较大，采用此法则很难正确反映成本变动趋势。

（二）回归分析法

回归分析法是应用数学上最小平方法的原理来确定反映 y = a + bx 直线方程式中自变量 x 与因变量 y 之间具有误差平方和最小的一条直线的方法。这条直线称为回归线，其 a 与 b 的值可按下列公式确定：

$$a = \frac{\sum y}{n} - b \frac{\sum x}{n}$$

$$b = \frac{n \sum xy - (\sum x)(\sum y)}{n \sum x^2 - (\sum x)^2}$$

[例 3-10] 仍以表 3-12 为例，按回归分析法预测计划期（2019 年）利源公司产品产量为 140 条时的总成本和单位成本。

根据表 3-12 的有关资料，按照求 a 与 b 的值的公式要求编制计算表，如表 3-13 所示。

表 3-13　　　　　某产品的产量和成本计算表（回归分析法）

年份	产量（x）	总成本（y）	xy	x^2
2014	80	8290	663200	6400
2015	85	8600	731000	7225
2016	95	9500	902500	9025
2017	120	11500	1380000	14400

续表

年　份	产量（x）	总成本（y）	xy	x²
2018	130	12300	1599000	16900
合计（n=5）	$\sum x = 510$	$\sum y = 50190$	$\sum xy = 5275700$	$\sum x^2 = 53950$

第一，将有关数据代入上述两公式，先求 b，后求 a：

$$b = \frac{n\sum xy - (\sum x)(\sum y)}{n\sum x^2 - (\sum x)^2} = \frac{5 \times 5275700 - 510 \times 50190}{5 \times 53950 - (510)^2} = 80.99（元）$$

$$a = \frac{\sum y}{n} - b\frac{\sum x}{n} = \frac{50190}{5} - 80.99 \times \frac{510}{5} = 1777.02（元）$$

第二，将 a 与 b 的值代入计划期总成本公式：

计划期 2019 年该产品总成本预测值：

$$y = a + bx_j = 1777.02 + 80.99 \times 140 = 13115.62（元）$$

计划期 2019 年该产品单位成本预测值：

$$b = \frac{Y_j}{X_j} = \frac{13115.62}{140} = 93.68（元）$$

在企业的历史成本资料中，如果单位产品成本变动幅度较大时，采用此法较为适宜。

必须指出，上述成本预测的两种常用方法，由于都是根据成本的历史资料进行数学推导而来，没有考虑企业外部条件的变化，这就必然会影响到预测分析的准确性。为了成本预测更加接近实际，在采用数学公式推导的同时，企业的管理当局还必须结合市场变动情况、国家的方针政策进行通盘考虑，作出符合实际的预测。

三、因素变动预测法

因素变动预测法是通过对影响成本的各项因素的具体分析，预测计划期成本水平的方法。

[例 3-11] 假定利源公司从会计资料中查得，X 产品 2018 年 1 月~9 月实际产量为 1000 件，实际总成本为 42000 元，预计 10 月~12 月产量为 500 件，总成本为 20505 元，则 X 产品 2014 年预计平均单位成本为：

$$\frac{42000 + 20505}{1000 + 500} = 41.67（元）$$

假定 X 产品 2018 年度预计平均单位产品成本和总成本的分项资料如表 3-14 所示。

表 3-14　　　　　　　利源公司产品成本资料表　　　　　　　单位：元

项目	单位成本	总成本
材料	24.8	37200
燃料和动力	3.47	5205
职工薪酬	4.8	7200

续表

项目	单位成本	总成本
制造费用	8.6	12900
合　　计	41.67	62505

假定材料、燃料和动力、职工薪酬为变动费用，制造费用全为固定费用，并假定2019年影响产品的主要因素及影响程度为：产量增加25%；材料成本降低1%；材料消耗降低2%；燃料和动力消耗降低5%；制造费用增加10%。要求用因素分析法预测2019年X产品的总成本和单位成本。

由于产量增加25%，材料费用 = 37200 × (1 + 25%) = 46500（元）
由于材料成本降低1%，材料费用节约额 = 46500 × (−1%) = −465（元）
由于材料消耗降低2%，材料费用节约额 = 46500 × (−2%) = −930（元）
预测期X产品材料费用 = 46500 − 465 − 930 = 45105（元）
预测期燃料和动力费用 = 5205 × (1 + 25%) × (1 − 5%) = 6180.94（元）
预测期职工薪酬 = 7200 × (1 + 25%) = 9000（元）
预测期制造费用 = 12900 × (1 + 10%) = 14190（元）
所以预测期（2019年）X产品的总成本 = 45105 + 6180.94 + 9000 + 14190
　　　　　　　　　　　　　　　　　　 = 74475.94（元）

预测期（2019年）X产品的单位成本 = $\dfrac{74475.94}{1500 \times (1 + 25\%)}$ = 39.72（元）

第四节　利　润　预　测

利润预测是企业根据销售预测、成本预测，通过成本、业务量（产量或销售量）与利润的关系来估算利润，通常也称为本量利预测。

一、本量利预测分析概述

（一）本量利预测分析的意义和作用

成本——业务量（产量或销售量）——利润三者关系的分析，简称本量利预测分析，它是现代管理会计学的重要组成部分，其理论正日臻完善，其分析技术已在企业实践中得到日益广泛的应用。所谓本量利预测分析，是指在成本性态分析的基础上，通过对成本、业务量和利润三者关系的分析，建立数学化的会计模型和图式，进而揭示变动成本、固定成本、销售量、销售单价和利润等诸多变量之间的内在规律性联系，为利润预测和规划及会计决策和控制提供有价值的会计信息的一种定量分析方法。

早在1904年美国就已经出现了有关最原始的本量利预测分析关系图的文字记载，1922年美国哥伦比亚大学的一位会计学教授提出了完整的保本分析理论。进入20世纪50年代以后，本量利预测分析技术在西方会计实践中得到广泛应用，其理论更臻完善，成为现代管理会计学的重要组成部分。

本量利预测分析法是管理会计的基本方法之一，它在规划企业经济活动、正确进行经营决策和有效控制经济过程等方面具有广阔的用途。例如，将本量利分析与预测技术相结合，企业可进行保本预测，确定保本销售水平，进而预测利润，编制利润计划；将本量利分析用于目标控制，可以确定实现目标利润所需控制的目标销售量、目标销售额以及目标成本水平，从而有效实施目标管理；将本量利分析与风险分析相联系，可促使企业重视经营杠杆作用，努力降低经营风险。此外，企业还可以将本量利分析应用于生产经营决策、产品竞价决策以及成本控制和责任会计等领域。

本量利预测分析也是一种实用的管理工具。在企业的经营管理活动中，管理人员在决定生产和销售的数量时，往往以数量为起点，以利润为目标，期望能在业务量和利润之间建立起一种直接的函数关系，从而利用这个数学模型，在业务量变动时估计其对利润的影响，或者在利润变动时计算出完成目标利润所需要达到的业务量水平。而本量利分析，就可以为企业管理人员提供所需要的这种数学模型。

（二）本量利预测分析的基本假定

根据本量利预测分析原理建立和使用的有关数学模型和图形，是以许多假设为前提条件的。虽然这些假设的前提条件造成了企业实际运用本量利分析的局限性，但是规定了这些假设的前提条件，一方面可以容易地建立及使用数学模型来揭示成本、业务量和利润等诸因素之间内在联系的规律性，从而有助于初学者深刻理解本量利分析的基本原理；另一方面也说明缺乏假设条件将会影响本量利分析的正确性，强调在实际工作中不能盲目套搬本量利分析的数学模型，必须根据实际情况加以调整修正，以便克服其本身的局限性。主要的基本假定如下：

第一，假定全部成本都已可靠地划分为变动成本和固定成本，有关的成本性态模型已经建立起来。产品成本是按变动成本法计算的，即产品成本中只包括变动生产成本，而所有的固定成本，包括固定制造费用，均作为期间成本处理，直接在当期的边际贡献中扣除，期末库存产品不负担固定成本。因此，变动成本与固定成本划分是否准确，将直接关系到本量利分析的准确性。

第二，假定在相关范围内，销售单价、单位变动成本和固定成本总额保持不变，业务量是影响销售收入和总成本的唯一因素（自变量）；并且假定在一定时期内，业务量总是在保持单价水平和成本消耗水平不变所允许的范畴内变化。因此，反映销售收入和总成本的收入函数和成本函数均成为线性函数，都可以用直线来描述。尽管实际上处在市场经济中的销售单价、单位变动成本和固定成本总额不可能一成不变，但只要变动不大，假定仍然可以成立，其本量利分析对企业实践就仍具有一定的参考价值。

第三，在单一品种情况下，假定产销平衡，即在企业只安排一种产品生产的条件下，生产出来的产品总是可以实现销售。

第四，在多品种产销的情况下，假定品种结构稳定。所谓品种结构是指各产品的产销额占全部产品产销总额的比重，即在企业安排多品种产品生产的条件下，不仅假定产销平衡，而且在销售总量（额）发生变化时，是以产品品种结构比重不变为前提条件的。

第五，关于利润的假定，除特别说明外，本量利分析中的利润一般假定为不考虑投资收益和营业外收支的"销售利润",通常假设投资收益和营业外收支为零。

至于会计实务中必须在利润前扣除的其他税金,可视其特征进行分类。若与业务量(产销量)或销售额增减变动关系不大的税金,如房产税、印花税、车船使用税、土地使用税等可视作固定成本(期间成本);若与业务量(产销量)或销售额增减变动关系较大的税金,如消费税、营业税、城市维护建设税等价内税均可视作变动成本。

(三) 本量利预测分析的基本内容

本量利预测分析的基本内容主要包括保本分析、保利分析及各因素变动对本量利分析的影响。

本量利预测分析首先是保本分析,即确定盈亏平衡点(保本点)。保本点,就是在销售单价、单位变动成本和固定成本总额不变的情况下,企业既不盈利也不亏损的销售数量。这是企业经营管理的重要信息,因为盈亏平衡(保本)是获利的基础,也是企业经营安全的前提,只有在销售量超过盈亏平衡点时企业才能获利,企业经营才有可能安全。其次在此基础上进行保利分析,即分析在销售单价、单位变动成本和固定成本总额不变的情况下,销售数量变动对利润的影响,从而确定目标利润,进行利润规划。最后,再进一步分析销售单价、单位变动成本和固定成本总额等各因素的变动对保本点、保利点、经营的安全程度以及对利润的影响。

(四) 本量利预测分析的基本数学模型

本量利分析的目标是利润,计算利润的基本公式就是本量利分析的基本数学模型。

利润 = 销售收入总额 - 成本总额
　　 = 销售收入总额 -(变动成本总额 + 固定成本总额)
　　 = 销售量 × 销售单价 - 销售量 × 单位变动成本 - 固定成本总额
　　 = 销售量 ×(单价 - 单位变动成本)- 固定成本总额

之所以将其称为本量利分析的基本数学模型,不仅是因为保本分析、保利分析均建立在上述基本公式的基础之上,而且若将其分解,恒等变形,还能进行多因素变动分析,将有助于初学者了解本量利分析的其他一些基本概念及其计算公式。

(五) 本量利预测分析的基本概念及其计算公式

进行本量利分析,必须掌握下面介绍的一些基本概念及其计算公式。

1. 边际贡献

边际贡献是衡量企业经济效益的重要指标,亦称贡献毛益、贡献边际,是指产品销售收入总额减去相应的变动成本总额后的差额。单位边际贡献,是指产品的销售单价减去单位变动成本后的余额,即每增加一个单位产品销售可为企业提供的贡献。有关计算公式如下:

在单一产品的产销情况下:

边际贡献 = 销售收入总额 - 变动成本总额
　　　　 = 销售量(销售单价 - 单位变动成本)
　　　　 = 销售量 × 单位边际贡献

其中，单位边际贡献 = 销售单价 - 单位变动成本

在多种产品的产销情况下：

$$全部产品边际贡献 = \sum（各种产品边际贡献）$$

$$= \sum（各种产品销售收入 - 各种产品变动成本）$$

若将边际贡献放入利润基本公式，则为：

$$利润 = 边际贡献 - 固定成本总额$$

由此可知，边际贡献的大小将直接影响企业产品销售盈亏水平的高低，产品销售能否保本以及产品销售利润的高低将取决于边际贡献能否"吸收"（抵减）全部固定成本，并有剩余额及剩余额的大小。在固定成本不变的情况下，边际贡献的增减意味着利润的增减，只有当边际贡献大于固定成本时才能为企业提供利润，否则企业将会出现亏损。

2. 边际贡献率

边际贡献率是指产品的边际贡献总额占产品的销售收入总额的百分比，又等于单位边际贡献占销售单价的百分比。这是反映产品盈利能力的相对数指标，它表明每增加一元销售能够为企业提供的贡献。其计算公式为：

在单一产品的产销情况下：

$$边际贡献率 = \frac{边际贡献}{销售收入} \times 100\% = \frac{单位边际贡献}{销售单价} \times 100\%$$

在多种产品的产销情况下：

$$综合（加权平均）边际贡献率 = \frac{\sum（各种产品边际贡献）}{\sum（各种产品销售收入）} \times 100\%$$

$$= \sum（各产品边际贡献率 \times 该产品销售比重） \times 100\%$$

3. 变动成本率

变动成本率是指产品的变动成本总额与产品的销售收入总额之间的比率，又等于单位变动成本占销售单价的百分比。它表明每增加一元销售所增加的变动成本。其计算公式为：

$$变动成本率 = \frac{变动成本总额}{销售收入} \times 100\% = \frac{单位变动成本}{销售单价} \times 100\%$$

4. 边际贡献率与变动成本率的关系

由于边际贡献率与变动成本率均表明边际贡献或变动成本占销售收入的百分比，因此将这两项指标联系起来考虑，可以得到以下关系式：

$$边际贡献率 + 变动成本率 = \frac{单位边际贡献}{销售单价} + \frac{单位变动成本}{销售单价}$$

$$= \frac{单位边际贡献 + 单位变动成本}{销售单价}$$

$$= \frac{（销售单价 - 单位变动成本）+ 单位变动成本}{销售单价}$$

$$= 1$$

显然,边际贡献率与变动成本率具有互补关系。变动成本率低的企业,则边际贡献率高、创利能力强;反之,变动成本率高的企业,必然边际贡献率低,创利能力弱。

以上基本概念及其计算公式在管理会计中十分重要,必须在理解的基础上熟练掌握,以便灵活运用。

[例3-12] 五菱电器制造公司生产电冰箱,每台耗用的材料、人工、马达等变动成本共1800元,固定成本总额600万元,共生产销售了1万台,每台售价3000元,则:

单位边际贡献 = 3000 - 1800 = 1200(元/台)

边际贡献 = 1200 × 1 = 1200(万元)

或 = 3000 × 1 - 1800 × 1 = 1200(万元)

边际贡献率 = 1200 ÷ 3000 × 100% = 40%

变动成本率 = 1800 ÷ 3000 × 100% = 60%

边际贡献率 + 变动成本率 = 40% + 60% = 1

利润 = 1200 - 600 = 600(万元)

二、保本分析

保本分析是本量利分析的基础,其基本内容是分析确定产品的保本点,从而确定企业经营的安全程度。在此基础上进行保利分析和多因素变动分析,为企业的生产经营决策提供必需的信息。

(一)保本点的意义和形式

保本点,亦称盈亏临界点、损益平衡点、够本点等,是指当产品的销售业务量达到某一点时,其总收入等于总成本,边际贡献正好抵偿全部固定成本,利润为零,企业处于不盈利也不亏损的状态,这种特殊的状态就称为保本状态。使企业达到保本状态的销售量或销售额之点就是保本点。保本点可以按一种产品、一组(多种)产品,也可以按一个独立核算的车间、一个工厂或整个公司来计算。

保本点对于企业的经营决策具有重要意义,它能帮助管理人员正确把握销售业务量与企业盈利之间的关系。只要销售业务量超过保本点,企业就会有盈利;反之,销售业务量低于保本点,就会导致亏损。因为全部固定成本已被保本点的销售业务量提供的边际贡献抵偿了,使超过保本点的销售业务量所提供的边际贡献即成为利润,所以当销售业务量超过保本点以后,其每增加一个百分点,利润就将以更快的速度增长。企业若能事先知道在一定价格和成本的条件下,销售业务量达到多少时就可以保本,而超过保本点就可能带来规模经济效益,则企业就能有目的地、有针对性地挖掘生产能力、降低消耗、扩大产销量,从而使企业在规划目标利润、控制目标成本、确定销售价格以及追求规模经济效益等各方面都掌握主动权。

保本点主要有两种表现形式,保本销售量(简称"保本量")和保本销售额(简称"保本额"),前者以实物量单位表示,后者以货币价值量单位表示,它们都是标志企业达到收支平衡、实现保本的销售业务量指标。

(二) 保本点的确定

确定产品的保本点不仅是保本分析的关键,也是本量利分析的核心内容,产品保本点的确定可以按单一品种和多品种分别计算保本点的销售业务量指标。

1. 单一品种保本点的计算

单一品种的保本点可以采用数学推导法和图解法两种基本方法计算确定。

(1) 数学推导法。所谓数学推导法,是指在本量利分析的基本数学模型的基础上,根据保本点定义,即不盈不亏、利润为零的销售业务量之点,用数学方法推算保本销售量、保本销售额的方法,又称基本等式法、边际贡献法等。

本量利分析的基本数学模型,即前述的:

利润 = 销售量 × (销售单价 - 单位变动成本) - 固定成本总额

设保本量为 x_0,保本额为 y_0,且令利润 = 0,则:

$$保本量\ x_0 = \frac{固定成本总额}{销售单价 - 单位变动成本}$$

保本额 y_0 = 销售单价 × 保本量 x_0

由此可见,利用本量利分析的基本数学模型、基本概念及保本点定义,就能推导出一系列计算保本量和保本额的公式。

[例 3 - 13] 仍按 [例 3 - 12] 资料,用数学推导法计算该公司生产销售电冰箱的保本点指标。

$$保本量\ x_0 = \frac{600}{0.3 - 0.18} = 5000\ (台)$$

保本额 $y_0 = 0.3 \times 5000 = 1500$ (万元)

以上计算表明,该公司必须销售 5000 台电冰箱,或实现 1500 万元的销售额,才可以保本、不盈不亏。

保本点销售业务量不仅可以从基本数学模型中用数学推导法计算确定,而且还可以用绘制保本图等图形的方法来确定。

(2) 图解法。图解法是指通过在平面直角坐标系中绘制图形来确定保本点位置,进而反映本量利基本关系的方法。利用图解法绘制的图形主要有保本图和利润——业务量图等。

①单一品种的保本图:首先,建立直角坐标系,以横轴表示销售量(实物量),以纵轴表示销售额和成本(金额)。然后,在该直角坐标系中以固定成本 a 为纵轴上的截距,以单位变动成本 b 为斜率,作总成本直线 y = a + bx;再以销售单价 p 为斜率,过原点 O 作一条直线 y = px,即销售收入线;只要销售单价 p 大于单位变动成本 b,销售收入线与总成本线在直角坐标系的第Ⅰ象限内必有交点。则两直线的交点 (x_0, y_0) 即为保本点,其交点横坐标 x_0 为保本销售量的值,纵坐标 y_0 为保本销售额的值。现根据 [例 3 - 12]、[例 3 - 13] 的资料,绘制保本图,如图 3 - 1 所示。

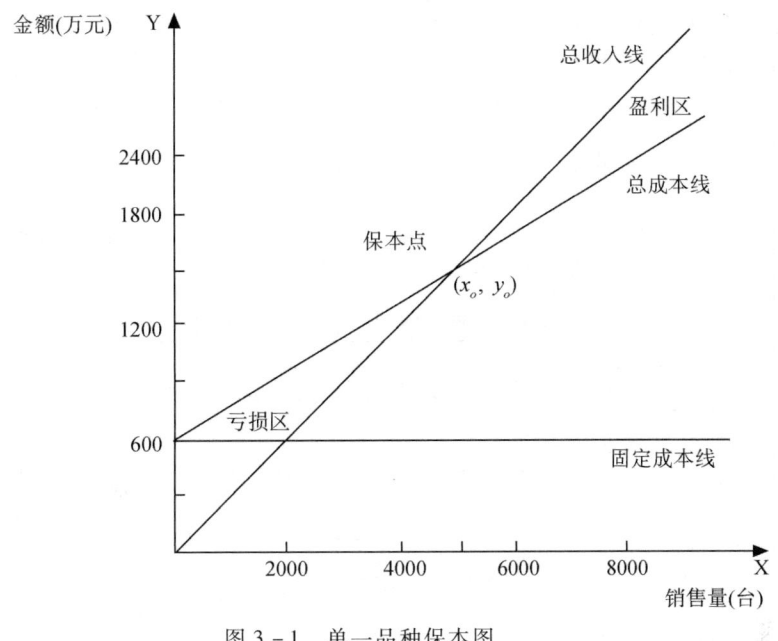

图 3-1 单一品种保本图

由图 3-1 可知，销售收入线与总成本线相交之点就是保本点。这一点（保本点）所对应的横轴上的数值即保本销售量，所对应的纵轴上的数值即保本销售额，分别是 5000 台和 1500 万元，与用数学推导法计算的结果是一致的。

通过保本点分析图可以帮助我们认识本、量、利之间一些规律性联系，它们主要表现为：

第一，在保本点不变情况下，如果产品销售量超过保本点一个单位的业务量，即可获得一个单位边际贡献的盈利；销售量越大，能实现的盈利就越多。

第二，在销售量不变情况下，保本点越低，盈利区三角形面积就越大，亏损区三角形面积就越小。它表示产品盈利性有所提高，即能实现更多的盈利。

第三，在销售收入既定的情况下，保本点的高低取决于单位变动成本和固定成本总额的多少。单位变动成本和固定成本总额越小，保本点越低。

保本图的优点在于形象、直观，便于理解和接受，在保本分析中具有很重要的作用，但由于绘图比较麻烦，且保本点的数值的确定需要在数轴上读出，因此结果可能欠准确。

②利润——业务量图：这是一种着重分析利润和销售业务量之间关系的保本分析图，是保本分析图的另一种绘制形式，可用于确定保本点，进行保本和保利预测分析。

利润——业务量图的绘制程序为：首先建立直角坐标系，以横轴表示销售额，以纵轴表示利润。然后在此坐标图中，先在纵轴的负数亏损区确定固定成本总额，即在横轴下方，以固定成本 a 为纵轴之截距，再任选某整数销售量，通过利润基本公式，确定其相应的利润点，过纵轴上的截距和该利润点作一条直线，此直线即为利润线。则该利润线与横轴（销售额）之交点就是保本点。

仍依 [例 3-12]、[例 3-13] 资料，作利润——业务量图，如图 3-2 所示。

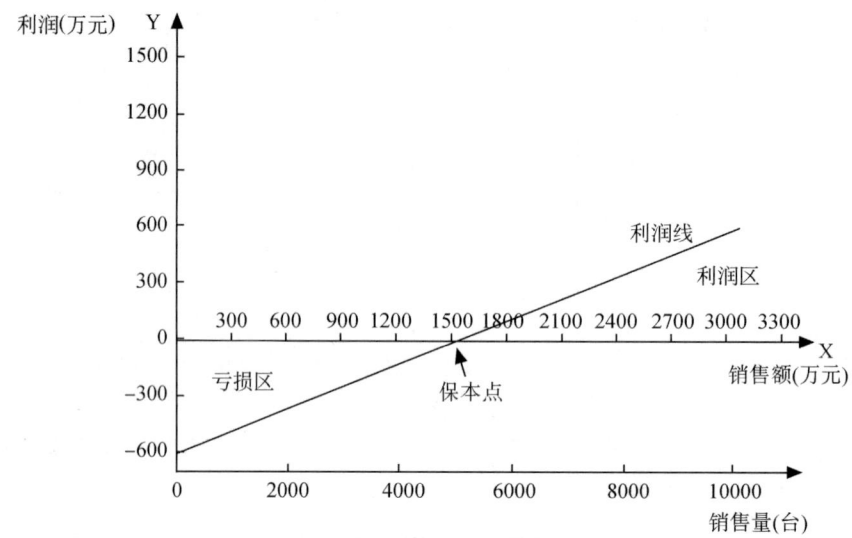

图 3-2 利润——业务量图

图 3-2 中的销售业务量既可以用销售额表示，也可以用销售量表示。此图的最大特点是可以明确表示销售业务量变动对利润的影响，销售业务量为零，企业的亏损额就是固定成本额；随着销售业务量的增加，亏损逐渐减少，到亏损为零时即为保本点；过了保本点，随着销售业务量的增加，利润不断增长。由此可知，企业要扭亏增盈，扩大销售是重要的环节。但本图的不足之处在于，当销售业务量变动时，不能反映出成本变动的情况，即本量利三者之间的关系反映不够清楚，给深入分析带来了困难。

2. 多品种综合保本点的计算

以上讨论的是单一品种的保本点确定，但实际上绝大多数企业都不可能只生产销售一种产品。企业在生产销售多种产品的情况下，其保本分析就不能用实物量表现，而只能用货币量表现。因为不同品种的销售量无法直接相加，所以只能根据多品种产品的销售额来进行保本分析。

多品种综合保本点计算确定的方法主要有：加权平均边际贡献率法、分别计算法、历史资料法和综合保本图法等。

（1）加权平均边际贡献率法。加权平均边际贡献率，又称综合边际贡献率，是指以各品种产品的边际贡献率为基础，用各产品的预计销售比重（即产品销售结构）作权数，进行加权计算的，反映企业多产品综合创利能力的平均边际贡献率。即：

$$加权平均边际贡献率 = \sum（各种产品边际贡献率 \times 该种产品销售比重）$$

$$某种产品销售比重 = \frac{该种产品预计销售额}{\sum（各种产品预计销售额）} \times 100\%$$

所谓加权平均边际贡献率法，就是当企业产销多种产品且固定成本总额又难以采用较合理的方法分配给各种产品的情况下，计算确定多产品综合保本点的一种方法。整个企业的综合保本点，只能以金额表示，称为综合保本销售额，或综合盈亏平衡销售额。其计算原理与单一品种保本销售额一致，计算公式为：

$$综合保本销售额 = \frac{固定成本总额}{加权平均边际贡献率}$$

[例 3-14] 五菱电器制造公司生产 A、B、C 三种产品，计划期预计销量及成本、单价资料如表 3-15 所示。

表 3-15　　五菱电器制造公司三种产品计划期销量、销售单价及成本资料表　　单位：元

摘　要	A 产品	B 产品	C 产品
预计销量	1000 件	1500 件	2000 件
销售单价	35	10	25
单位变动成本	28	6	16
固定成本总额	15500		

将上述资料计算整理如表 3-16 所示。

表 3-16　　五菱电器制造公司三种产品保本销售额（量）预测基础数据测算表

摘　要	A 产品	B 产品	C 产品	合　计
(1) 销售量	1000 件	1500 件	2000 件	—
(2) 单位产品售价	35 元	10 元	25 元	—
(3) 单位变动成本	28 元	6 元	16 元	—
(4) 单位边际贡献 (cm)(2)-(3)	7 元	4 元	9 元	—
(5) 边际贡献率 (cmR)(4)/(2)×100%	20%	40%	36%	—
(6) 销售收入总额 (px)(2)×(1)	35000 元	15000 元	50000 元	100000 元
(7) 销售比重 (w) $\frac{(6)行 A、B、C 的 px}{(6)行合计}$×100%	35%	15%	50%	100%
(8) 加权边际贡献率 (5)×(7)	7%	6%	18%	31%

根据表 3-16，按加权平均边际贡献率法计算综合保本销售额。

$$综合保本销售额 = \frac{15500}{31\%} = 50000（元）$$

多品种产品的综合保本销售额确定之后，可以根据各产品的销售比重、销售单价、销售额，再进一步预测每一种产品的保本销售额及保本销售量，进行各产品的保本分析。

某种产品保本销售额 = 综合保本销售额 × 该产品的销售比重

$$某种产品保本销售量 = \frac{该产品保本销售额}{该产品销售单价}$$

本例中，三种产品的保本点分别为：

A 产品：

保本销售额 = 50000 × 35% = 17500（元）

$$保本销售量 = \frac{17500}{35} = 500（件）$$

B 产品：

$$保本销售额 = 50000 \times 15\% = 7500（元）$$

$$保本销售量 = \frac{7500}{10} = 750（件）$$

C 产品：

$$保本销售额 = 50000 \times 50\% = 25000（元）$$

$$保本销售量 = \frac{25000}{25} = 1000（件）$$

应注意的是，上述关于加权平均边际贡献率法的应用，是基于企业各品种产品的销售比重（结构）可以预计，且保持不变的基础之上的。但在实际销售过程中，由于市场竞争激烈，供需状况瞬息万变，各产品的销售比重也一定会发生变化。此时，综合保本销售额即保本点也会随之变化。因为各产品的边际贡献率不相同，当销售比重改变时，加权平均边际贡献率也会随之改变。变化的规律是：当边际贡献率比较高的产品销售较多，即其销售比重上升时，加权平均边际贡献率也随之上升，则实际的保本点就会低于原预计的保本点；反之，当边际贡献率比较低的产品销售较多，即其销售比重上升时，加权平均边际贡献率会随之下降，则实际的保本点就会高于原预计的保本点。这就是销售比重（结构）的变动对保本点的影响。

（2）分别计算法。如果企业的固定成本能够比较合理地分配给各种产品，就可以采用分别计算法确定多品种的综合保本点。所谓分别计算法，是指先将企业的固定成本总额按一定标准合理分配给各产品，然后按确定"单一品种保本点"的方法分别计算确定每一品种产品的保本点，最后汇总计算多品种产品的综合保本销售额的方法。

这种方法主要适用于虽然经营多品种产品，但由于生产技术或生产工艺的缘故，各种产品的生产均可采用封闭式生产方式，即可按产品品种分设车间的企业，其产品的固定制造费用一般为专属固定成本，企业的共同固定成本也可选择一定标准（如边际贡献、销售额、工时等）合理分配给各种产品。

[例 3 – 15] 五菱电器制造公司生产甲、乙、丙三种产品，有关资料如表 3 – 17 所示。要求根据资料按产品边际贡献分配共同固定成本，并采用分别计算法进行保本分析。

表 3 – 17　　　　五菱电器制造公司三种产品销售量、销售单价、成本资料表　　　　单位：元

摘　　要	甲产品	乙产品	丙产品
预计销售量（件）	1000	1200	800
销售单价	10	8	15
单位变动成本	7	6	12
单位边际贡献	3	2	3
专属固定成本	1680	1300	1200
共同固定成本	2730		

$$共同固定成本分配率 = \frac{2730}{3 \times 1000 + 2 \times 1200 + 3 \times 800} = 0.35$$

分配给甲产品的固定成本 = $3 \times 1000 \times 0.35 = 1050$（元）

分配给乙产品的固定成本 = 2 × 1200 × 0.35 = 840（元）

分配给丙产品的固定成本 = 3 × 800 × 0.35 = 840（元）

甲产品的保本销售量 $x_0 = \dfrac{1680 + 1050}{3} = 910$（件）

甲产品的保本销售额 $y_0 = \dfrac{1680 + 1050}{3 \div 10} = 910 \times 10 = 9100$（元）

乙产品的保本销售量 $x_0 = \dfrac{1300 + 840}{2} = 1070$（件）

乙产品的保本销售额 $y_0 = \dfrac{1300 + 840}{2 \div 8} = 1070 \times 8 = 8560$（元）

丙产品的保本销售量 $x_0 = \dfrac{1200 + 840}{3} = 680$（件）

丙产品的保本销售额 $y_0 = \dfrac{1200 + 840}{3 \div 15} = 680 \times 15 = 10200$（元）

则企业的综合保本销售额 $\sum y_0 = 9100 + 8560 + 10200 = 27860$（元）

但是正如前述，多产品的综合保本销售额要受到产品销售比重结构变动的影响，分别计算法也不例外。当企业的实际产品销售结构与预计的产品销售结构不一致时，即使多产品的总销售额已达到或超过企业的原预计的综合保本销售额，也不一定能保本，需要作进一步的分析。计算分析的方法是：将各产品实际销售额与原预计的保本销售额之差额分别乘以各产品的边际贡献率，然后加总求和。若总和正好为零，说明实际正好保本，不盈不亏；若总和大于零，说明实际已超过保本点；若总和小于零，则说明实际还未达到保本，已发生亏损。

[例 3 - 16] 仍依 [例 3 - 15] 资料，若甲产品实际销售 450 件，乙产品实际销售 2100 件，丙产品实际销售 450 件，很显然实际产品销售结构已发生变化。此时甲和丙产品没有达到原保本点，乙产品已超过原保本点，那么整个企业是否已达到保本点呢？

虽然甲、乙、丙三种产品的实际销售总额为 28050 元（450 × 10 + 2100 × 8 + 450 × 15），已大于原预计的综合保本销售额 27860 元，但是否真正保本，还需通过计算分析。此时：

甲产品超过原保本销售额的边际贡献 = (450 × 10 - 9100) × $\dfrac{3}{10}$ = -1380（元）

乙产品超过原保本销售额的边际贡献 = (2100 × 8 - 8560) × $\dfrac{2}{8}$ = 2060（元）

丙产品超过原保本销售额的边际贡献 = (450 × 15 - 10200) × $\dfrac{3}{15}$ = -690（元）

合计：-1380 + 2060 - 690 = -10（元）< 0

由此可知，该企业实际上没有达到保本，已亏损 10 元，原综合保本点已发生了变动。

（3）历史资料法。如果企业生产销售的产品种类很多，如百货公司经销的商品种类往往有成千上万种，则用上两种方法计算其综合保本点就相当繁琐，为了简化计算，可采用历史资料法。所谓历史资料法，就是根据过去若干时期的历史资料，计算历史上平均各期的综合边际贡献率，再根据计划期预计的固本成本总额，计算确定计划期综合保本销售额的方法。其计算公式为：

$$平均综合边际贡献率 = \frac{(\sum 若干时期各种产品实际边际贡献) \div 期数}{(\sum 若干时期各种产品实际销售额) \div 期数} \times 100\%$$

$$计划期综合保本销售额 = \frac{计划期预计固定成本总额}{平均综合边际贡献率}$$

[例3-17] 宏正厂过去3年平均每年的实际销售额为9000万元，平均每年实际变动成本总额为5400万元。预计计划年度的固定成本总额为2800万元。

则有：平均综合边际贡献率 $= \frac{9000-5400}{9000} \times 100\% = 40\%$

计划期综合保本销售额 $= \frac{2800}{40\%} = 7000$（万元）

显然，用历史资料法可简化品种繁多的企业保本点的计算，但必须满足一个前提，即产品销售比重结构和各产品的边际贡献率在各期均相对稳定，否则其保本点计算的准确程度就较差。当然，如果企业能充分运用财务软件处理会计信息，不论产品种类是否繁多，均可不必采用历史资料法，而采用前述各种方法，因为繁琐的计算，对财务软件来说并不困难。

（三）企业经营安全程度的评价指标

面对激烈的市场竞争，任何企业都十分重视自己生存的安全性，保本是企业安全生存的最低限度。评价企业经营安全程度的指标主要有安全边际、安全边际率和保本点作业率等。

1. 安全边际

安全边际是指企业现有或预计的销售量（销售额）与保本销售量（销售额）之间的差量（差额），也称安全边际量（安全边际额）。

安全边际量 = 现有（或预计）销售量 − 保本销售量
安全边际额 = 现有（或预计）销售额 − 保本销售额
　　　　　 = 安全边际量 × 销售单价

安全边际可以表明从现有或预计销售量（额）到保本销售量（额）之间的差距，说明企业达不到预计销售目标而又不至于亏损的范围有多大，这个范围越大，企业亏损的可能性就越小，经营的安全程度就越高。同时，只有安全边际内的销售量（额）才能给企业提供利润，因为全部固定成本已被保本点所弥补，所以安全边际内的销售额减去其自身的变动成本后即为企业的利润。换句话说，安全边际范围内的边际贡献就是企业的盈利额。即：

营业利润 = 安全边际量 × 单位边际贡献
　　　　 = 安全边际额 × 边际贡献率

因此，安全边际越大，所获利润就越高，企业经营就越安全。

2. 安全边际率

安全边际是绝对量指标，其相对量指标是安全边际率。所谓安全边际率，是指安全边际量（额）与现有或预计销售量（额）的比率。

$$安全边际率 = \frac{安全边际量}{现有或预计销售量} \times 100\%$$

$$= \frac{\text{安全边际额}}{\text{现有或预计销售额}} \times 100\%$$

安全边际与安全边际率都是评价企业经营安全程度的正指标,即指标数值越大,说明企业经营越安全。该指标中的"现有或预计销售量(额)",可以称为"正常销售量(额)",所谓正常销售量(额),是指企业在正常市场和正常开工情况下的销售量(额),也可以用实际销售量(额)计算。评价企业经营安全程度的一般标准如表3-18所示。

表 3-18　　　　　　　　　　　安全性检验参照标准表

安全边际率	10%以下	10%~20%	20%~30%	30%~40%	40%以上
安全程度	危险	值得注意	比较安全	安全	很安全

[**例3-18**] 宏正厂对甲产品和乙产品进行投产安全程度分析,欲计算并选择一个获利范围大,即安全边际率较高的产品,以减少企业发生亏损的风险。有关资料及计算如表3-19所示。

表 3-19　　　　　　　　　　　宏正厂保本点作业率测算数据表

项　　目	甲产品	乙产品
预计销售量(件)	60000	50000
销售单价(元)	40	50
单位变动成本(元)	30	35
固定成本(元)	300000	300000
保本销售量(件)	30000	20000
安全边际量(件)	30000	30000
安全边际率(%)	50	60

上述计算结果表明,虽然甲、乙产品的安全边际量相等,但乙产品的安全边际率高于甲产品,说明乙产品的获利能力高于甲产品,而亏损的风险则小于甲产品,因此应选择投产乙产品。

3. 保本点作业率

企业经营的安全程度,不仅可以用安全边际、安全边际率等正指标来评价,也可以用逆指标——保本点作业率来反映。所谓保本点作业率,是指保本销售量(额)占正常销售量(额)的百分比。其指标数值越小,说明企业经营越安全;其指标数值越大,则说明越不安全。故保本点作业率又称"危险率",其计算公式为:

$$\text{保本点作业率} = \frac{\text{保本销售量(额)}}{\text{正常销售量(额)}} \times 100\%$$

$$= \frac{\text{保本销售量(额)}}{\text{现有或预计销售量(额)}} \times 100\%$$

由于一般情况下,企业的生产经营能力是按正常销售量(额)来规划的,所以保本点作业率还可以说明企业在保本状态下的生产经营能力的利用程度。

逆指标保本点作业率与正指标安全边际率具有互补关系:

$$\frac{保本点}{作业率} + \frac{安全边}{际\ 率} = \frac{保本销售量（额）}{现有或预计销售量（额）} + \frac{安全边际量（额）}{现有或预计销售量（额）} = 1$$

[例 3-19] 仍按 [例 3-12] 资料，要求计算该公司反映经营安全程度的有关指标，验证正、逆指标之关系，并评价该公司的经营安全性。

安全边际量 = 10000 - 5000 = 5000（台）

安全边际额 = 3000 - 1500 = 0.3 × 5000 = 1500（万元）

安全边际率 = $\frac{5000}{10000} \times 100\% = \frac{1500}{3000} \times 100\% = 50\%$

保本点作业率 = $\frac{5000}{10000} \times 100\% = \frac{1500}{3000} \times 100\% = 50\%$

安全边际率 + 保本点作业率 = 50% + 50% = 1

因为安全边际率为 50%，大于 40%，所以该公司目前的经营是很安全的。

三、保利分析

保本分析是假定在利润为零，不盈不亏条件下的本量利分析。虽然它有助于我们简化本量利分析过程，了解企业的最低生存条件以及评价企业经营的安全程度，并且为企业的经营决策提供了一些很有用的方法，然而毕竟保本不是企业经营的目标。在市场经济中，企业经营的目标是盈利，在不断盈利中求生存、求发展。因此，很显然企业不会满足于利润为零的保本分析，而更注重在确保实现目标利润条件下的本量利分析。

（一）保利分析的意义

保利，就是确保目标利润的实现。所谓保利分析，就是指将目标利润引进本量利分析的基本数学模式，在单价和成本水平既定的情况下，在确保企业目标利润实现的正常条件下，充分揭示成本、业务量、利润三者之间关系的本量利分析。

将目标利润引进本量利分析模式，在以目标管理为基本特征的现代企业管理中具有重要意义。通过保利分析，可以首先确定为实现目标利润而应达到的目标销售量和目标销售额，从而以销定产，确定目标生产量、目标生产成本以及目标资金需要量等，为企业实施目标控制奠定了基础，从而为企业短期经营明确了方向。

（二）保利点的确定

保利点是指为使企业目标利润的实现而应达到的目标销售量或目标销售额。而保利点的确定就是指确定保利业务量。与保本点的确定方法一样，保利点也可以分别按单一品种和多品种计算确定。

1. 单一品种保利点的确定

保利点的确定，在将目标利润引入本量利分析的基本模式后，可用数学推导法计算确定，而企业的目标利润可以按考虑所得税或不考虑所得税分别确定。

（1）不考虑所得税的保利点确定。由于本量利分析中的"利润"一般为营业利润

（或利润总额），所以不考虑所得税的保利点分析是最基本的本量利分析。

我们把目标利润引进本量利分析的基本数学模型：

目标利润 = 目标销售量 × (销售单价 − 单位变动成本) − 固定成本总额

则：

$$保利销售量 = \frac{固定成本总额 + 目标利润}{销售单价 − 单位变动成本}$$

$$= \frac{固定成本总额 + 目标利润}{单位边际贡献}$$

保利销售额 = 保利销售量 × 销售单价

$$= \frac{固定成本总额 + 目标利润}{单位边际贡献} × 销售单价$$

$$= \frac{固定成本总额 + 目标利润}{边际贡献率}$$

[例 3 − 20] 星光公司产销甲产品，单位售价 800 元，单位变动成本 500 元，年固定成本总额 900000 元，计划年度的目标利润为 450000 元。

则有：$保利销售量 = \frac{900000 + 450000}{800 − 500} = 4500$（件）

$保利销售额 = \frac{900000 + 450000}{(800 − 500) ÷ 800} = 4500 × 800 = 3600000$（元）

说明该公司欲实现 45 万元的目标利润，保利销售量应为 4500 件，保利销售额应达到 360 万元。

（2）考虑所得税的保利点确定。考虑所得税的目标利润，就是指目标税后利润。对于企业的所有者而言，只有企业在一定时期所实现的税后利润才归属所有者，它是所有者取得投资报酬、实现资本保值增值的重要保证，也是企业提取盈余公积、分配股利、形成企业内部积累的重要依据。因此，企业的目标税后利润以及确保目标税后利润实现的保利分析，更受投资者关注，也更受企业管理人员的重视。由于

目标税后利润 = 目标利润 × (1 − 所得税税率)

因此：

$$保利销售量 = \frac{固定成本总额 + 目标税后利润 ÷ (1 − 所得税税率)}{销售单价 − 单位变动成本}$$

$$= \frac{固定成本总额 + 目标税后利润 ÷ (1 − 所得税税率)}{单位边际贡献}$$

保利销售额 = 保利销售量 × 销售单价

$$= \frac{固定成本总额 + 目标税后利润 ÷ (1 − 所得税税率)}{边际贡献率}$$

[例 3 − 21] 依 [例 3 − 20] 的资料，若计划年度的所得税率为 25%，欲实现目标税后利润 27 万元。

则有：$保利销售量 = \frac{900000 + 270000 ÷ (1 − 25\%)}{800 − 500} = 4200$（件）

$保利销售额 = \frac{900000 + 270000 ÷ (1 − 25\%)}{(800 − 500) ÷ 800} = 4200 × 800 = 3360000$（元）

由此可知，只要目标税后利润 = 目标利润 × (1 - 所得税税率)，则无论税前税后，保利点业务量是一致的。

2. 多品种保利点的确定

多品种的保利分析与多品种的保本分析一样，不能用实物量表现，只能用货币量表现，因为不同品种产品的销售量直接相加无意义。因此，多品种保利点的计算确定方法一般也有加权平均边际贡献率法、分别计算法和历史资料法等。并且保利点计算确定的原理也与保本点一致，故不再逐一讨论，仅以加权平均边际贡献率法为例，说明确保实现目标税后利润的综合保利销售额计算公式为：

$$综合保利销售额 = \frac{固定成本总额 + 目标税后利润 \div (1 - 所得税税率)}{加权平均边际贡献率}$$

[例3-22] 按[例3-14]的资料，若该公司计划期目标税后利润为24924元，所得税税率为25%。

则有：$综合保利销售额 = \frac{15500 + 24924 \div (1 - 25\%)}{31\%} = 157200$（元）

说明该公司至少在达到157200元的销售额以后，才能确保公司目标税后利润的实现。

(三) 保本点与保利点的比较

以上述有关保本点、保利点的计算公式可知：首先，两者的计算公式都是由本量利预测分析的基本数学模型推导而得的，只不过前者假设利润为零，后者将利润设定为目标利润或目标税后利润，因此保本点分析和保利点分析的实质都是本量利分析；其次，不论保本分析还是保利分析，凡计算有关销售量指标时，均以单位边际贡献为分母，凡计算有关销售额指标时，均以边际贡献率为分母，无论单一品种还是多品种分析都不例外。两者的区别主要在于：保本分析有利于企业管理者了解经营的最低要求和企业经营的安全程度，而保利分析则可以帮助企业管理者实施目标控制，明确企业的经营目标。所以保本分析和保利分析是企业加强经营管理，规划和控制经济活动，正确进行经营决策的有效工具。

四、有关因素变动对相关指标的影响

以上关于保本点、保利点的本量利分析，都是假定在相关范围内除业务量以外的销售单价、单位变动成本、固定成本、品种结构等诸因素保持不变的条件下讨论的，业务量的变动是影响销售收入和总成本的唯一因素。然而在实际的经营活动中，这种静态的平衡不可能保持长久，每个因素都会发生变动。那么，当各因素发生变动时，对保本点和保利点等本量利分析的相关指标会带来什么影响，把握其中的规律，对于指导实际的经营活动是非常有益的。

本量利分析的诸因素之间存在着错综复杂的相互制约关系。在现实的经营活动中，既有单项因素的变动，也有多项因素的变动；既有确定型的因素变动，也有风险型或不确定型的多因素变动。这些变动都会对保本点和保利点带来影响。

为了简化因素变动分析，在研究某一项因素变动所带来的影响时，往往假定其他因素不变。

（一）销售单价变动

由于保本点和保利点的计算公式中的分母是单位边际贡献，或边际贡献率（加权平均边际贡献率），因此在其他因素不变的情况下，当销售单价发生变动时，会引起单位边际贡献或边际贡献率的同方向变动，从而使保本点和保利点随之反方向变动。

由此可知，提高销售单价，会使单位边际贡献和边际贡献率上升，相应会降低保本点和保利点，增强企业的获利能力，促使企业经营状况向好的方向发展；反之，降低销售单价，会使保本点和保利点上升，从而削弱企业的盈利能力。

[例3-23] 按 [例3-20] 资料，该公司原甲产品的有关指标如下：

保本销售量 $x_0 = \dfrac{900000}{800-500} = 3000$（件）

保本销售额 $y_0 = 3000 \times 800 = 2400000$（元）

若在其他因素不变的情况下，销售单价提高至860元，则：

保本销售量 $x_0' = \dfrac{900000}{860-500} = 2500$（件）

保本销售额 $y_0' = 2500 \times 860 = 2150000$（元）

保利销售量 $x_1' = \dfrac{900000+450000}{860-500} = 3750$（件）

保利销售额 $y_1' = 3750 \times 860 = 3225000$（元）

即销售单价上升，保本点、保利点均随之下降。

（二）单位变动成本变动

在其他因素不变的情况下，单位变动成本的变动会使单位边际贡献和边际贡献率向相反的方向变动，从而使保本点和保利点的变动趋势恰好同单位变动成本的变动方向一致，即单位变动成本下降，保本点和保利点也随之下降，从而提高企业的盈利能力；单位变动成本上升，保本点和保利点就会提高，使企业的盈利能力下降。这说明，单位变动成本的变动对保本点和保利点的影响与销售单价变动的影响正相反。

（三）固定成本总额的变动

由于固定成本总额是保本点和保利点计算公式中的分子或分子的组成部分，所以固定成本总额的变动将会使保本点和保利点随之发生同方向变动，即在其他因素不变的情况下，增加固定成本总额，就会使保本点和保利点上升，削弱企业的获利能力；而减少固定成本总额，保本点和保利点就下降，从而增强企业的盈利能力。

（四）销售量的变动

在其他因素不变的情况下，销售量的变动不会影响单一品种产品保本点和保利点的确定；如果销售量的变动不改变各产品原有的销售比重，那么其变动也不会影响多品种产品保本点和保利点的确定。

(五) 品种结构的变动

由于加权平均边际贡献率是各产品边际贡献率与销售比重的乘积之和,因此反映品种结构的销售比重的变动将直接影响加权平均边际贡献率指标数值,从而影响多品种的综合保本销售额和综合保利销售额。在固定成本不变的情况下,如果品种结构的变动使加权平均边际贡献率增加,那么多品种产品的综合保本点和综合保利点将下降,从而提高企业整体的盈利能力;反之,将使企业向不利的方向变动。

(六) 目标利润的变动

显然,目标利润的变动,只会影响保利点,不会改变保本点。在其他因素不变的情况下,保利点将与目标利润的变动呈同方向,即提高目标利润,保利点就上升;减少目标利润,保利点就下降。

五、利润的敏感性分析

利润是一项综合性的指标,它受到销售单价、销售量、成本等因素的影响,在现实的经济环境中,这些因素经常发生变动。但有些因素增长会导致利润增长,而又有些因素下降才会使利润增长。有些因素只要有很小的变动就会使利润变化很大,而又有些因素变动很大对利润引起的变化却很微小。我们把对利润影响大的因素称为利润灵敏度高因素,把对利润影响小的因素称为利润灵敏度低因素。利润敏感性分析就是研究当影响利润的有关因素发生变动时对利润产生影响的一种定量分析方法。

本量利分析的基本公式为:

$$销售利润 = 产品销售收入 - (固定成本 + 变动成本)$$

单位产品售价、销售量、固定成本、单位变动成本对利润的影响程度是各不相同的。

[例3-24] 东方厂只产销一种产品,销售单价为75元,单位变动成本为45元,固定成本总额为20000元,若计划期生产并销售1000件。试根据上述资料预测计划期可获利多少?若要求利润增加10%,可从哪些方面着手,采取何种措施?

预计计划期利润为:

$$75 \times 1000 - (20000 + 45 \times 1000) = 10000 \text{ (元)}$$

要求利润增加10%,即利润达到$10000 \times (1 + 10\%)$元,可从以下几个方面着手:

(1) 增加产销量:

设利润增加10%时,产销量为X件。

$$10000 \times (1 + 10\%) = (75 - 45)X - 20000$$

$$X = \frac{11000 + 20000}{30} = 1033 \text{ (件)}$$

在其他条件不变的情况下,产销量从1000件增加到1033件,即可以保证利润增加10%。

(2) 提高单位售价:

设利润增加10%时,单价为Y。

$$10000 \times (1 + 10\%) = 1000Y - (20000 + 45 \times 1000)$$

$$Y = \frac{11000 + 65000}{1000} = 76 \text{（元）}$$

在其他条件不变的情况下，该产品的销售单价从 75 元提高到 76 元，即可保证利润增加 10%。

（3）减少单位变动成本：

设利润增加 10% 时，单位变动成本为 Z。

$$10000 \times (1 + 10\%) = 1000 \times 75 - (20000 + 1000Z)$$

$$Z = \frac{75000 - 20000 - 11000}{1000} = 44 \text{（元）}$$

在其他条件不变的情况下，单位变动成本从 45 元下降到 44 元，即可保证利润增加 10%。

（4）减少固定成本：

设利润增加 10% 时，固定成本为 M。

$$10000 \times (1 + 10\%) = 1000 \times (75 - 45) - M$$

$$M = 30000 - 11000 = 19000 \text{（元）}$$

在其他条件不变的情况下，可将固定成本从 20000 元下降到 19000 元，即可保证利润增加 10%。

[例 3-24] 中，若四个因素各变动 1%，将对利润产生的影响如表 3-20 所示。

表 3-20　　　　　　　各因素对利润的影响程度表　　　　　　　单位：元

影响利润的各因素	变动程度%	影响范围		变动后利润	影响程度	
		计划期销售收入	计划期销售成本		+绝对额	+%
销售单价	+1	75×1%×1000=750	0	10750	750	7.5
销售量	+1	75×1000×1%=750	45×1000×1%=450	10300	300	3
单位变动成本	-1	0	45×(-1%)×1000=-450	10450	450	4.5
固定成本总额	-1	0	20000×(-1%)=-200	10200	200	2

从表 3-20 中计算可知，在影响利润的四个因素中，以销售单价的敏感性最大，单位变动成本次之，再次为销售量，固定成本总额的敏感性最小。研究各因素对利润的敏感性影响，有助于我们在企业经营管理工作中增强预见性，并采取相应的有效措施来增加收入，降低成本，以获取最佳经济效益，保证目标利润的实现。

第五节　资　金　预　测

资金预测是指企业在销售预测、成本预测和利润预测的基础上预测企业未来一定时期内或一定项目所需要的资金数额。

资金预测是企业生产经营预测中必不可少的组成部分。通过资金预测可以使企业保证资金供应,合理组织资金运用,不断提高资金利用的经济效果。

资金需求量及来源预测、现金流量预测、资金运动状况预测和投资效果的预测是资金预测的重要内容。

资金预测的前提是销售预测,这一节主要介绍在企业已经完成销售预测的基础上对资金需要量进行的预测。

资金需求量的预测方法很多,这里我们只介绍销售百分比法。所谓销售百分比法是指根据资产、负债各个项目与销售收入总额之间的依存关系(假定这些关系在未来时期保持不变),以及计划期销售额的增长幅度来预测需要相应追加多少资金的一种方法。

销售百分比法一般可按下列三个步骤来进行预测:

首先,分析基期资产负债表上那些能随销售量变动而发生变动的项目,并分别将这些项目除以基期的销售额,将基期的资产负债表各项目用销售百分比的形式另行编表。

一般情况下,周转中的货币资金、正常的应收账款和存货等流动资产项目,都会由于销售收入的增长而相应的增长。而固定资产是否要增加,则需视基期的固定资产是否已被充分利用而定。如基期固定资产的利用已经达到饱和,增加销售额就需追加固定资产的投资。长期投资、无形资产以及长期负债和所有者权益等项目,一般不随销售额的增长而增长。应付账款、应交税费和其他应付款等流动负债项目则会因销售额的增长而增长。

其次,将资产以销售百分比表示的合计数减去负债以销售百分比表示的合计数,求出预测年度每增加1元的销售额需要追加资金的百分比。

最后,以预测年度的销售额乘以每增加1元销售额需追加资金的百分比,然后再扣除企业内部形成的资金来源(如未分配利润的增加额等)加上预测年度零星资金需要量,即可得出预测年度需追加资金的预测值。

[例3-25] 达维公司2018年度的实际销售额为1000000元,获得税后利润40000元,并发放了普通股股利20000元,假定该企业固定资产利用率已经饱和。该企业2018年年底的资产负债简表如表3-21所示。

表3-21　　　　　　　　　资产负债表(用金额形式表示)

2018年12月31日　　　　　　　　　　　　　　　　　单位:元

资产	金额	负债及所有者权益	金额
1. 货币资金	50000	1. 应付账款	120000
2. 应收账款	160000	2. 应交税费	80000
3. 存货	200000	3. 长期借款	220000
4. 固定资产(净值)	320000	4. 实收资本	300000
5. 无形资产	50000	5. 未分配利润	60000
合计	780000	合计	780000

若该企业在计划期间(2019年)销售额增至1500000元,并仍按2018年股利发放率支付股利;按折旧计划提取50000元折旧,其中60%用于设备改造。又假定计划期间零星资金需要量应增加20000元,要求预测计划期(2019年)需要追加资金的数量。

首先,根据2018年年末资产负债表各项目与当年销售额的依存关系编制该年度用销售百分比形式反映的资产负债表如表3-22所示。

表 3-22　　　　　　　　　　资产负债表（用销售百分比形式表示）

2018 年 12 月 31 日

资产	比重	负债及所有者权益	比重
1. 货币资金	5%	1. 应付账款	12%
2. 应收账款	16%	2. 应付税费	8%
3. 存货	20%	3. 长期借款	不适用
4. 固定资产（净额）	32%	4. 实收资本	不适用
5. 无形资产	不适用	5. 未分配利润	不适用
合　计	73%	合　计	20%

其次，计算预测年度每增加 1 元的销售收入需要追加资金的百分比，即：

　　73% - 20% = 53%

表明每增加 1 元销售收入，全部资产将增加 0.73 元，负债将增加 0.2 元，因此需要追加资金 0.53 元。

再次，计算企业内部形成的资金来源。

按计划期销售收入及基期销售利润率计算的净利润与预计发放股利之间的差额（预计未分配利润的增加额）为：

$$1500000 \times \frac{40000}{1000000} \times \left(1 - \frac{20000}{40000}\right) = 30000 （元）$$

按折旧计划提取的折旧额与同期用于固定资产更新改造的资金差额为：

　　$50000 \times (1 - 60\%) = 20000$（元）

最后，计算 2019 年预计需追加资金的数额为：

　　$(1500000 - 1000000) \times 53\% - 30000 - 20000 + 20000 = 235000$（元）

销售百分比法在资金需用量预测过程中假定有关各项资产、负债项目同销售收入成正比例增长，所以较适用于近期追加资金量的预测。如要作长期的资金预测，则需要将各年销售收入假定为 X，资金需要量假定为 Y，进行回归分析来测算需要追加的资金数额，以确保预测数值更加精确。

第四章 经营决策

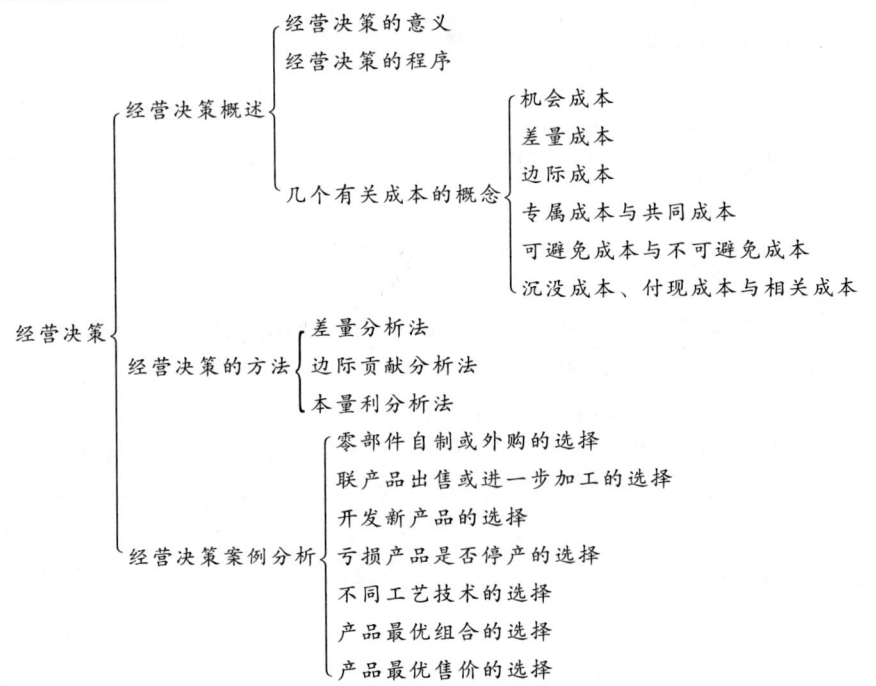

学习目标

通过本章学习,了解经营决策的意义;明确经营决策的概念;熟悉经营决策的基本程序;掌握经营决策中差量分析法、边际贡献法和本量利分析法及其应用。

第一节 经营决策概述

一、经营决策的意义

任何一个经济单位为了实现预定的目标,往往会碰到一些专门的问题需要在科学预测的基础上来确定是否应该采取某项行动，或者是在两个及两个以上的备选方案中作出抉择，以取得最佳的经济效益。事实上，即使是在决策者面前只有一个行动方案的情况下，也需要作出抉择，那就是"采纳"或者是"不采纳"。所谓经济决策，就是企业管理者为了实现一定的经济目标，借助于科学的理论和方法，进行必要的计算、分析和判断，进而从可供选择的诸方案中，选取最优方案的过程。经济决策是现代企业管理的关键与核心，是对企业未来经济活动进行规划与控制的重要组成部分，是关系到企业经济效益的好坏和企业成败盛衰，甚至会影响国民经济建设的顺利进行。经济决策分为经营决策和投资决策两类。

经营决策是指企业管理者为了有效地组织现有的生产经营活动，合理地利用企业现有经济资源（人力、物力、财力等），以期取得最佳的经济效益而进行的决策。其特点是：一般只涉及1年以内的有关经济活动；投资金额少；一般并不考虑货币时间价值问题。例如：是否应该接受客户追加订货的决策、零部件是自制还是外购的决策、亏损产品是否应该停产的决策产品品种最佳组合的决策，等等。企业的经营决策涉及的面很广泛。

在市场经济条件下，要求企业必须根据市场需求变化来决定和解决诸如应该如何组织生产、生产什么及生产多少、价格怎样确定等一系列经营管理中的问题。企业应时刻注意市场动态，根据其需求变化正确地进行经营决策，组织经营，合理安排人财物资源的投放与利用，按市场经济规律办事。这其中，经营决策的正确与否往往直接在企业效益上得到具体体现，甚至会影响到企业未来的长期发展。因此，企业经营管理者所面临的并不是一个是否应该进行经营决策的问题，而是如何作出科学而正确的经营决策的问题。

必须指出的是，任何一项正确的经营决策的作出，都需要有经过科学预测分析所提供的高质量的经济信息来进行支持。管理会计人员应依据真实可靠的会计信息资料及其他各种预测分析资料，考虑本单位的主客观条件，借助于成本效益分析原理和各种专门技术分析方法，对每个备选方案可能导致的结果进行计算、对比、分析和判断，并最终提出建议性方案，供企业管理当局拍板定案。管理会计的工作重点是面向未来，而决策是事先作出的。这种事先决策不是依靠个人经验和主观判断制定出来的，而是根据多方信息，采取科学化的分析方法，通过周密的计算与分析得出来的。从这个意义上讲，管理会计所做的工作是参与企业的经营决策，而不是越俎代庖，替代企业管理当局直接作出某项决策。

二、经营决策的程序

在任何企业中，为了科学地进行经营决策，一般应按以下五个步骤进行：

（一）明确决策目标

决策目标是决策分析的出发点和归结点。明确决策目标就是要明确目前决策需要解决的问题和要达到的目的。例如，在产品生产方面，有新产品的研制和开发问题，生产效率如何提高的问题，生产设备如何充分利用的问题，生产工艺技术如何革新的问题，等等；在产品销售方面，有怎样确定最佳售价的问题，最佳销售组合如何确定的问题，为了促销如何做广告预算的问题，等等。但无论所涉及的经营问题怎样，经营决策目标的制定应尽量做到量化，以便有利于进行定量分析。不能笼统抽象而造成误解；管理会计人员要尽可能地用定量指标表达经营决策目标；若属有条件的经营决策目标，还应充分揭示其约束条件。

（二）拟定备选方案

拟定备选方案是针对决策目标所提出的可行性备选方案，以便从中选优。备选方案的提出，一般要经过形成基本设想，作出初步方案，最后形成备选方案的反复补充修改的过程。因而备选方案要在技术方面体现科学先进，在经济方面体现合理，这是备选方案是否可行的重要标志。任何一种决策方案的提出，都应本着实事求是和扬长避短的原则而认真设计，促使企业现有人财物资源得到最充分、最合理、最有效的配置和利用。拟定备选方案是经营决策中的重要环节。

（三）对备选方案作出评价

在这个阶段，管理会计人员要选择适当的方法，建立数学模型，采用科学、系统的方法，对各个方案的预期收入和预期成本进行计算、比较和分析，从而对各个备选方案作出是否盈利的性质判断及经济效益的初步评价。这是整个经营决策过程的关键性阶段。值得注意的是，在对备选方案作出定量分析的同时，还应该结合考虑方案实施期间各种非计量因素的影响，对方案进行定性分析。

（四）确定最优方案

确定最优方案是决策的最终目的。它是在对各个备选方案的可行性进行充分论证的基础上，根据对备选方案的定量分析和定性分析的结果，并在权衡有关因素的影响之后，通过不断比较和筛选，最终选出最优的方案，并向管理当局提出建议。选优的标准从经济上看，主要是指在一定环境和条件下，要使企业的经济效益达到最佳状态。这种最优是相对而言的，只要选择的方案是所有备选方案中相对最好的，那么该方案就是最佳的。

（五）方案的执行和反馈

对所选定的最优方案进行进一步的加工与汇总，便形成企业一定生产经营期间的总目标，然后分解并落实到各责任中心，作为企业开展生产经营活动的准绳。所选定方案在实行过程中，管理会计人员要根据反馈的信息，及时采取有效措施，保证企业取得最佳经济效益目标的实现。但当主客观条件都已经发生了变化时，就应对原执行方案进行必要的修正，以防止和减少经济损失的发生。决策是一个循环往复的过程，在施行方案时，要不断地发现问题，并反馈到原来的方案上不断改进，反复决策，所以选择最优方案并不是决策的终点。

三、几个有关成本的概念

我们这里所要介绍的不是传统的产品成本的概念，而是与传统成本概念既有区别，又有联系，在决策过程中为了分析评价有关的备选方案而应予以考虑并需要予以特别计量的特殊成本。

（一）机会成本（择机成本）

机会成本是指以选择最优方案为出发点，在备选方案的成本计算过程中，由于采用某个方案，需要利用某一资源而失去了同一资源可能用于其他方面所能获得的潜在收益。例如，某企业准备购一辆新汽车，价格50000元，该企业现有一辆旧汽车，净值为10000元，现有两个方案可供选择，一是将旧车与新车交换，旧车作价15000元，并支付35000元；二是将旧车出售，可获得10000元现金。如果采用以旧车换新的办法，则新车成本为35000元，但作为"失去潜在收益"的另一方案——出售旧车可取得10000元现金，这10000元就是机会成本。机会成本虽非实际发生，也不需入账，但必须在决策时加以考虑。以旧换新方案中新的实际成本应为45000元。在经营决策时，一般都要在若干方案中选出一个最优方案，从而放弃次优方案，权衡得失，已放弃次优方案的"失"，应从选用方案的"得"中得到补偿。

（二）差量成本（差别成本）

差量成本是指可供选择的不同方案之间在预期成本上的差异。差量成本有两种含义，一是指两个不同方案预期成本的差异。例如：某种零件若自制，其预期单位成本为15元，若外购为20元，则自制方案与外购方案比为优，其差别成本为5元。另一种含义是指由于产量增减变化而形成的成本差异。例如：某一产品生产100件时的单位成本为5000元，生产150件时的单位成本为5500元，则两者的差别成本为500元。

（三）边际成本

边际成本是指成本对产量（或销量）无限小变化的变动部分，所谓无限小变化，最小到一个单位产品（一件产品、一批产品，也可以是一个生产过程）。通俗地说，边际成本是指产量（或销量）变动一个单位而发生的成本变化额。显然，管理成本中的边际成本是差量成本的特殊形式。当业务量的增量为一个、一件或一批时，边际成本等于单位差量成本或一批的差量成本。

（四）专属成本与共同成本

专属成本是可以明确归属于某一种、某一批产品或某一个部门的固定成本。如生产A产品而专用的机床的折旧费。

共同成本是那些需要由几种、几批产品或有关部门共同承担的固定成本。如企业生产A、B两种产品的机床折旧费。

（五）可避免成本与不可避免成本

可避免成本是指某项成本与某一方案直接相联系，采用该方案，这项成本必定要发生；如不采用这一方案，则这项成本不会发生，这项成本称为可避免成本。

不可避免成本是指无论采取哪种方案，这项成本均是客观存在的，因而在考虑新的决策方案时无需考虑不可避免成本。例如：在是否接受某项订货决策时，厂房、设备等固定资产的折旧费属于不可避免成本，在决策时无须考虑；而在订货后发生的直接材料费用将随订货的多少而发生变动，属于可避免成本，在决策时应着重予以考虑。

（六）沉没成本、付现成本与相关成本

沉没成本是指已经支出，不能收回，不是目前决策所能改变的成本。如企业生产能力过剩，原设备投资额及其折旧费均不能改变，它属于沉没成本，在决策是否接受利用多余的生产能力订货时，可以不予考虑。例如：某企业报废一台旧设备，原价10000元，净值2000元，如出售，可得现金1000元，如修理后出售可得现金3000元，但需支付修理费1500元。是直接出售还是修复后出售？在这里，报废设备账面净值2000元是沉没成本，已经支出，无法收回，不必考虑。所以，只需直接计算修复后的净收入3000－1500＝1500（元），然后同直接当废品出售收入相比：1500－1000＝500（元）。由于可多获收益500元，可以考虑修复以后出售。

付现成本是指由于某项决策而引起需要在未来动用现金支付的成本。当企业资金紧缺时，特别需要把现金支出作为选择方案的重要因素。在某种特殊情况下，企业管理当局对付现成本的考虑往往会比对"总成本"的考虑更为重视，并会选择"付现成本"最小的方案代替"总成本"最低的方案。例如：某企业包装生产线损坏，影响生产，每天要损失50000元，该企业资金很紧缺，银行存款仅存30000元，预计银行贷款及应收账款均无法解决现金紧张的现状。现通过联系供应商，发现有两家供应商条件优惠，但条件又各不相同，一家提供新包装生产线，要价100000元，一次付清；另一家提供同样的包装生产线要价120000元，但允许先付20000元，余款在今后半年内分5次付清。基于企业要早日恢复生产，选用总成本较高但现金支出较低的方案，理应是合理的。

相关成本是指与决策有关联的成本，即进行决策分析时必须认真加以考虑的各种形式的未来成本。与之相对应的是无关成本，它是指过去已经发生或虽未发生，但对未来决策无影响的成本，在决策分析时，往往无须考虑。

第二节 经营决策的方法

一、差量分析法

管理会计中的差量是指不同备选方案之间的差别，这种差别一般要涉及两个重要概念：差量收入和差量成本。其中，差量收入是指两个备选方案的预期收入的差异数；差量成本是指两个备选方案的预期成本的差异数。

差量分析法是根据两个备选方案的差量收入与差量成本的比较来确定哪个方案较优的方法。在使用差量分析法计算备选方案差量收入和差量成本时，方案的排列顺序必须保持一致。在此前提下，若差量收入大于差量成本，则前一个方案较优；若差量收入小于差量成本，则后一个方案较优。

采用差量分析法进行决策分析时，只考虑那些对备选方案的预期收入和预期成本发生影响的项目。至于那些不随决策的产生而产生，也不随决策的改变而改变的不

相关因素,则一律给予剔除。同时,这个方法所作出的结论,只是从两个备选方案中选择一个较优的方案,而这个方案并不意味着是最佳的方案。如果存在着两个以上的备选方案等待选择,则应采取分别比较的方式,最终以能够提供最大经济效益的备选方案作为较优方案。

[例 4-1] 中兴公司现有一种设备可以生产 A、B 两种产品,但两种产品不能同时生产。两种产品的预计单位售价、销售数量、单位变动成本和固定成本总额资料,如表 4-1 所示。

表 4-1　　　　　A、B 产品的销售数量和单位售价以及成本表　　　　单位:元

产　品	产品销售数量	单位产品售价	单位变动成本	固定成本总额
A 产品	70000 件	20	15	24000
B 产品	30000 件	30	20	24000

要求:对该企业生产哪一种产品更为有利做出决策分析。

由于该企业无论生产哪种产品,固定成本总额都保持不变,因而在决策分析中应该将其视为无关成本,不予考虑。

(1) 计算两种产品差量收入:
　　$70000 \times 20 - 30000 \times 30 = 500000$（元）
(2) 计算两种产品差量成本:
　　$70000 \times 15 - 30000 \times 20 = 450000$（元）
(3) 计算两种产品差量损益:
　　$500000 - 450000 = 50000$（元）

从以上计算结果可以看出,差量收入大于差量成本,说明生产 A 产品方案比生产 B 产品方案可多获取收益 50000 元。应该生产 A 产品。

应该指出,上述结论是以该企业的 A 产品生产多少,在市场上就能够销售多少为前提条件的。若通过市场调研发现情况并非如此,则应该根据市场调查结果或市场预测的数据进行修正。

上述计算也可以通过编制差量分析表的形式来反映,如表 4-2 所示。

表 4-2　　　　　　　　　　差量分析表　　　　　　　　　　单位:元

项　目	A 产品	B 产品	差　量
差量收入 　A 产品 70000×20 　B 产品 30000×30	1400000	900000	500000
差量成本 　A 产品 70000×15 　B 产品 30000×20	1050000	600000	450000
差量损益			50000

差量分析法广泛应用于各种经营决策,如企业选择出售半成品还是出售产成品、不需要的机器设备是出售还是出租、产品零件是自制还是外购等。对于这种只有两个备选方案的决

策,运用差量分析法比较简单。如果有两个以上的方案,分析评价的过程就比较麻烦,要分别进行两两差量对比,工作量较大,因此对于多个备选方案的决策可以选用或结合别的方法。

二、边际贡献分析法

边际贡献分析法,就是通过对比各个方案所提供的边际贡献总额的大小来确定最优方案的方法。

由于在企业经营决策中一般不改变生产能力,固定成本总额通常是固定不变的,因而在决策分析中将其视为无关成本而不予考虑。故只需对产品提供的边际贡献进行分析就可以确定哪个方案最优。这里应该注意的是,尽管单位边际贡献是反映企业产品盈利能力的重要指标,但由于企业利润总额的大小直接取决于边际贡献总额在抵补固定成本总额之后余额的多少,且边际贡献总额的大小决定于单位边际贡献和销售数量两个重要因素,因此,在决策分析中,必须以备选方案提供的边际贡献总额的大小,或单位工时所创造的边际贡献大小作为选优标准,而不能以产品所提供的单位边际贡献的多少来判断一个方案的优劣。通常情况下,边际贡献总额越大的方案,也就是越优的方案。

[例4-2] 中兴公司使用同一设备生产C、D两种产品,但两种产品不能同时生产。若设备最大生产能力为3000定额工时,生产C产品需60定额工时,生产D产品需40定额工时。两种产品的销售单价和成本数据,如表4-3所示。

表4-3　　　　　　　　C、D产品的单位售价和成本表　　　　　　　　单位:元

产　品	单位售价	单位变动成本	固定成本总额
C产品	60	50	25000
D产品	57	49	25000

要求:根据以上资料作出生产哪种产品较为有利的决策分析。

由于不论生产哪种产品,固定成本总额都是相同的,故在决策分析中不是相关成本而不需考虑。利用边际贡献分析法计算评价:

(1) 计算生产C产品的边际贡献总额 = (3000÷60)×(60-50) = 500(元)

(2) 计算生产D产品的边际贡献总额 = (3000÷40)×(57-49) = 600(元)

(3) 评价。根据以上分析可以看出,尽管C产品每件创造的边际贡献较D产品多出2元,似乎生产C产品更为有利;但联系产量分别计算出它们的边际贡献总额之后,则生产D产品更优,因为生产D产品比生产C产品可以多获边际贡献100元。

上述计算也可以通过编制边际贡献计算分析表的形式来反映,如表4-4。

表4-4　　　　　　　　　边际贡献计算分析表　　　　　　　　　　单位:元

项　目	C产品	D产品
最大产量(件)	3000÷60 = 50	3000÷40 = 75
单位售价	60	57
单位变动成本	50	49
单位边际贡献	10	8
边际贡献总额	500(10×50)	600(8×75)

这项决策分析，也可以根据每个产品单位定额工时所创造的边际贡献大小作为选择标准，并编制计算表如表 4-5 所示。

表 4-5　　　　　　　　　　　边际贡献计算分析表　　　　　　　　　　　单位：元

项　目	C 产品	D 产品
单位售价	60	57
单位变动成本	50	49
单位边际贡献	10	8
单位产品所需定额工时（小时）	60	40
单位定额工时能创造边际贡献	0.17（10÷60）	0.2（8÷40）

从表 4-5 可以看出：生产 D 产品比生产 C 产品单位定额工时所创造的边际贡献额要多出 0.03 元，应优先生产 D 产品，与前面按边际贡献总额分析的结果完全相同。

[例 4-3] 中兴公司生产甲产品，年设计生产能力 10000 件，销售单价 65 元，其正常情况下单位成本资料如下：

　　直接材料　　　　　　20 元
　　直接人工　　　　　　16 元
　　制造费用
　　　其中：变动费用　　8 元
　　　　　　固定费用　　10 元
　　────────────────
　　单位产品成本　　　　54 元

企业目前尚有 4000 件的剩余生产能力未被充分利用。现有一个客户提出订购甲产品 3000 件的追加订货要求，但接受的销售价格每件只能是 47 元，同时在产品的款式上提出一些特殊的要求，企业为此需单独购置一台专用设备，其专属固定成本为 5000 元。

要求：根据以上资料对该企业作出是否应该追加订货的决策分析。

依照传统的会计观念看待这个问题，接受该批订货并不合算。因为客户出价 47 元与单位产品成本 54 元比较，每件将损失 7 元；若再考虑为此订货需增加的专属固定成本 5000 元的话，亏损数额会进一步扩大。但从管理会计的观点看来，由于接受该批订货是在剩余生产能力范围之内进行解决，除了专属固定成本必须考虑之外，至于原有产品的固定成本，并非追加订货产品的相关成本，在此项决策中并不需要加以考虑。只要客户提出价格高于企业单位变动成本，其产生的边际贡献额在补偿专属固定成本后能够获得剩余边际贡献，就可接受追加订货。

采用边际贡献分析法编制计算分析表，如表 4-6 所示。

表 4-6　　　　　　　　　　　边际贡献计算分析表　　　　　　　　　　　单位：元

项　目	甲产品
追加订货数量（件）	3000
单位售价	47
单位变动成本	44（20+16+8）
单位边际贡献	3
边际贡献总额	6000（3×2000）
专属固定成本	5000
剩余边际贡献总额	1000（6000-5000）

从表4-6的计算结果可以看出，接受追加订货还会带来剩余边际贡献总额4000元，该企业应该接受客户所提出的追加订货要求。

三、本量利分析法

在前面第三章中，已经介绍了本量利分析法在预测保本点、预测利润、预测目标利润销售量（或销售额）等方面的实际运用。同样，这个方法也可以用来解决经营决策中的一些问题。在经营决策中运用本量利分析法，就是根据各个备选方案的成本、业务量、利润三者之间的依存关系来确定在什么情况下哪个方案较优的专门方法。

当各个备选方案的预期收入相等时，就可以将各个备选方案的收入视为无关成本而在决策分析时不予考虑。此时，利用本量利分析法的关键就在于确定"成本平衡点"或"成本临界点"。所谓"成本平衡点"就是两个备选方案的预期成本相等时的业务量。找出了成本平衡点，就可以确定在什么业务量范围内哪个方案较优。

[例4-4] 中兴公司在生产乙产品时，可以采用普通车床和数控车床两种加工设备，这两种车床加工时所发生的成本支出资料如表4-7所示。

表4-7　　　　　　普通、数控车床加工乙产品的成本表　　　　　　单位：元

车　　床	单位变动成本	固定成本总额
普通车床	1.8	20
数控车床	1	100

要求：根据上述资料做出乙产品在相关批量范围内应选用哪种类型车床进行加工的决策。

企业对同一种产品采取不同的生产工艺，其生产成本往往差别很大。采用先进的生产工艺，产品的质量和数量会大大提高，但需要使用技术先进或是高精尖端的专用设备，其结果是单位变动成本降低而固定成本总额增加；至于采用普通的加工设备，其带来的结果往往是单位变动成本上升而固定成本总额相对减少。单位产品中的固定成本是与产量成反比例增减变化的。因此，当产品生产量较大时，采用较为先进的生产加工工艺就比较有利一些；而在产品生产量较小的时候，采用普通的生产加工工艺更经济合算一些。由此可见，不同生产加工工艺的选择，必须要同产品生产加工批量的大小联系起来进行研究，确定其成本平衡点后，才能作出正确的决策。

另外，在此问题的决策过程中，只需考虑各个备选方案不同的单位变动成本和不同的固定成本。至于各个备选方案中相同的单位变动成本和固定成本，应该视为无关成本而不予考虑。

假设普通车床和数控车床的成本平衡点为 x 件：

(1) 列出两个备选方案的预期成本公式：

普通车床预期成本：$y_1 = a_1 + b_1 x$
$= 20 + 1.8x$

数控车床预期成本：$y_2 = a_2 + b_2 x$
$= 100 + x$

(2) 求成本平衡点 x 的值：

   令 $y_1 = y_2$

   即：$20 + 1.8x = 100 + x$

   $x = 100$ （件）

(3) 结论：

   若 x = 100 件时，则 $y_1 = y_2$，两个方案都是可行方案；

   若 x > 100 件时，则 $y_1 > y_2$，采用数控车床较优；

   若 x < 100 件时，则 $y_1 < y_2$，采用普通车床较优。

这项决策分析，可在坐标系中绘出各个备选方案的成本线，结论可更加直观形象地反映出来。具体内容，参见图 4-1 所示。

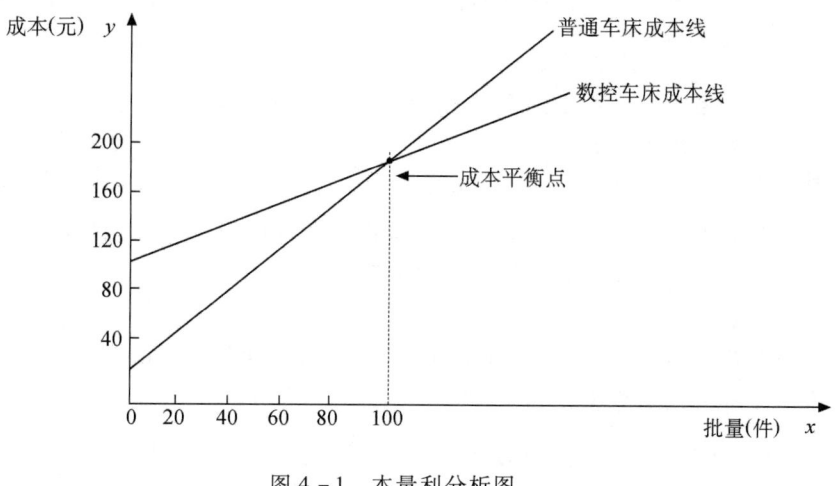

图 4-1 本量利分析图

第三节 经营决策案例分析

一、零部件自制或外购的选择

零部件自制或外购的选择是指那些既可以在市场上买到，又可以自行生产的零件部件取得方式的决策。根据需用量是否确定来分类，可分为需用量确定时自制或外购的选择和需用量不确定时自制或外购的选择两类。两种情况下所使用的决策方法具有明显的不同。

在需用量确定的情况下，由于并不存在不同的需用量范围内自制或外购零部件生产成本相互关系随之而改变的问题，因此，采用差量分析法比较适合。

由于自制或外购零部件的预期收入是相同的，因此，在进行差量分析时，无须计算差量收入，只要计算出差量成本，并从中选择成本较低的方案即可。在决策分析过程中必须注意到，无论是自制还是外购，固定成本总是要发生，因此，在一般情况下，特别是生产能力比较充裕的情况下，自制零部件并不需要考虑固定成本。但如果自制时需要增加专属设备，那么专属设备固定成本则属于决策分析中的相关成本。

如果企业的生产设备并不自制零部件而是转作其他用途,并能够获取边际贡献或租金收入,说明自制方案存在着机会成本。只要有机会成本存在,就应作为相关成本在决策分析中加以认真考虑。

[**例 4-5**] 青成公司正常生产经营情况下,每年需用 W 零件 1000 个,如从市场购进,其市场价格为每个 100 元。企业有能力安排辅助生产车间自行生产。经初步估算后,预计每个零部件生产成本构成如下:

直接材料	40 元
直接人工	20 元
制造费用	
其中:变动制造费用	16 元
固定制造费用	5 元
零件单位成本	81 元

若该企业辅助生产车间不生产零部件,生产设备并无其他用途,要求:为该企业作出零部件是自制还是外购的决策。

由于辅助生产车间有剩余生产能力可以利用,且其原有固定成本既不会因采用自制而增加,也不会因采用外购而减少,故自制零部件所涉及的成本并不包括固定制造费用。它属于无关成本,应予以舍弃。据此进行差量分析如下:

差量成本:
自制零部件方案预期成本:(40+20+16)×1000 = 76000(元)
外购零部件方案预期成本:100×1000　　　　　 = 100000(元)
自制或外购零部件差量损益　　　　　　　　　　 -24000 元

结论:通过以上计算分析可以看出,W 零件如采用自制方案将比外购方案节省成本开支 24000 元。

[**例 4-6**] 如果上例中青成公司辅助生产车间的生产设备不安排自制 W 零件的话,可以进行出租而在每年获得租金收入 30000 元。在这种情况下,W 零件是自制还是外购更加有利?

企业辅助生产车间如进行自制零部件,将由此损失外购方案可以获得的年租金收入。此时,要把租金收入作为对 W 零件采取自制方案的机会成本,而在决策分析中加以衡量,其分析如下:

差量成本:
自制零部件方案变动成本:(40+20+16)×1000 = 76000(元)
自制零部件方案机会成本:　　　　　　　　　　 30000(元)
自制零部件方案预期成本:　　　　　　　　　　 106000(元)
外购零部件方案预期成本:100×1000　　　　　 = 100000(元)
自制或外购零部件差量损益　　　　　　　　　　 6000 元

从上述分析得知,在考虑机会成本的情况下,自制零部件成本要比外购零部件多出 6000 元,故采用外购方式比较有利。

[**例 4-7**] 若上例青成公司辅助生产车间自制 W 零件时,需每年租入专用设备而增

加一笔专属固定成本 26400 元，则此时 W 零件是自制还是外购更为有利？

专属固定成本和共同承担的成本在性质上是不一样的，是在决策分析中应该考虑的相关成本，在 W 零件自制方案中作为预期成本的一个重要组成部分。其差量分析如下：

差量成本：
自制零部件方案预期成本：$26400 + (40 + 20 + 16) \times 1000 = 102400$（元）
外购零部件方案预期成本：$100 \times 1000 = 100000$（元）

自制或外购零部件差量损益　　　　　　　　　　2400（元）

结论：在考虑了专属固定成本之后，自制方案预期成本要比外购方案预期成本多出 2400 元，故还是外购方案更优。

在需用量不确定情况下，由于在不同的需用量范围内自制或外购零部件成本相互关系会随着需用量的变化而改变，因此，需要采用本量利分析法分别计算分析在不同需用量情况下的预期成本，并依此作出选择。

[例 4-8] 青成公司生产所需 T 零件既可以自制，也可以从市场上按每件价格 20 元直接购买。每年自制 T 零件的固定成本总额为 30000 元，单位变动成本为 14 元。要求企业作出 T 零件取得方式的选择。

假设自制零部件和外购零部件的成本平衡点为 x 件：
（1）列出两个备选方案的预期成本公式：
自制零部件预期成本：$y_1 = a_1 + b_1 x = 30000 + 14x$
外购零部件预期成本：$y_2 = a_2 + b_2 x = 0 + 20x$
（2）求成本平衡点 x 的值：
令 $y_1 = y_2$　即 $30000 + 14x = 20x$
$x = 5000$（件）
（3）结论：
若 $x = 5000$ 件时，则 $y_1 = y_2$，两个方案都是可行方案；
若 $x > 5000$ 件时，则 $y_1 < y_2$，采用自制零部件较优；
若 $x < 5000$ 件时，则 $y_1 > y_2$，采用外购零部件较优。
此题也可通过绘制本量利分析图进行观察分析，在此省略。

二、联产品出售或进一步加工的选择

企业在同一生产过程中投入一种原材料之后，如果可以同时生产出多种性质或用途不同的产品，且这些产品经济价值都较大，在企业生产经营过程中具有基本相同的重要性，就称其为联产品。如石油化工企业对原油裂化加工分馏后所生产出来的汽油、柴油、重油等产品都属于联产品。许多联产品除了直接出售外，还可以作进一步深加工，像汽油经深加工后就可生产出各种标号的油品。联产品在生产过程中的一定环节才能分离出来，在分离之前所发生的成本称为联合成本；在分离之后继续加工所发生的成本称为可分成本。

联产品是在分离后立即出售，还是在分离后经过继续加工再行出售，究竟哪个方案经济效益更大，是生产联产品的企业在经营决策中经常遇到的问题。对于这类问题的解决，可以采用差量分析法。但应该注意，联产品在进一步加工前所发生的联合成本中，无论是变动成本还是固定成本，在决策分析中均属无关成本而不予考虑。因此，决策中的关键问题是在于分析研究联产品在进一步深加工之后所增加的预期收入是否能够超过所增加的预期成本（也就是可分成本）。如果前者大于后者，则进一步加工的方案较优；如果后者大于前者，则直接出售联产品较优。

[例4-9] 合力公司通过加工一种化工原料可以分离出E、F两种联产品。两种联产品在联产过程结束时既可以直接出售，也可以进一步加工后出售。E、F两种联产品的产量、销售单价、进一步加工后成本等项资料，如表4-8所示。

表4-8　　　　　　　　　E、F产品的产量、单位售价和成本表　　　　　　　　单位：元

产品	产量（公斤）	立即出售单价	加工后出售单价	联合成本	可分成本	
					单位变动成本	专属固定成本
E产品	10000	6	10	5000	3	30000
F产品	8000	8	14	10000	5	

要求：对该企业E、F两种联产品是立即出售还是加工后出售作出决策。

本题可采用差量分析法，对E、F两种联产品分别编制差量分析表（见表4-9和表4-10）进行分析。

表4-9　　　　　　　　　　　E联产品差量分析表　　　　　　　　　　　单位：元

项　目	分离后继续加工	分离后直接出售	差　量
差量收入： 分离后继续加工 10×10000 分离后直接出售 6×10000	100000	60000	40000
差量成本： 分离后继续加工 3×10000+30000 分离后直接出售	60000	60000	
差量损益			-20000

根据表4-9结果应该作出E联产品在分离后直接出售的决定。

表4-10　　　　　　　　　　　F联产品差量分析表　　　　　　　　　　　单位：元

项　目	分离后继续加工	分离后直接出售	差　量
差量收入： 分离后继续加工 14×8000 分离后直接出售 8×8000	112000	64000	48000
差量成本： 分离后继续加工 5×8000 分离后直接出售	40000		40000
差量损益			8000

根据表 4-10 结果应该作出 F 联产品在分离后继续加工再行出售的决定。

这一问题还可利用机会成本的概念进行计算分析，如表 4-11 所示。

表 4-11　　　　　　　　　联产品分离后继续加工损益分析表　　　　　　　　单位：元

项　目	E 联产品	F 联产品
分离后继续加工预期收入	100000	112000
分离后继续加工可分成本	60000	40000
分离后继续加工损益	40000	72000
减：分离后继续加工机会成本	60000	64000
考虑机会成本后继续加工损益	-20000	8000

通过表 4-11 计算结果可以看出：E 联产品继续加工后直接出售收益是 40000 元，但在考虑了机会成本后，其原来的盈利性质发生了改变，企业将会出现亏损 20000 元，故 E 联产品还是采用在分离后直接出售方案为佳；F 联产品的情况正好与之相反，在考虑了机会成本之后仍然可以继续获得盈利，因此，对于 F 联产品来说，采用在分离后继续加工方案更优。这种分析方法的结论和差量分析法是完全一样的。

三、开发新产品的选择

在企业生产经营活动中，如何针对新产品的开发进行正确的市场选择和会计数据分析，是经营决策中的一项重要内容。下面将要叙述的是通过管理会计理论，对如何利用企业剩余生产能力来组织新产品开发进行分析研究，即开发哪种新产品对企业来讲更加合适一些。至于通过增加固定资产投资或使生产能力扩大来发展新产品的决策，则属于经营决策的内容，将在本教材第五章中具体阐明，这里不再赘述。

[例 4-10] 青成公司原设计生产能力为 100000 机器工时，但实际开工率只有原设计生产能力的 70%，现准备将剩余生产能力用来开发新产品。企业老产品 H 及新产品 C、D 的有关数据资料，如表 4-12 所示。

表 4-12　　　　　　　　　新老产品的有关数据表　　　　　　　　　　　单位：元

项　目	老产品 H	新产品 C	新产品 D
单位定额机器工时（小时）	80	60	40
单位售价	80	60	55
单位变动成本	70	50	47
固定成本		25000	

要求：根据上述资料作出该企业开发哪种新产品更为有利的选择。

由于企业是在生产能力存在剩余的情况下研究开发新产品问题，并不需要增加固定成本总额，因而原来需要共同负担的固定成本应该属于无关成本而在决策中不予考虑。故此类问题的解决可以采用边际贡献法。C、D 两个新产品中哪个边际贡献总额多，就应组织开发哪个新产品。

根据本题提供的数据资料编制"边际贡献计算分析表"，如表 4-13 所示。

表 4-13　　　　　　　　　　边际贡献计算分析表　　　　　　　　　　单位：元

项目	新产品 C	新产品 D
剩余生产能力（小时）	100000×（1-70%）=30000	
单位定额机器工时（小时）	60	40
最大产量（件）	500（30000÷60）	750（30000÷40）
单位售价	60	55
单位变动成本	50	47
单位边际贡献	10	8
边际贡献总额	5000（10×500）	6000（8×750）

从表 4-13 数据计算分析可以看出：虽然新产品 C 单位边际贡献比新产品 D 要多出 2 元，但新产品 D 的边际贡献总额比新产品 C 要多出 1000 元。因此，企业应安排新产品 D 的开发。这里需要指出的是，上述结论的得出是以企业生产多少产品就能销售多少为前提条件的。如果市场方面的状况并非如此，就需要根据所搜集的信息对预测的数据进行修正。

[例 4-11] 若 [例 4-10] 中青成公司开发新产品 C、D 需要分别支付专属固定成本 1000 元、2400 元。那么，该企业的分析结论是否会发生变化？

由于专属固定成本属于决策中的相关成本，因此，当此类成本出现后就应在决策分析中认真加以考虑。编制"边际贡献计算分析表"如表 4-14 所示。

表 4-14　　　　　　　　　　边际贡献计算分析表　　　　　　　　　　单位：元

项目	新产品 C	新产品 D
边际贡献总额	5000	6000
减：专属固定成本	1000	2400
剩余边际贡献总额	4000	3600

从表 4-14 分析结果可以看出，在考虑了两种新产品各自的专属固定成本之后，新产品 C 的边际贡献总额要比新产品 D 高出 400 元。此种情况下开发新产品 C 就比较合适。

若在决策初期就已经存在了专属固定成本问题，则应该采用差量分析法来解决。编制"新产品开发差量分析表"如表 4-15 所示。

表 4-15　　　　　　　　　　新产品开发差量分析表　　　　　　　　　　单位：元

项目	新产品 C	新产品 D	差量
差量收入：			
新产品 C　60×500	30000		
新产品 D　55×750		41250	-11250
差量成本：			
新产品 C　50×500+1000	26000		
新产品 D　47×750+2400		37650	-11650
差量损益			400

由表 4-15 计算结果可知，开发新产品 C 会比开发新产品 D 多获得收益 400 元，应该选择开发新产品 C。

四、亏损产品是否停产的选择

在生产经营过程中，由于一些原因造成了某种产品发生亏损是经常遇到的问题。对于亏损产品，绝不能简单地予以停产，而是应该在综合考虑企业各种产品的经营状况及其相互影响之后再作出决定。由于此类决策一般并不引起企业现有生产能力的变化，固定成本总额不会发生变化，故采用边际贡献法进行解决。

[例 4-12] 青成公司所生产甲、乙、丙三种产品中，甲产品出现亏损。三种产品营业收入、成本及利润情况如表 4-16 所示。

表 4-16　　　　　甲、乙、丙产品的营业收入、成本及利润表　　　　　　单位：元

项　目	甲产品	乙产品	丙产品
营业收入	85000	160000	170000
营业成本			
变动营业成本	73000	130000	132000
固定营业成本	9000	10000	15000
期间费用			
变动期间费用	3000	5000	6000
固定期间费用	2000	3000	4000
营业利润	-2000	12000	13000

要求：对企业甲产品是否停产作出决策分析。

若根据所给资料显示结果来观察，甲产品全年净亏金额为 2000 元。单从增加盈利的角度去分析，企业应该停止甲产品的继续生产。但在采用了边际贡献法进行分析之后，结果截然不同。根据上述资料采用边际贡献法编制计算分析表，如表 4-17 所示。

表 4-17　　　　　　　产品边际贡献和营业利润分析计算表　　　　　　　单位：元

项　目	甲产品	乙产品	丙产品	合　计
营业收入	85000	160000	170000	415000
减：变动营业成本	73000	130000	132000	335000
变动期间费用	3000	5000	6000	14000
边际贡献总额	9000	25000	32000	66000
减：固定营业成本	9000	10000	15000	34000
固定期间费用	2000	3000	4000	9000
营业利润	-2000	12000	13000	23000

由于甲产品的固定成本发生并不受其是否停产的约束，因此，即使是停止生产甲产品，其固定成本 11000 元也不会随之改变或消除。甲产品固定成本在其停产之后必须要由另外两个产品来共同承担。甲产品停产对企业的营业利润所造成的影响是：数额不但不会增加，反而还会减少。

边际贡献的作用首先是弥补固定成本，其次是获取营业利润。甲产品虽然存在亏损，

但仍然存在边际贡献，其边际贡献可以起到补偿一部分固定成本的作用。因此，甲产品应该继续生产，以保证企业整体盈利水平不受影响。因此决定亏损产品是否停产的关键是看亏损产品是否存在较多边际贡献，如果边际贡献较多，说明其能够补偿一部分固定成本，那就应该继续生产。

由于停止甲产品生产所带来的不良经营后果，在表 4-18 中可以得到更加充分的证明。

表 4-18　　　　　　　　产品边际贡献和利润分析计算表　　　　　　　　单位：元

项目	乙产品	丙产品	合计
营业收入	160000	170000	330000
减：变动营业成本	130000	132000	262000
变动期间费用	5000	6000	11000
边际贡献总额	25000	32000	57000
减：固定营业成本	13600	20400	34000
固定期间费用	3860	5140	9000
营业利润	7540	6460	14000

值得注意的是，亏损产品能够提供边际贡献，并不意味着亏损产品一定要继续生产。如果企业存在着更加有利可图的机会，像转产其他能够获取盈利的产品，或者是将停产产品所占用固定资产出租来获取租金收入，无疑会使企业获得更多的边际贡献，那么企业就应该停止该种亏损产品的生产。

五、不同工艺技术的选择

企业在对同一种产品或零部件进行加工过程中，往往有几种不同的工艺技术可供选择。若其加工质量都能满足企业的基本技术要求，则不同工艺技术之间的选择就应根据成本效益原则来进行。

一般来说，采用先进的加工工艺会使产品或零部件的质量大大提高，降低废品率，从而降低单位变动成本。同时，由于产品或零部件可以自动化、大批量生产，单位直接人工也会随之逐渐减少。而从另一方面看，采用先进的加工工艺往往会需要企业投入大量的资金去培训工人，专属固定成本增加。与此相反，采用普通加工技术，使企业在最初很少发生专属固定成本，或不发生专属固定成本，但其单位变动成本会较高一些。

在上述关系中，两种加工工艺成本习性差异与企业生产加工的业务量之间有着直接联系。也就是说，在不同的业务量范围内，两种加工工艺的单位变动成本和固定成本的增减存在着性质差别。因此，对于此类问题的解决，应该采用本量利分析法，先确定其成本平衡点，然后才能作出正确的选择。

[例 4-13] 青成公司准备加工一种轴承，有两种加工工艺可供选择：一种是采用普通的加工工艺，即主要使用普通车床加工，其年固定成本为 100000 元，产品单位变动成本为 150 元；另一种是采用先进的加工工艺，即主要使用数控车床，年固定成本为 300000 元，产品单位变动成本将比普通工艺降低 $\frac{1}{3}$。这种轴承的单位售价为 200 元。分

析该企业在什么情况下采用普通工艺加工为宜？在什么情况下采用先进加工工艺较优？

（1）依题意，设普通加工工艺和先进加工工艺的成本平衡点为 x，则两种加工工艺备选方案的预期成本可分别用下列公式给予反映：

普通加工工艺预期成本：$y_1 = a_1 + b_1 x = 100000 + 150x$

先进加工工艺预期成本：$y_2 = a_2 + b_2 x = 300000 + 150 \times (1 - \frac{1}{3})x$

（2）求两种加工工艺成本平衡点 x 的值：

令 $y_1 = y_2$　即 $100000 + 150x = 300000 + 150 \times (1 - \frac{1}{3})x$

$x = 4000$（件）

（3）结论：

若 x = 4000 件时，则 $y_1 = y_2$，两种加工工艺都可行；

若 x > 4000 件时，则 $y_1 > y_2$，采用先进加工工艺较优；

若 x < 4000 件时，则 $y_1 < y_2$，采用普通加工工艺较优。

这项决策，通过在坐标系中绘制本量利分析图，确定其成本平衡点，结论可更加直观形象地反映出来，此处省略。

六、产品最优组合的选择

在企业多品种产品的生产过程中，每个产品的生产都离不开一些必要的条件或因素，如机器设备、人工、原材料及工时等，而其中的一些因素可以用于不同产品的生产。生产多种产品的企业往往需要考虑如何将有限的生产要素充分利用并合理地在各种产品之间进行分配。产品最优组合决策就是通过计算分析，作出各个产品应该生产多少才能使这些生产要素获得合理而充分的利用，并且能够获得最大的利润。产品最优组合决策适用于多品种生产的企业。

[例 4 - 14] 某企业生产甲、乙两种产品，其相关资料如表 4 - 19 所示：

表 4 - 19　　　　　　　　甲、乙产品的有关资料表　　　　　　　　单位：元

项　目	甲产品	乙产品
单位售价	85	90
单位变动成本	55	65
单位边际贡献	30	25
单位材料消耗定额（千克）	3	4
单位电力消耗定额（千瓦）	6	4
最大销售量（件）	无限制	500 件

约束条件是：

材料消耗最高用量为 2400 千克；

电力消耗最高用量为 3600 千瓦。

要求：根据上述条件对该企业如何利用现有材料和电力消耗资源实现甲、乙两种产品的最优生产组合作出选择。

(一) 逐步测试法

从表 4-19 的资料可以看出,甲产品单位边际贡献要比乙产品多出 5 元,生产耗电定额要比乙产品多出 2 千瓦,但产品单位材料消耗定额要比乙产品节省 1 元,究竟甲、乙两个产品如何组合生产,才能获得更多利润?

1. 第一次测试

假定优先安排甲产品生产,若生产能力有剩余,再安排乙产品生产。由于甲产品的销售量没有限制,因此,可以安排甲产品的销售和生产量都是 600 件,以使电力消耗达到最大限度。计算结果如表 4-20 所示。

表 4-20　　　　甲、乙产品材料及电力消耗和边际贡献测试表　　　　单位:元

项目	产量(件)	材料消耗定额(千克)		电力消耗定额(千瓦)		边际贡献	
		总产量	单位产量	总产量	单位产量	总产量	单位产量
甲产品	600	1800	3	3600	6	18000	30
乙产品	0	0	4	0	4	0	25
合计		1800		3600		18000	
约束条件		2400		3600			
剩余能力		600		0			

2. 第二次测试

在第一次测试结果中,材料消耗尚有 600 千克定额没有充分得到利用。为了更好地利用原材料,假定先安排乙产品生产。根据乙产品最大销售量 500 件来安排生产的计算结果,如表 4-21 所示。

表 4-21　　　　甲、乙产品材料及电力消耗和边际贡献测试表　　　　单位:元

项目	产量(件)	材料消耗定额(千克)		电力消耗定额(千瓦)		边际贡献	
		总产量	单位产量	总产量	单位产量	总产量	单位产量
甲产品	133	400	3	800	6	3990	30
乙产品	500	2000	4	2000	4	12500	25
合计		2400		2800		16490	
约束条件		2400		3600			
剩余能力		0		800			

第二次测试结果表明:由于优先安排乙产品生产,电力消耗定额没有被充分利用,且边际贡献总额比优先安排甲产品生产要减少 1510 元 (18000 - 16490)。两种测试安排的结果都未使材料和电力消耗定额得到最大的利用。因此,这种安排并非最优。

3. 第三次测试

假设甲、乙两个产品同时组织生产,其生产量安排如下:甲产品产量为 400 件,乙产品产量为 300 件,计算结果如表 4-22 所示。

表 4-22　　　　甲、乙产品材料及电力消耗和边际贡献测试表　　　　　　单位：元

项　目	产量（件）	材料消耗定额（千克）		电力消耗定额（千瓦）		边际贡献	
		总产量	单位产量	总产量	单位产量	总产量	单位产量
甲产品	400	1200	3	2400	6	12000	30
乙产品	300	1200	4	1200	4	7500	25
合　计		2400		3600		19500	
约束条件		2400		3600			
剩余能力		0		0			

从表 4-22 中应该看出，企业全部生产能力都被充分利用起来，此时的产品组合就是最优的组合，企业可以获得最佳经济效益。

（二）线性规划图解法

1. 确定目标函数和约束条件，建立相应数学模型

若以 x_1 代表甲产品产量，x_2 代表乙产品产量，S 代表边际贡献总额，L 代表约束条件，则甲、乙两个产品组合生产约束条件表示如下：

$$\begin{cases} 3x_1 + 4x_2 \leq 2400 & (L_1) \\ 6x_1 + 4x_2 \leq 3600 & (L_2) \\ x_2 \leq 500 & (L_3) \\ x_1 \geq 0, \ x_2 \geq 0 \\ 目标函数：S = 30x_1 + 25x_2 \end{cases}$$

2. 在平面直角坐标系中作图

令横轴代表甲产品产量 x_1，纵轴代表乙产品产量 x_2，并按以下步骤画出三条代表约束条件的直线，如图 4-2 所示。

（1）直线 L_1 根据等式 $3x_1 + 4x_2 = 2400$ 在坐标系中画出；

（2）直线 L_2 根据等式 $6x_1 + 4x_2 = 3600$ 在坐标系中画出；

（3）直线 L_3 根据等式 $x_2 = 500$ 在坐标系中画出。

由上述三个约束条件的直线 L_1、L_2、L_3 所围成的一个共同区域，就是产品组合的可行性区域。在阴影区内每条界限表明企业进行产品生产必须受到的相应限制。在阴影区内的任何产品组合都是可行的。

3. 确定最优组合

确定产品最优生产组合，就是找出既能满足约束条件的要求，又能使目标利润函数达到最大值的那一点，实践中此种产品组合边际贡献总额最大。

在图 4-2 中所反映的可行性区域内，共有 5 个角点，将其坐标值分别代入目标函数 $S = 30x_1 + 25x_2$ 式中，计算出各个角点的边际贡献总额。计算结果如表 4-23 所示。

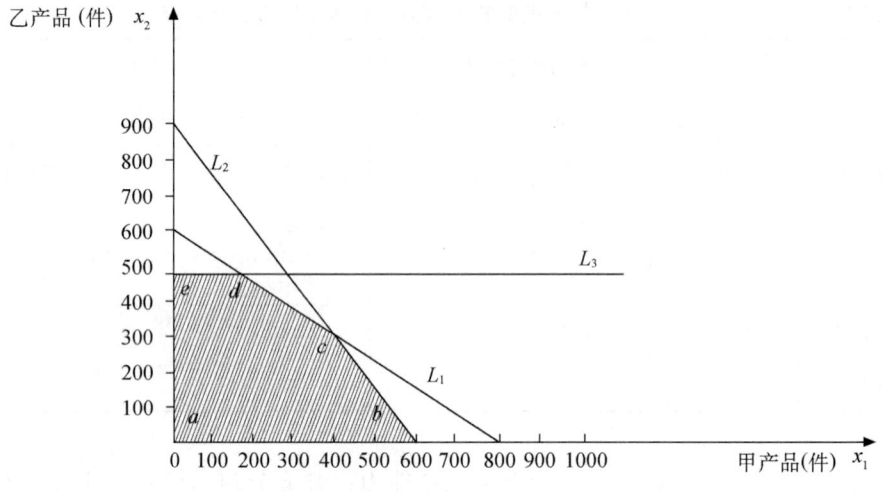

图 4-2　产品组合可行性区域示意图

表 4-23　　　　　各种产品组合边际贡献总额计算表　　　　　单位：元

角点	产品组合（件）		边际贡献总额（30x_1 + 25x_2）
	x_1	x_2	
a	0	0	0
b	600	0	18000（30×600 + 25×0）
c	400	300	19500（30×400 + 25×300）
d	133	500	16490（30×133 + 25×500）
e	0	500	12500（30×0 + 25×500）

从表 4-23 中数据可以看出，角点 c 的目标函数值 19500 元最大，即此种产品组合边际贡献总额最大。故甲产品生产 400 件，乙产品生产 300 件是最优产品生产组合。这个结果和逐次测算法的结果是一样的。

七、产品最优售价的选择

对于企业所销售的产品，究竟应该采取多高的价格才合适呢？单位售价提高无疑将会创造更多的单位边际贡献，但低价往往具有促销的功能。产品售价越高越好还是越低越好，必须要联系产品的需求量进行考虑：售价过高，产品销售量自然会减少，一旦达不到保本点要求，就会发生亏损；但售价过低，可能提供不出所需边际贡献数额，同样会出现亏损问题。因此，产品最优售价既不是企业最高的产品售价，也不是其水平最低的产品售价，而是能够促使企业获得最大利润的售价。

产品最优售价的选择，就是在供求规律的制约下，根据企业成本情况，以获取最大利润为目标的价格决策，也就是通过销量、价格、成本三者的恰当配合，最大限度地获取利润的决策。

这类问题的解决，需要弄清边际收入和边际成本两个重要概念。所谓边际收入，是指在一定销售量基础上增加一个单位销售量所增加的销售总收入;所谓边际成本,是指在一定产量基础上增加一个单位产量所增加的总成本。边际收入减去边际成本之后的差额称为边际利润。

[例 4 – 15] 青成公司生产一种产品,单位变动成本为 5 元,其相关成本和收入资料,如表 4 – 24 所示。

表 4 – 24　　　　　　　　产品成本、收入计算分析表　　　　　　　　单位:元

单位售价	预计销售量(件)	营业收入	边际收入	成本			边际成本	边际利润	营业利润
				变动成本	固定成本	总成本			
19	110	2090	0	550	1000	1550	0	0	540
18	120	2160	70	600	1000	1600	50	20	560
17	130	2210	50	650	1000	1650	50	0	560
16	140	2240	30	700	1000	1700	50	-20	540

从表 4 – 24 中可以看出,固定成本总额和单位变动成本都不随着产量的变化而变化。在这种情况下,由于单位产品应分摊固定成本会随着产量的增加而减少,使得企业产品单位成本会随着产量的增加而相应下降。

在单位售价不断降低的情况下,若边际收入大于边际成本,边际利润是正值,说明降低售价有利可图;若边际收入等于边际成本,边际利润是零,说明降低售价并无实际意义;若边际收入小于边际成本,边际利润是负数,说明降低售价会使企业减少盈利。由此推断,降低售价的最大限度是边际收入和边际成本相等,边际利润为零。也就是说,最优产品售价应该是边际收入等于或接近于边际成本时候的产品售价。依照此意,企业产品最优售价应该是 17 元。

应该注意的是,产品销售数量固然要受到价格因素的左右,但竞争对手营销策略、售后服务及产品质量等,都将影响本企业产品销售数量的增减。因此,最优价格的选择,还要结合企业和市场方面的实际情况,认真把握。

第五章 投资决策

思维导图

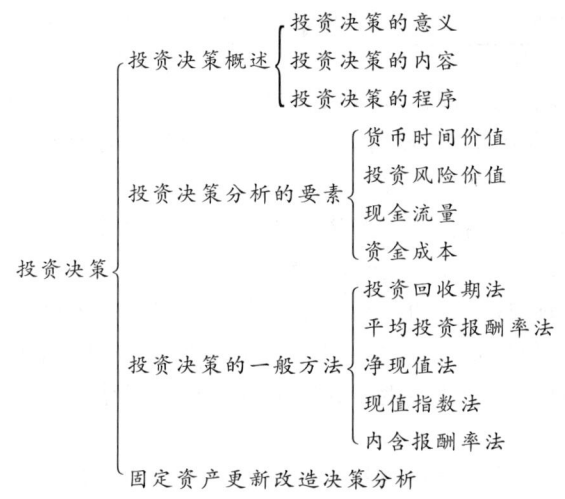

学习目标

通过本章学习，了解投资决策的意义；明确投资决策的概念；熟悉投资决策的基本程序；理解与投资决策有关的货币时间价值、资金成本、投资风险价值的内涵，并熟悉其主要计算方法；掌握投资决策中主要方法，并能使用净现值法进行固定资产更新改造决策分析。

第一节 投资决策概述

一、投资决策的意义

企业经营管理的首要目标是获取利润，而从企业发展的长远利益来讲，能否持续增加企业盈利能力，实现企业价值最大化，关键在于企业投资活动是否能够获得效益并降低相应风险。在科学技术、社会经济迅猛发展的今天，企业无论是维持简单再生产还是扩大再生产，都必须投入一定的资金，对企业现有设备进行更新改造，或对现有产品生产工艺进行改革，或新建扩建厂房、增添机器设备，等等。企业只有通过一系列成功的投资活动，才能使自身竞争实力得到增强。同时，企业把资金投向生产经营的关键环节或薄弱环节，可以促使企业生产经营能力配套和平衡，形成更大的综合生产能力。企业如把资金投向多个行业，实现多角度经营，会增加企业经营活动空间并保持盈利稳定性，而这正是降低企业经营风险的重要方法。

相对于经营决策而言，投资决策主要面临的是长期投资决策问题。长期投资决策是指那些需要企业投入大量资金，产生报酬的期间超过 1 年，并对较长时间内的收支盈亏产生影响的问题所作的决策。例如，是否需要增加或减少固定资产的决策、添置固定资产是通过举债还是通过融资租赁解决的决策、对原有固定资产进行改造或是更新的决策，等等。

由于投资会在较长时间内对一个企业产生持续影响，同时，这类投资大多经过一定时期后才能全部收回，因此，投资决策要比经营决策承担更大的风险。一项投资决策的失误，必然要影响到企业的整体财务状况和资金周转，给企业带来经营和财务方面的困难，甚至招致企业破产倒闭。所以长期投资决策正确与否，对企业能否保持长期获利能力、实现可持续发展具有决定性的影响，企业进行长期投资决策，有赖于正确而又灵活地采用一些投资决策分析的方法。因此利用经济信息进行长期投资决策分析就成为管理会计的核心内容之一。

二、投资决策的内容

企业任何一项投资决策，都会涉及两个方面的内容：固定资产投资和流动资金垫支。如企业在计划年度内准备安排一个新产品生产的投资项目，首先遇到的问题就是要作出新建或扩建多大的厂房、购置什么样的机器设备等固定资产投资的问题。同时，还要测算与之配套的原材料投入，在产品和产成品等占用资金的数额是多少，支付材料购置及直接人工等生产经营费用开支所需货币资金是多少，等等。这些则属于流动资金垫支。

三、投资决策的程序

投资活动在企业中一般较少发生，特别是触及企业长远利益的大规模投资活动，一般要几年甚至是十几年才发生一次。虽然投资次数较少，但资金投放量却比较多，一旦决策失误，就会严重影响企业未来的财务状况和现金流量，甚至造成企业破产。因此，企业投资活动具有相当大的风险性。所有这些，决定了投资决策决不能在缺乏调查研究的情况下轻率拍板，而应该按照科学严密的决策程序，运用行之有效的技术分析方法，对各个投资决策方案作出正确地选择。投资决策的程序一般包括以下四个步骤：

（一）投资项目提出

企业各级领导者都可提出投资项目。一般而言，企业最高领导提出的投资项目，多数是一些大规模的具有战略性意义的投资，其投资方案一般由生产、市场、财务等各方面的专家组成的项目小组来作出。基层或中层管理者所提出的，主要是一些战术性的投资项目，其投资方案主要是由相关主管部门组织一些人员拟定。

（二）投资项目评价

投资项目评价是投资决策程序中的重要环节，主要包含以下几项工作：一是预计投资项目中预期收入和预期成本，测算其相关现金流量；二是运用各种投资决策分析方法，对各个备选方案所能提供的经济效益进行科学评价；三是撰写投资项目可行性分析评价报告，提请企业决策层批准。

（三）投资项目决策

投资项目评价后，企业领导者要作出最后决策。属于涉及企业局部范围，而对企业整体生产经营格局改变并不产生影响的战术性决策，其数额较小的，直接由基层或中层领导者拍板定夺，投资数额较大的，则要由企业领导者作出决定；属于对企业整个业务经营发生重大影响的战略性决策，一般要由企业领导者作出决策，其中数额巨大的战略性决策，则需经过董事会或股东大会投票表决。但不管是由企业哪个管理层作出最终的选择，其决策结果都会有以下三种：一是接受这个项目，可以进行投资；二是拒绝这个项目，不能进行投资；三是退回方案的提出部门，责其重新调查修改后再提交决策层审议拍板。

（四）投资项目执行

投资项目一旦获准通过，就要积极筹措资金，适时实施投资方案。在项目执行过程中，对工程进度、工程质量、施工成本进行严格控制，促使投资项目按照预算规定的规模来建设，并按规定的时间来完成。同时，在项目执行过程中，企业还应该注意原来所作出的决策是否由于主客观情况的改变而让其合理性发生了变化。一旦出现了新的情况和问题，就要对原来决策方案作出相应的修改或补充，以保证决策的科学性和合理性。

第二节 投资决策分析的要素

投资决策分析需要考虑的重要因素是货币时间价值和投资风险价值。同时，还要弄清计算货币时间价值的根据和对象，即资金成本和现金流量。

一、货币时间价值

（一）货币时间价值概念

货币时间价值是评价长期投资项目方案优劣的重要因素。在进行长期投资决策分析时，终值现值等都涉及有关货币时间价值的计算。

货币时间价值是指货币经历一定时间的投资和再投资所增加的价值,也称资金时间价值。货币时间价值在量上表现为同一货币量在不同时间的价值量的差额。假设目前利率为10%,现在的1元钱在一年以后就不再是1元,而是1.1元,这0.1元的差额即为货币时间价值。作为客观存在的经济现象,投资者进行投资就必须推迟消费,对投资者推迟消费的耐心应该给予报酬,这种报酬的量应该与其推迟消费的时间长度成正比,所以,单位时间(一般是1年)的这种报酬和投资金额之间的比例即货币时间价值。货币时间价值的本质是价值增值,是资金投入循环周转之后所增加的价值。投资期限越长,时机越得当,运转效率越高,价值增加便越多,货币时间价值也就越大。应该说明的是,货币时间价值并不包含通货膨胀和风险因素。

货币时间价值有两种表现形式:一种是相对数形式,即利息率或折现率;另一种是绝对数形式,即利息。

长期投资数额大、周期长,若不考虑货币时间价值,极易出现高估收益现象,从而造成决策失误,给企业带来不良后果。货币时间价值是影响企业长期投资决策的重要因素之一。

(二) 货币时间价值计算

货币时间价值的计算会涉及两个指标:终值和现值。所谓终值就是某一特定金额按规定利率和期间折算的未来价值,相当于存款的本利和;所谓现值就是指某一特定金额按规定利率和期间折算的现在价值,相当于存款的本金。就一笔款项来说,终值和现值的差额称为利息额,也就是货币时间价值。

1. 单利计算

在单利方法下,只就本金计算利息,利息不加入本金重复计算利息,即利不生利。

单利终值的计算公式为:

$$F = P + I = P(1 + i \cdot n)$$

式中:F——终值;
　　　P——现值(或称本金);
　　　i——利率;
　　　n——期数;
　　　I——利息。

根据上列计算公式推出单利现值计算公式为:

$$P = F - I = \frac{F}{1 + i \cdot n}$$

[例5-1] 李想存入银行一笔款项,金额1000元,存期3年,银行存款利率为3%,问3年后本利和是多少?其中所得利息是多少?若只是知道3年后获得的本利和,问现在应该存入银行的本金是多少?

有关计算如下:

$$F = 1000 \times (1 + 3\% \times 3) = 1090 \text{ (元)}$$

$$I = 1000 \times 3\% \times 3 = 90 \text{ (元)}$$

$$P = \frac{1090}{1 + 3\% \times 3} = 1000 \text{ (元)}$$

2. 复利计算

复利是指不仅本金要计算利息,而且利息也要计算利息,即所谓"利滚利"。根据国际惯例,不论是投资、筹资,还是存款、贷款业务,若时期在两个或两个以上,通常就要按照复利计算利息。也就是说,在每期期末结算利息一次,并随即把利息并入本金,作为下一期计息的基础。

复利终值是指若干期以后,包括本金和利息在内的未来价值。复利终值的计算公式为:

$$F = P(1+i)^n$$

在上述公式中,$(1+i)^n$ 称为复利终值系数,或称为1元的复利终值。即:

复利终值 = 现值 × 复利终值系数

为了简化和加速计算,可以编制复利终值系数表(见书后附表-1)。表中直栏是期数 n,横行是利率 i,直栏和横行相交之处就是所要查找的复利终值系数 $(1+i)^n$。通过查表再计算复利终值。

[例5-2] 李想有本金10000元,拟存入银行,存款利率为3%,问3年后的终值是多少?

其计算如下:

$$F = 10000 \times (1+3\%)^3 = 10000 \times 1.093 = 10930 \text{(元)}$$

复利现值是指以后年份收入或支出资金的现在价值,可用倒求本金的方法计算。由终值求现值,称为贴现。在贴现时所用的利率叫贴现率(或折现率)。复利现值计算是复利终值计算的逆运算,其计算公式为:

$$P = F \frac{1}{(1+i)^n} = F(1+i)^{-n}$$

在上述公式中,$(1+i)^{-n}$ 称为复利现值系数,或称1元的复利现值。为了简化计算,也可以编制复利现值系数表(见书后附表-2),以供查阅。这样,通过查表再计算复利现值。

复利现值 = 复利终值 × 复利现值系数

[例5-3] 李想拟在5年后从银行获得本利和10000元,假定银行存款利率为8%,问此人现在应一次性存入银行多少本金?

其计算如下:

$$P = 10000 \times \frac{1}{(1+8\%)^5} = 10000 \times 0.681 = 6810 \text{(元)}$$

3. 年金计算

年金是指一定时期内每期相等金额的收付款项,像等额分期支付货款、等额分期偿还贷款、直线法计提折旧,以及每年相等金额的销售收入等都是年金收付的具体形式。年金按付款方式分为四种类型:后付年金(普通年金)、先付年金、递延年金和永续年金。这里主要介绍后付年金计算。

后付年金,是指每期期末有等额的收付款项的年金。由于后付年金在金融、企业财务以及管理会计中有着非常广泛的使用,故也称作普通年金,或者直接称作年金。

后付年金终值是指一定时期内每期期末等额收付款项的复利终值之和。以 FA 表示 n 期末的年金终值,A 表示发生在每期期末的年金,则后付年金终值的计算可以用图5-1说明。

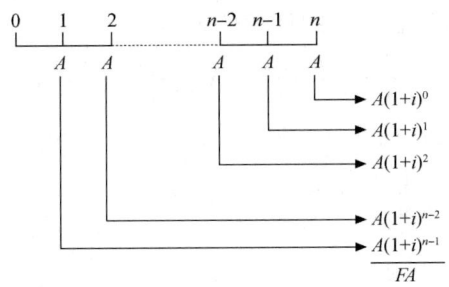

图 5－1　后付年金终值计算示意图

根据图 5－1，推导后付年金终值的计算公式为：

$$FA = A(1+i)^0 + A(1+i)^1 + A(1+i)^2 + \cdots + A(1+i)^{n-1} \quad (1)$$

将上述公式等号两边同时乘以 $(1+i)$，得：

$$FA(1+i) = A(1+i)^1 + A(1+i)^2 + \cdots + A(1+i)^{n-1} + A(1+i)^n \quad (2)$$

将 (2) － (1) 得：

$$FA = A\frac{(1+i)^n - 1}{i}$$

在上述公式中，$\frac{(1+i)^n - 1}{i}$ 称为年金终值系数，或称为 1 元的年金终值。为了简化计算工作，也可事先编制年金终值系数表（见书后附表－3）。通过查表再计算年金终值。即：

年金终值 ＝ 年金 × 年金终值系数

[例 5－4] 青成公司 5 年中每年年末从当年盈利中拿出 100000 元存入银行，银行存款利率 8%，求第 5 年年末的终值是多少？

其计算如下：

$$FA = 100000 \times \frac{(1+8\%)^5 - 1}{8\%} = 100000 \times 5.866 = 586600 \text{（元）}$$

后付年金现值是指一定时期内每期期末等额收付款项的复利现值之和。或者说，后付年金现值是指为在每期期末取得相等金额的款项，现在需要投入的金额。以 PA 表示年金现值，A 表示 n 期内每期期末发生的年金，则后付年金现值的计算可以用图 5－2 说明。

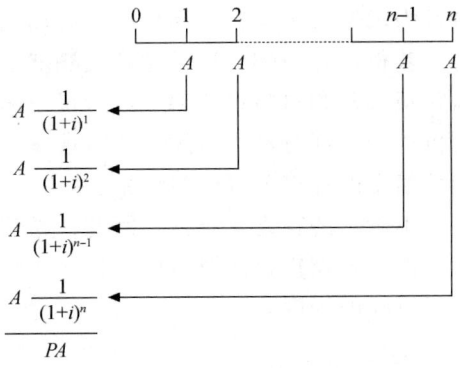

图 5－2　后付年金现值计算示意图

根据图 5-2，推导后付年金现值的计算公式为：

$$PA = A\frac{1}{(1+i)^1} + A\frac{1}{(1+i)^2} + \cdots + A\frac{1}{(1+i)^{n-1}} + A\frac{1}{(1+i)^n} \quad (1)$$

将公式等号两边同时乘以 (1+i)，得：

$$PA(1+i) = A + A\frac{1}{(1+i)^1} + A\frac{1}{(1+i)^2} + \cdots + A\frac{1}{(1+i)^{n-2}} + A\frac{1}{(1+i)^{n-1}} \quad (2)$$

将 (2) - (1) 得：

$$PA = A\frac{1-(1+i)^{-n}}{i}$$

在上述公式中，$\frac{1-(1+i)^{-n}}{i}$ 称为年金现值系数，或称 1 元的年金现值。为了计算上简化，可以事先编制年金现值系数表（见书后附表 -4）。通过查表再计算年金现值。即：

年金现值 = 年金 × 年金现值系数

[例 5-5] 青成公司以 9% 的利率从银行取得借款 350000 元，投资于某个期限为 5 年的项目，问该企业每年至少要收回多少资金才有利可图？

$$A = \frac{350000}{3.89} = 89974.3 \text{ (元)}$$

也就是说，该企业每年至少要收回 89974.3 元资金，才能使这个项目有利可图。

二、投资风险价值

（一）投资风险价值概念

从经济学角度看，肯定的 1 元钱收入与不肯定的 1 元钱收入是不一样的。这是因为不肯定的收入要承担可能收不回来的风险。企业的任何一项投资，通常都要经过很长时期才能逐渐收回，而在这段时间内往往会发生许多不确定的因素，这就是企业的风险问题。投资风险越大，投资者为了补偿可能出现的风险，对投资报酬率的要求自然也就越高。

现代企业处在极其复杂的市场环境中，时常受到各种不确定因素的干扰和冲击。从管理会计的角度来说，风险主要是指无法达到预期报酬的可能性。冒风险进行投资而获得的超过货币时间价值的额外收益，称为投资的风险报酬。

在通常情况下，投资者都力求回避风险，但为什么还有那么多投资者乐于进行风险投资呢？这是因为风险投资可以获得额外报酬，这种额外报酬就是投资风险价值。投资风险价值也有两种表现形式：风险报酬额和风险报酬率。风险报酬额是指投资者因冒风险进行投资而获得的超过货币时间价值的那部分额外报酬；风险报酬率是指投资者因冒风险进行投资而获得的超过货币时间价值率的那部分额外报酬率。

决策所涉及的时期越短，不确定的程度就越低。因此，经营决策一般并不考虑风险因素。但在投资决策中则不然，由于长期投资涉及时期很长，执行的结果很难预料，因此就必须考虑风险问题，计量所冒风险的程度。

（二）投资风险价值计算

投资风险价值计算实际上是风险报酬计算问题。风险报酬计算是一个比较复杂的程序和过程，下面结合实例加以说明。

[**例5-6**] 中兴公司有两个投资机会，投资额均为200万元，A项目是一个高科技项目，该领域竞争激烈，若经济发展状况较好，取得较大市场占有率，利润会很大；否则利润很小，甚至亏本。B项目是一个原有产品改进项目，销售状况比较平稳。

1. 确定概率分布

概率就是指一个事件可能发生的机会。譬如一个企业的利润有60%的机会增加，有40%的机会减少。如果把所有可能的事件或结果都列示出来，且每一个事件都给予一定概率，便构成了概率分布。概率分布必须符合以下两个基本条件：

（1）所有的概率P_i都在0和1之间，即$0 \leq P_i \leq 1$；

（2）所有结果的概率之和应该等于1，即$\sum_{i=1}^{n} P_i = 1$，这里n为可能出现结果的个数。

设该公司未来经济情况有繁荣、正常、衰退三种，有关概率分布及相应报酬率，如表5-1所示。

表5-1　　　　　　　　某公司投资方案报酬率和概率分布表

经济情况	发生概率	A方案报酬率（%）	B方案报酬率（%）
繁荣	0.3	90	20
正常	0.4	15	15
衰退	0.3	-50	10

2. 计算期望报酬率

期望报酬率是各种可能报酬率按其概率进行加权平均得到的报酬率。期望报酬率可按下列公式计算：

$$\overline{X} = \sum_{i=1}^{n} X_i P_i$$

式中：$\overline{X}$——期望报酬率；

X_i——第i种经济情况的报酬率；

P_i——第i种经济情况的概率；

n——经济情况的个数。

根据期望报酬率计算公式，计算该公司两个投资方案各自期望报酬率如下：

A方案期望报酬率 = $0.3 \times 90\% + 0.4 \times 15\% - 0.3 \times 50\% = 18\%$

B方案期望报酬率 = $0.3 \times 20\% + 0.4 \times 15\% + 0.3 \times 10\% = 15\%$

3. 计算标准离差

标准离差是各种可能的报酬率偏离期望报酬率的综合差异。标准离差是反映离散程度的一个量度。若用δ表示标准离差，则其计算公式为：

$$\delta = \sqrt{\sum_{i=1}^{n} (X_i - \overline{X})^2 \cdot P_i}$$

标准离差越大，说明偏离程度越大，风险越大；标准离差越小，说明偏离程度越小，风险越小。依据上述公式计算某公司两个投资方案标准离差如下：

A 方案标准离差 =

$\sqrt{(90\% - 18\%)^2 \times 0.3 + (15\% - 18\%)^2 \times 0.4 + (-50\% - 18\%)^2 \times 0.3} = 54.28\%$

B 方案标准离差 =

$\sqrt{(20\% - 15\%)^2 \times 0.3 + (15\% - 15\%)^2 \times 0.4 + (10\% - 15\%)^2 \times 0.3} = 3.87\%$

4. 计算标准离差率

标准离差只能用来比较期望报酬率相同的各项投资的风险程度，而不能用来比较期望报酬率不同的各项投资的风险程度。要对比分析期望报酬率不同的各项投资的风险程度，应该用标准离差同期望报酬率的比值，即标准离差率。若以 V 代表标准离差率，其计算公式为：

$$V = \frac{\delta}{\overline{X}} \times 100\%$$

标准离差率越大，风险越大；标准离差率越小，风险越小。根据上述公式计算该公司两个投资方案标准离差率如下：

A 方案标准离差率 = $\frac{54.28\%}{18\%} \times 100\% = 301.56\%$

B 方案标准离差率 = $\frac{3.87\%}{15\%} \times 100\% = 25.8\%$

5. 计算风险报酬率

标准离差率虽然能够正确地评价投资风险程度的大小，但这毕竟还不是风险报酬率。计算风险报酬率还需要借助于一个系数，也就是风险报酬系数。风险报酬率、风险报酬系数以及标准离差率之间的数学关系公式表述为：

$$R = V \cdot b$$

式中：R——风险报酬率；

b——风险报酬系数。

风险报酬系数是将标准离差率转化为风险报酬率的系数，若 A、B 两方案风险报酬系数分别为 8% 和 3%。其风险报酬率计算如下：

A 方案风险报酬率 = 301.56% × 8% = 24.12%

B 方案风险报酬率 = 25.8% × 3% = 0.77%

6. 计算风险报酬额

风险报酬额计算公式为：

$$R_r = C \cdot R$$

式中：R_r——风险报酬额；

C——投资金额。

根据上述公式计算 A、B 两个投资方案风险报酬额如下：

A 方案风险报酬额 = 200 × 24.12% = 48.24（万元）

B 方案风险报酬额 = 200 × 0.77% = 1.54（万元）

在 A、B 两个投资方案中，A 方案投资报酬额要比 B 方案多出 46.7 万元（48.24 - 1.54），两个方案的经济效益差距是非常突出的。应该选择 A 方案进行投资。

三、现金流量

(一) 现金流量概念

现金流量是一定时期内发生的现金流出量与流入量的统称。在长期投资决策中,投资支出与收回都是以现金的实际支出和收入为基础的,因而对现金流量的研究是长期投资决策中需要考虑的一个重要因素。预计投资项目的现金流量是投资决策中十分重要的工作。

通常情况下,财务会计按权责发生制计算企业收入和成本,并以收入减去成本后的利润作为收益来评价一个企业经济效益的高低。但在投资决策中并不能以权责发生制作为收支计量基础,而是要以现金流入作为投资项目收入,以现金流出作为投资项目支出,同时以现金净流量多少作为评价企业经济效益的重要指标。

众所周知,不同时间的资金具有不同的价值。因此,科学的决策就必须要考虑货币时间价值问题。这就意味着决策过程中必须要弄清每笔预期收入和预期支出款项的发生时间,并按照资金成本确定其具体价值含量。而会计利润则不然,它以权责发生制为基础,并不考虑货币时间价值。两者的区别主要表现在:①购建固定资产所付出现金并不计入成本;②计提固定资产折旧虽然计入成本费用却不需要付出现金;③计算会计利润不需要反映垫支流动资金问题,而在投资支出中存在实际现金流出;④财务会计中只要发生销售就要进行会计反映,但其中有一部分并没有收到现金。出于诸多原因,在投资决策中必须采用现金流量。从另一个方面讲,采用现金流量可以克服企业在存货估价、费用摊销和折旧计提中主观随意问题,使决策指标更加客观可靠。

(二) 现金流量构成

所谓投资项目的现金流量,是进行项目投资所引起的现金流出量和现金流入量的统称。现金流入量与现金流出量之间的差额,即为现金净流量。投资决策中的现金流量一般由以下三个部分构成:

1. 初始现金流量

初始现金流量是指投资开始时发生的现金流量。主要包括:

(1) 固定资产投资。包括固定资产购置或建造成本、运输成本、安装成本等。

(2) 垫支流动资金。包括对原材料、在产品、产成品、现金等流动资产的投资。

(3) 原有固定资产变价收入。这里主要是指固定资产更新时将原有固定资产变卖所获得的现金收入。

2. 营业现金流量

营业现金流量是指投资项目使用期内由于生产经营活动所带来的现金流量。这种现金流量一般按年度进行计算。其现金流入一般是指营业现金流入,现金流出是指营业现金流出。若一个投资项目在其使用期内每年销售收入等于营业现金流入,付现成本等于营业现金流出,那么,营业现金净流量可按如下公式进行计算:

营业现金净流量 = (营业收入 − 付现成本 − 折旧) × (1 − 所得税税率) + 折旧

或:

营业现金净流量 = 净利润 + 折旧

3. 终结现金流量

终结现金流量是指投资项目使用期满时所发生的现金流量。主要包括：

（1）固定资产残值收入或变价收入；

（2）垫支流动资金收回。

（三）现金流量计算

[例5-7] 中兴公司现有A、B两个固定资产投资项目。A项目需要投资1000万元，采用直线法计提折旧，使用期5年，无残值；在该项固定资产使用期内每年销售收入为600万元，付现成本为200万元。B项目需要投资1200万元，也是采用直线法计提折旧，使用期5年，残值200万元；该项固定资产使用期内每年销售收入为800万元，付现成本第一年为300万元，以后每年增加40万元。该项投资需要垫支流动资金300万元。若该企业所得税税率是25%，要求计算两个投资项目的现金流量是多少？

为了计算现金流量，必须首先计算两个投资项目使用期内年折旧额：

$$A 项目年折旧额 = \frac{1000}{5} = 200（万元）$$

$$B 项目年折旧额 = \frac{1200 - 200}{5} = 200（万元）$$

然后，根据上述资料计算两个投资项目营业现金流量；最后，根据营业现金流量、初始现金流量和终结现金流量确定两个投资方案现金流量。营业现金流量和现金流量计算表分别如表5-2、表5-3所示。

表5-2 　　　　　　　投资项目营业现金流量计算表　　　　　　　单位：万元

	年数	1	2	3	4	5
A项目	营业收入	600	600	600	600	600
	付现成本	200	200	200	200	200
	折旧	200	200	200	200	200
	所得税	50	50	50	50	50
	净利润	150	150	150	150	150
	营业现金净流量	350	350	350	350	350
B项目	营业收入	800	800	800	800	800
	付现成本	300	340	380	420	460
	折旧	200	200	200	200	200
	所得税	75	65	55	45	35
	净利润	225	195	165	135	105
	营业现金净流量	425	395	365	335	305

表 5-3　　　　　　　　　　投资项目现金流量计算表　　　　　　　　　　单位：万元

	年　　数	0	1	2	3	4	5
A 项目	固定资产投资	-1000					
	营业现金净流量		350	350	350	350	350
	现金流量合计	-1000	350	350	350	350	350
B 项目	固定资产投资	-1200					
	垫支流动资金	-300					
	营业现金流量		425	395	365	335	305
	固定资产残值						200
	垫支流动资金收回						300
	现金流量合计	-1500	425	395	365	335	805

在表 5-2 和表 5-3 现金流量计算中，为了简化计算，一般都假定各年投资在年初一次进行，各年营业现金流量看作各年年末一次发生，把终结现金流量看作最后一年年末发生。

四、资金成本

（一）资金成本概念

资金成本是企业为了筹集和使用资金而支付的各种费用或代价，是衡量企业投资是否可行的重要因素之一。应该指出的是，企业资金成本的高低，最终要决定于资金市场、投资项目风险程度、企业资产状况及资金结构等一系列重要因素。一般而言，企业投资风险越大，投资者要求应得的必要报酬就越高。资金成本在投资决策分析中通常被看作是投资项目的最低报酬率，也就是"极限利率"。任何投资项目如果预期获利水平不能达到这个报酬率都将舍弃；相反，如能超过这个报酬率，这个方案就应该被采纳。资金成本是投资项目的"取舍率"。

（二）资金成本计算

在实际工作中，由于企业资金来源是多渠道的，从而使资金成本的构成也具有多样性。资金成本的确定，通常是由企业管理当局先按资金不同来源，根据银行挂牌利率、证券实际利率、股东权益获利水平、所得税税率、投资项目风险程度等一些因素分别进行计算确定，而后，根据各项资金来源所占全部资金比重及其资金成本综合计算加权平均资金成本。

1. 个别资金成本

由于企业资金的来源和取得方式不同，其成本含量自然不会相同。个别资金成本是指各种融资方式所筹资金的成本。其中主要包括长期借款成本、债券成本、优先股成本、普通股成本和留存收益成本，前两者可统称为负债资金成本，后三者统称为所有者权益资金成本。

（1）长期借款成本。长期借款成本是指借款利息和筹资费用。由于借款利息通常要计入税前成本费用，因而具有抵减所得税支出的效应。长期借款成本计算公式为：

$$K_i = \frac{I(1-T)}{L(1-f)}$$

式中：K_i——长期借款成本；

　　　I——长期借款年利息；

　　　L——长期借款额；

　　　T——所得税税率；

　　　f——长期借款筹资费率。

（2）债券成本。发行债券的成本主要指债券利息和筹资费用。债券利息的处理也是在税前支付，具有抵减所得税支出效应。因此，应以税后的债券成本作为计算依据。债券的筹资费用一般较高，这类费用主要包括手续费、注册费、印刷费、上市费及推销费等，在计算资金成本时不可省略。债券成本的计算公式为：

$$K_b = \frac{I(1-T)}{B(1-f)}$$

式中：K_b——债券成本；

　　　I——债券每年实际利息；

　　　B——债券筹资额；

　　　f——债券筹资费率；

　　　T——所得税税率。

[**例 5-8**] 中兴公司发行一种期限为 10 年的债券，债券面值为 1000 万元，票面利率为 12%，每年付一次利息，筹资费率为 3%，所得税税率为 25%，债券按面值等价发行。

该种债券成本计算如下：

$$K_b = \frac{1000 \times 12\% \times (1-25\%)}{1000 \times (1-3\%)} \times 100\% = 9.28\%$$

计算结果表明，每发行 100 元债券须支付 9.28 元的债券成本。

（3）优先股成本。企业发行优先股既要支付筹资费用，又要定期支付固定的股利，在这两个方面与发行债券基本相似；所不同的是，发放股利在税后利润中支付，不能享受抵减所得税支出的利益；同时，优先股没有既定的到期日，除非企业在必要时可用现金赎回一部分。另外，企业破产清算时，优先股股东对企业剩余财产的求偿权位于债券持有者之后。这些反映了优先股的风险要大于债券，故优先股成本一般要高于企业债券。优先股成本的计算公式为：

$$K_p = \frac{D_p}{P_p(1-f)}$$

式中：K_p——优先股成本；

　　　D_p——优先股年股利；

　　　P_p——优先股筹资额；

　　　f——优先股筹资费率。

[**例 5-9**] 中兴公司按面值发行 100 万元的优先股股票，其筹资费率为 4%，每年支付 12% 的股利。

该种优先股成本计算如下：

$$K_p = \frac{100 \times 12\%}{100 \times (1-4\%)} \times 100\% = 12.5\%$$

计算结果表明，每发行 100 元优先股股票须支付 12.5 元的优先股成本。

(4) 普通股成本。由于普通股没有固定的股利，普通股股东每年获得的报酬取决于企业经营状况和经济效益的高低，具有较大的不确定性，这就为其成本的计算带来了一定的难度。另外，企业筹资和投资决策都会影响普通股收益。因而，普通股成本的计算存在着多种不同的方法，但其主要方法是估价法。这种方法是利用估价普通股现值的公式，来计算普通股成本的一种方法，其计算公式为：

$$K_c = \frac{D_1}{P_c(1-f)} + g$$

式中：K_c——普通股成本；

D_1——普通股第一年发放的股利；

P_c——普通股筹资额；

f——普通股筹资费率；

g——股利年增长率。

[例 5-10] 中兴公司普通股每股发行价为 10 元，筹资费率为 5%，预计第一年年末每股发放股利 1.2 元，以后每年增长 4%。

该种普通股成本计算如下：

$$K_c = \frac{1.2}{10 \times (1-5\%)} \times 100\% + 4\% = 16.63\%$$

计算结果表明，发行 100 元的普通股股票须支付 16.63 元的普通股成本。

(5) 留存收益成本。留存收益是指企业净利润减除支付股利之后的剩余部分，是企业的可用资金，它属于普通股股东所有。由于在一般情况下企业并不会把当年全部收益以股利形式分配给股东，客观上使得留存收益成为企业资金的一种重要来源。留存收益相当于股东对企业进行了追加投资，股东对这部分投资与以前缴给企业的股本一样，也要求有一定的报酬，报酬水平至少不低于股东现有股本的报酬水平。由此可见，留存收益也有成本存在。留存收益成本的计算与普通股基本相同，只是不考虑筹资费用而已。其计算公式为：

$$K_r = \frac{D_1}{P_c} + g$$

式中：K_r——留存收益成本。

企业破产清算时，对于剩余财产的求偿权普通股股东位于最后。与其他投资者相比，普通股股东所承担的风险最大。因此，普通股的投资报酬也应该最高。在企业各种资金来源中，普通股的成本是最高的。

2. 加权平均资金成本

由于受法律、风险等多种因素的约束，企业不可能只是使用单一的资金来源。虽然债务资金的成本一般低于自有资金成本，但负债率超过一定范围就将抬高债务资金成本。因此，除了计算个别资金成本外，还须从企业整体的角度出发，计算加权平均资金成本，以便进行科学的投资决策。

加权平均资金成本是以各项资金来源在企业资金总额中所占比重为权数，对各项资金成本进行加权平均计算而得出的资金成本,又称综合资金成本。其高低除取决于个别资金成本这一重要因素外,还取决于各种资金来源占全部资金的比重这一重要因素。加权平均资金成本计算公式为:

$$K_w = \sum_{j=1}^{n} K_j W_j$$

式中:K_w——加权平均资金成本;

W_j——第 j 种资金占资金总额的比重;

K_j——第 j 种资金的成本。

[例 5-11] 中兴公司资金来源总额为 100 万元,其中债券 30 万元,优先股 10 万元,普通股 40 万元,留存收益 20 万元;各种资金成本分别为:债券 6%,优先股 12%,普通股 15.5%,留存收益 15%。

计算该企业加权平均资金成本为:

$$K_w = \frac{30}{100} \times 6\% + \frac{10}{100} \times 12\% + \frac{40}{100} \times 15.5\% + \frac{20}{100} \times 15\% = 12.2\%$$

计算结果表明,筹集 100 元各种来源的资金,须支付 12.2 元加权平均资金成本。

资金成本在投资决策中非常重要,它可以判断投资项目是否有利可图,可以用来评价一个投资方案是否可行。也就是说,如果投资项目预期获利水平低于资本成本,该投资方案应舍弃;反之,如果投资项目预期获利水平高于资本成本,该投资方案则是可行方案。

第三节 投资决策的一般方法

在投资决策中,分析和评价备选方案优劣的专门方法很多,但主要分为两类:贴现分析方法和非贴现分析方法。

贴现分析方法也称动态评价方法,是把现金流入量、现金流出量和货币时间价值这三个基本因素相互联系起来进行投资方案分析评价的方法。这类方法中最常用的有净现值法、现值指数法和内含报酬率法三种。由于投资决策涉及的时间长,而不同时期的现金流量又具有不同的价值,因而采用这类方法都要结合货币时间价值,把备选方案中不同时间点上的现金流量折算成同一时间点的现金流量,然后进行对比研究并作出选择。非贴现分析方法也称静态评价方法。这类方法把不同时期的现金流量看作是等效的,主要包括投资回收期法、平均投资报酬率法等。应用这类方法对投资方案进行评价时,只能起一定的辅助作用。在投资决策中,贴现分析方法是第一位方法,非贴现分析方法属于第二位方法。

一、投资回收期法

投资回收期法是通过分析备选方案回收期长短来决策方案是否可行的方法。一般来说,由于市场竞争所造成的不确定性因素较多,投资回收期的长短直接影响到投资回收的风险程度。投资回收期是指以投资项目的各年营业现金净流量收回该项投资所需的时间。投资回收期越短,投资所冒风险就越小,投资方案就越有利;反之,投资回收期越长,投资所冒风险越大,投资方案越不利。

投资回收期的计算方法,由于各年营业现金净流量不一定相等而各有所差异。如果每年的营业现金净流量相等,则投资回收期按下述公式计算:

$$投资回收期 = \frac{原始投资额}{每年营业现金净流量}$$

需要说明的是,由于最后一年现金净流量涉及固定资产残值收入和垫支流动资金收回问题,因此,需要并入最后一年营业现金净流量一并计算。公式中"每年营业现金净流量"可按平均值计算。

如果每年营业现金净流量不相等,那么,计算投资回收期要根据每年年末尚未收回的投资额加以确定,其计算公式为:

$$投资回收期 = \frac{已收回多数投资额}{的当年年数} + \frac{当年尚未收回投资额}{次年营业现金净流量}$$

[例 5 – 12] 中兴公司进行固定资产投资,现有甲、乙两个方案可供决策人进行选择,资金成本为 10%,有关现金流量资料如表 5 – 4 所示。

由于甲方案每年营业现金净流量相等,故其投资回收期直接按照公式计算如下:

$$甲方案投资回收期 = \frac{1000}{320} = 3.13 \text{(年)}$$

乙方案由于每年营业现金净流量不相等,所以应该先计算各年尚未收回投资额,其计算结果如表 5 – 5 所示。

表 5 – 4　　　　　　　　　　甲、乙方案现金流量表　　　　　　　　　　单位:万元

	年　　数	0	1	2	3	4	5
甲方案	固定资产投资	−1000					
	营业现金净流量		320	320	320	320	320
	现金流量合计	−1000	320	320	320	320	320
乙方案	固定资产投资	−1200					
	垫支流动资金	−300					
	营业现金净流量		380	356	332	308	284
	固定资产残值						200
	垫支流动资金收回						300
	现金流量合计	−1500	380	356	332	308	784

表 5 – 5　　　　　　　　　　乙方案未收回投资额计算表　　　　　　　　　　单位:万元

年　　数	每年营业现金净流量	年末尚未收回投资额
	(原始投资额)	1500
1	380	1120
2	356	764
3	332	432
4	308	124
5	784	

$$\text{乙方案投资回收期} = 4 + \frac{124}{784} = 4.16 \text{（年）}$$

投资回收期法计算比较简便，也容易理解和把握，但由于这一方法没有考虑货币时间价值，因而还不能完全说明投资方案的优劣。它是评价备选方案优劣的第二位方法。

二、平均投资报酬率法

平均投资报酬率法是通过分析备选方案投资报酬率水平高低来决策方案是否可行的方法。平均投资报酬率是指一项投资方案在其寿命周期内的年平均现金流量与原始投资额之比。在采用该项指标进行投资方案分析评价时，应事先确定一个企业要求达到的最低投资报酬率。只有平均投资报酬率高于这个水平，投资方案才能成为备选方案。否则，应当舍弃。在多个备选方案中，平均投资报酬率最高的方案也就是最优的方案。平均投资报酬率的计算方法很多，其中最常见的计算公式是：

$$\text{平均投资报酬率} = \frac{\text{年平均现金流量}}{\text{原始投资额}} \times 100\%$$

[例 5 – 13] 根据 [例 5 – 12] 资料，计算甲、乙两个投资方案平均投资报酬率如下：

$$\text{甲方案平均投资报酬率} = \frac{320}{1000} \times 100\% = 32\%$$

$$\text{乙方案平均投资报酬率} = \frac{(380 + 356 + 332 + 308 + 784) \div 5}{1500} \times 100\% = 28.8\%$$

平均投资报酬率法虽然具有计算简便的优势，但由于没有考虑货币时间价值，因此，在这个方法中，投资方案第一年和最后一年的现金流量被看作是具有同等的价值。采用这种方法往往会作出错误的选择。

三、净现值法

对于任何一项投资决策，企业管理当局总是期望未来所获得报酬总额要比原始投资更多一些，但未来得到报酬的现金流入量和原始投资额的现金流出量发生在不同时期。根据货币时间价值观点，不同时期货币的价值是不相等的，因此，这两类金额只有统一在一个时间点上才能进行对比。把投资方案未来期间不同时间点所能够获得的各种报酬按照资金成本折算为总现值，然后与原始投资额折算的现值进行抵减，其差额就是净现值。净现值是指按资金成本所计算的未来报酬总现值减去原始投资额现值之后的余额。

净现值的计算过程如下：

第一步，计算每年营业现金净流量。

第二步，根据资金成本计算营业现金净流量现值。这里分为两种情况：若每年营业现金净流量相同，按年金法计算现值；若每年营业现金净流量不相同，则需要按复利法对每年营业现金净流量分别计算现值，然后加以合计。

第三步，计算终结现金流量现值。

第四步，计算未来报酬总现值。

未来报酬总现值 = 营业现金净流量现值 + 终结现金流量现值

第五步，计算净现值。

净现值 = 未来报酬总现值 - 原始投资额现值

净现值法的决策规则是：在只有一个备选方案的决策中，净现值为正数，则说明该投资方案投资报酬大于原投资额，该方案可行；反之，则不可行。在有多个备选方案的互斥选择决策中，应该选用净现值是正值中的最大者。净现值越大，方案越优。

[例 5 - 14] 根据 [例 5 - 12] 资料，计算甲、乙两个投资方案净现值，并作出方案选择。

甲投资方案每年营业现金净流量相等，可用公式直接计算：

　　　　甲投资方案净现值 = 320 × 3.791 - 1000 = 1213.12 - 1000 = 213.12（万元）

乙投资方案每年营业现金净流量不相等，可以通过列表计算，如表 5 - 6 所示。

表 5 - 6　　　　　　　　　乙投资方案净现值计算表　　　　　　　　　单位：万元

年　　数	每年营业现金净流量	复利现值系数	现　　值
1	380	0.909	345.42
2	356	0.826	294.06
3	332	0.751	249.33
4	308	0.683	210.36
5	784	0.621	486.86
未来报酬总现值			1586.03
减：原始投资额			1500
净现值			86.03

从表 5 - 6 计算结果可以看出，两个投资方案净现值均大于零，都是可行方案。但由于甲投资方案净现值大于乙方案，故该企业应该选择甲方案进行投资。

净现值法的优点是考虑了货币时间价值，能够比较客观地反映各个投资方案的真实收益；缺点是不能揭示方案本身能够达到的实际投资报酬率水平。

四、现值指数法

现值指数是投资项目未来报酬总现值与原始投资额现值之比。其计算公式为：

$$现值指数 = \frac{未来报酬总现值}{原始投资额现值}$$

现值指数法的决策原则是：在只有一个备选方案的投资决策中，若现值指数大于或等于 1，就应该接受这个方案。反之，就放弃这个方案。在有多个备选方案的互斥选择决策中，应该采用现值指数超过 1 最多的备选方案。现值指数越大，方案就越优。

[例 5 - 15] 根据 [例 5 - 12] 资料，计算甲、乙两个投资方案现值指数，并作出方案选择。

$$甲投资方案现值指数 = \frac{1213.12}{1000} = 1.21$$

乙投资方案现值指数 = $\dfrac{1586.03}{1500}$ = 1.06

甲、乙两个投资方案现值指数都大于1，故两个投资方案都是可行方案。但甲投资方案现值指数高于乙投资方案，应该选择甲投资方案。

现值指数法的优点是能够在考虑货币时间价值和不同投资规模情况下，较为真实地反映各个备选方案的获利水平。缺点是不能揭示方案本身能够达到的实际投资报酬率水平是多少。

五、内含报酬率法

内含报酬率是指一项长期投资方案在其寿命周期内按现值计算的实际可能达到的投资报酬率水平，也称内部收益率，其基本原理就是根据这个报酬率对投资方案的全部现金量进行折现，使未来报酬总现值正好与该方案原始投资额现值相等。因此，内含报酬率是使投资项目净现值等于零的贴现率。根据内含报酬率这一评价指标进行项目投资决策分析的方法称为内含报酬法。对某一投资项目，如果内含报酬率大于预定的折现率，说明项目是可行的；如果内含报酬率小于预定的折现率，则项目不可行。如果有几个可行的投资项目，应选择内含报酬率较高的投资项目。

内含报酬率计算方法，因各年营业现金净流量不一定相等而有所不同。

若每年营业现金净流量相等，可按如下步骤计算：

第一步，计算年金现值系数：

$$年金现值系数 = \dfrac{原始投资额}{每年营业现金净流量}$$

第二步，查年金现值系数表，在相同期数内找出与上述年金现值系数相邻的较大和较小的两个年金现值系数及相应的贴现率。

第三步，根据上述年金现值系数及贴现率资料，用插值法计算该投资方案内含报酬率。

若每年营业现金净流量不等，则需要按照下列步骤进行计算：

第一步，先估计一个贴现率，并按此贴现率计算净现值。如果是正数，则表示估计的贴现率小于该方案实际内含报酬率。此时，应该提高贴现率继续进行测算。反之，如果计算出净现值是负数，则表明估计的贴现率大于该方案的实际内含报酬率，应降低贴现率继续测试。经过反复测算，找到净现值由正到负并接近于零的两个贴现率。

第二步，根据上述两个相邻贴现率及按此贴现率计算的净现值，用插值法计算内含报酬率。

内含报酬率的决策原则是：在只有一个备选方案的决策中，内含报酬率大于或等于资金成本（或最低投资报酬率），就采纳该方案，反之则放弃。在有多个备选方案的互斥选择决策中，应选择内含报酬率大于资金成本（或最低投资报酬率）最多的方案。内含报酬率越高，方案越优。

［例5-16］根据［例5-12］资料，计算甲、乙两个投资方案内含报酬率，并作出方案选择。

由于甲投资方案每年营业现金净流量相等，应采取如下计算方法：

$$\text{甲投资方案年金现值系数} = \frac{1000}{320} = 3.125$$

查年金现值系数表，第 5 期和 3.125 相邻的两个年金现值系数在 18% ~ 19% 之间，用插值法计算如下：

贴现率　　　　　　　　　　　年金现值系数

$$\left.\begin{array}{l}18\%\\x\\19\%\end{array}\right\}\left.\begin{array}{l}x-18\%\\\end{array}\right\}1\%\qquad\left.\begin{array}{l}3.127\\3.125\\3.058\end{array}\right\}\left.\begin{array}{l}-0.002\\\end{array}\right\}0.069$$

因为：$\dfrac{x-18\%}{1\%} = \dfrac{-0.002}{-0.069}$

所以：$x = 18.03\%$

甲投资方案内含报酬率为 18.03%。

乙投资方案每年营业现金净流量不相等，因此需要逐次测算，测算过程及结果，如表 5-7 所示。

表 5-7　　　　　　　　乙投资方案内含报酬率测算表　　　　　　　　单位：万元

年　数	每年营业现金净流量	按 11% 贴现率计算		按 12% 贴现率计算	
		复利现值系数	现　值	复利现值系数	现　值
（投资额）	-1500	1	-1500	1	-1500
1	380	0.901	342.38	0.893	339.34
2	356	0.812	289.07	0.797	283.73
3	332	0.731	242.69	0.712	236.38
4	308	0.659	202.97	0.636	195.89
5	784	0.593	464.91	0.567	444.53
净现值			42.02		-0.13

在表 5-7 中，先按贴现率 11% 测算，计算净现值的结果是正数，说明所估计的贴现率 11% 要比该投资方案内含报酬率小一些；然后把贴现率提高到 12% 进行第二次测算，其净现值计算结果是负数，说明所估计贴现率 12% 要比实际内含报酬率大一些。那么，该方案内含报酬率应该介于 11% ~ 12% 之间。

用插值法计算乙投资方案内含报酬率如下：

贴现率　　　　　　　　　　　年金现值系数

$$\left.\begin{array}{l}11\%\\x\\12\%\end{array}\right\}\left.\begin{array}{l}x-11\%\\\end{array}\right\}1\%\qquad\left.\begin{array}{l}42.02\\0\\-0.13\end{array}\right\}\left.\begin{array}{l}-42.02\\\end{array}\right\}-42.15$$

因为：$\dfrac{x-11\%}{1\%} = \dfrac{-42.02}{-42.15}$

所以：$x = 11.997\%$

乙投资方案内含报酬率为 11.997%。

两个投资方案内含报酬率均高于预计投资报酬率,均为可行方案;但甲投资方案内含报酬率高于乙方案,应该选择甲方案进行投资。

第四节 固定资产更新改造决策分析

一般说来,固定资产更新是指企业重新购置或建造某项固定资产;而固定资产改造在相当程度上是在其使用一定时期后,为了适应新的生产工艺、新的技术或新的质量要求而进行的。改造一个旧固定资产在投资金额上,一般要低于重新购置或建造一项固定资产的支出,但其技术性能又可能不如重新购置或建造的固定资产。因此,在对企业现有固定资产进行更新或改造的选择中,必须分析研究两者的相关收入和相关成本。因为它们都将影响到该项固定资产未来现金流量的变化。

如果两个方案所带来的营业收入是相同的,那么在决策分析中只需比较两个方案的差量成本;若两个方案所涉及固定资产使用年限相同,就可以直接通过净现值来对两个方案进行差量分析,并最终确定固定资产是实施更新有利还是进行改造更优。

[例5-17] 中兴公司准备对一条生产线进行更新或技术改造。两者基本情况是:

如更新生产线需支付买价和安装成本共计600000元;新生产线使用期限为10年,使用期满后残值为40000元;更新生产线后每年付现成本为100000元;预计在购置后的第5年年末还需大修一次,大修理开支30000元。更新生产线可将旧生产线作价出售,估计可得价款70000元。

若对生产线进行技术改造,则需支出200000元;但第5年年末大修开支将会达到80000元;改造后生产线使用期限也是10年,使用期满后残值为26000元;改造生产线后每年付现成本为180000元。

要求:采用净现值法对该企业现有生产线作出更新或改造的决策分析。

由于对生产线进行改造后继续使用年限和更新生产线使用年限相同,故可以采用差量进行分析:

(1) 更新生产线比改造生产线付现成本节约额:
180000 - 100000 = 80000(元)
(2) 更新生产线比改造生产线大修成本节约额:
80000 - 30000 = 50000(元)
(3) 更新生产线比改造生产线增加残值收入:
40000 - 26000 = 14000(元)
(4) 更新生产线比改造生产线增加现金流量总现值:
80000 × 6.145 + 50000 × 0.621 + 14000 × 0.386 = 528054(元)
(5) 更新生产线比改造生产线增加的净现值:
528054 - (600000 - 200000 - 70000) = 198054(元)

计算结果表明,更新生产线比改造生产线增加净现值收入198054元,企业应该选择更新生产线方案。

在实际工作中由于更新生产线和改造生产线的使用年限并不相同,因而在决策分析时必须首先按照资金成本将各年相关的现金流量折算成相关的年现金流量,并计算出年均成本。而后,选择年均成本较低的备选方案作为较优方案。

在管理会计中,固定资产改造成本应作为未来期间该项资产能够继续使用而支付的成本来处理。在计算年均成本时,应将固定资产改造期间的所有支出都按照资金成本折算成决策当期的现值,然后再除以年金现值系数折算为所需要的年均成本。

更新固定资产的年均成本计算,主要涉及资产成本和残值两个问题。由于资产成本(即某项资产原始投资额减去残值后的余额)本身就是现值,因此在计算年均成本时,只需将资产成本除以年金现值系数,就能直接折算出资产成本的年均成本;资产残值乘以资金成本就能求出残值年均成本。

需要说明的是,无论是改造还是更新固定资产,其成本开支都会通过计提折旧方式计入产品成本,从而造成企业利润减少、所得税少缴的问题。年折旧抵减所得税收入应该视为年均成本降低额处理。

决策分析中,更新固定资产还会涉及成本节约问题。若其各年成本降低额相等,应该按照"年均成本降低额×(1-所得税税率)",计算出更新年均成本降低额。至于更新固定资产所增加的销售额亦可视同为成本降低额来处理。

[例 5-18] 中兴公司有一台生产设备,如果现在进行改造还能继续使用 4 年,为此需支付改造成本 12000 元。如果立即更新可以使用 6 年,但需投资 18900 元。假定更新和改造设备后所生产产品产量、成本和售价都完全相同,固定资产使用期满后均无残值发生,也不存在机会成本,企业资金成本为 10%,所得税税率为 30%。

要求:对该企业生产设备作出更新或改造的决策分析。

$$\text{改造生产设备方案年均成本} = \frac{12000}{3.17} - \frac{12000}{4} \times 30\% = 2885.49 \text{(元)}$$

$$\text{更新生产设备方案年均成本} = \frac{18900}{4.355} - \frac{18900}{6} \times 30\% = 3394.84 \text{(元)}$$

比较两个备选方案年均成本后应该看出,改造设备年均成本要比更新设备节约开支 509.35 元(3394.84-2885.49),故选择改造设备为佳。

第六章 全面预算

思维导图

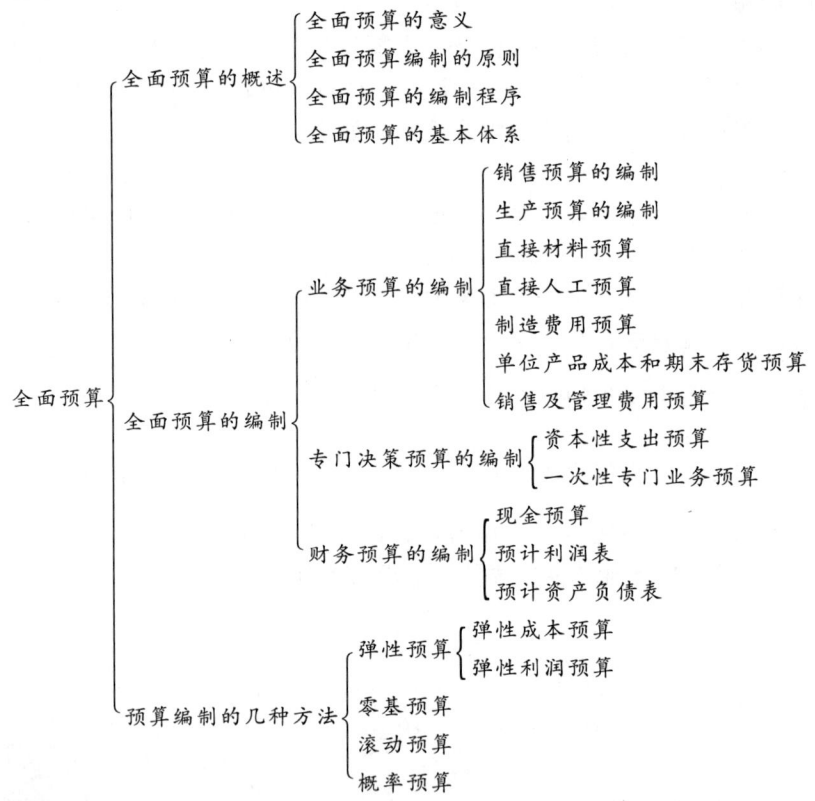

学习目标

理解编制全面预算在企业经营活动中的重要作用。理解全面编算的编制原理。掌握编制生产预算、直接材料预算、直接人工预算、制造费用预算及销售和管理费用预算的方法；掌握编制预算损益表和预算资产负债表，以及现金收支表的方法。此外，还应熟悉弹性预算、零基预算和概率预算等编制预算的其他方法。

第一节 全面预算概述

一、全面预算的意义

(一) 全面预算的定义

企业为了充分地运用有限的人力、物力和财力资源，实现既定的目标，需要企业所有职能部门（包括销售、生产、采购、运输、财务等）相互配合，协调行动，即用编制全面预算的办法来规划与控制企业未来的经济活动，实行全面预算管理。

全面预算是通过企业内外部环境的分析，在预测与决策基础上，调配相应的资源，对企业未来一定时期的经营和财务等做出一系列具体计划的一个完整体系。

(二) 全面预算的分类

（1）全面预算按其涉及的预算期，分为长期预算（如长期销售预算和资本预算，有时还包括长期资本筹措预算和研究与开发预算）和短期预算（如直接材料预算、现金预算等）。

（2）全面预算按其涉及的内容，分为专门预算（如直接材料预算、制造费用预算）和综合预算（资产负债表预算和利润表预算）。

（3）全面预算按其涉及的业务活动领域，分为投资预算（如资本预算）、营业预算（或称经营预算，包括销售预算、生产预算、成本预算等）和财务预算（包括利润表预算、现金预算和资产负债表预算等）。

(三) 全面预算的意义

全面预算的意义主要表现在以下几个方面：

1. 明确部门未来的经营目标

企业的总体经营目标，需要各职能部门的共同努力才能实现。各部门在实现经营目标过程中所要做的工作，需要通过全面预算的编制与分解落实来实现。也就是说，通过全面预算的编制，企业总体经营目标得以分解、落实，并为企业整体及其各职能部门确定了明确的目标和任务，使各职能部门明确各自在业务量、成本、收入、效益等方面应达到的水平，并据以规划和控制各自的经营活动。

2. 协调部门的目标认识

企业各职能部门是相对独立的，各部门的工作往往从自己部门的角度出发，容易造成相互间不协调，甚至扯皮。编制全面预算可以使企业各部门统筹兼顾，顾全大局，将各部门各自的经营目标和企业总目标有机地统一起来，使企业内各部门成为相互协调、平衡的整体。

3. 控制部门的经济活动

企业各部门的经济活动要经常进行分析和控制，使各部门的工作符合实现总体目标的需要，而对各部门的经济活动进行分析、控制的依据就是全面预算。因此，合理、科学的全面预算可纠正各部门日常工作中的偏差，挖掘潜力，降低成本费用，提高经济效益，并确保全面预算中各项目标的完成。

4. 考核部门的工作业绩

企业对各部门的工作必须定期考核，以便评价各部门的工作业绩。其目的在于激发人们参与经营活动的积极性。通过考核、评价，从中找出差距，制定改进措施，进一步提高各部门的工作质量。在当今科学技术迅速发展，市场竞争激烈，劳动条件多变的情况下，在考核评价工作业绩时，以实际与预算比较要比本期实际与上期实际比较更具有现实意义。

总之，全面预算不仅明确了企业奋斗的总目标，而且对整体规划作了具体的数量说明，并规定了预定目标的方法。企业可以在各职能部门的协调、配合下全面实现按照预算规定的目标，争取最佳经济效益。

二、全面预算编制的原则

（一）实事求是的原则

实事求是就是以企业所确定的经营目标为前提，不盲目、不浮夸，各项数据真实可靠，切实可行。目标利润确定后，再根据市场供求情况确定目标成本，据此编制销售预算、生产预算、成本预算等。

（二）全面、完整的原则

全面预算不仅要有货币量度，而且还必须包括销售量、生产量、材料消耗量、动力消耗量、直接劳动时间等指标计量形式。在编制预算时，应全面、完整地考虑这些指标，并使各项指标之间相互衔接、勾稽关系明确，以保证整个预算的综合平衡。

（三）科学、合理的原则

预算的各项指标既要有先进性，又要有可操作性。既不要盲目地抬高、夸大预算指标，也不要消极地压低预算指标。另外，预算指标应留有余地，或者说有一点弹性，以适应多变的市场环境。留有余地更能使预算指标具有一定的空间，使指标的完成更具可靠性。

（四）市场导向原则

整个预算的编制要面向市场，预算要建立在充分的市场预测和市场分析的基础上，充分反映企业综合实力，如销售预测、销售费用计划、市场营销计划、采购成本等等，立足于树立竞争优势。

（五）量入为出原则

预算目标的确定要与企业的实际情况相符合，编制预算支出时要充分考虑到预算收入的状况，尽可能保证收支平衡或者对于收支差额心中有数。预算的编制要适当留有余地，也就是要充分估计目标实现的可能性，不能把预算指标定得过高或过低，为了应付实际情况的千变万化。预算又必须具有一定灵活性，以免在意外事项发生时影响目标的实现。预算目标尺度的把握应当既对经营者和各级管理人员具有一定压力，又可以让经营者和多数管理人员经过努力能够完成预算，从而使预算有足够的激励性。

（六）战略一致原则

预算的编制必须与企业中长期战略或发展规划保持一致，尽量避免预算与企业战略目标相背离的短期行为。预算应通过对战略规划在年度、季度、月度等时间序列上的明确，通过分析环境的变化和企业自身的强项弱项，有效落实实现经营目标的策略和措施。

（七）上下结合原则

预算目标的确定要按照从下到上再从上到下的程序，充分考虑企业上下各个层面的意见，既保证战略目标的实现，也兼顾各部门的情况及员工的意见。

三、全面预算的编制程序

企业应成立一个预算编制委员会（小组），该委员会通常由销售、生产、财务等职能部门的主管人员组成。总会计师或者财务主管负责预算的规划以及有关预算资料的汇总和修订。全面预算的编制程序一般如下：

（一）拟定和下达预算的方针、政策

企业决策机构根据长期规划，利用本量利的分析工具提出企业一定时期总目标，并下达规划指标。预算的方针、政策是企业在预算期内经济方针、政策的具体体现，它是编制企业综合预算和分项预算的基准和大纲，它规定了企业在预算期内诸如资本利润率、成本利润率等经营活动总体目标和对各职能部门工作的总要求。

（二）草拟分项预算

各业务部门在领会企业预算编制的总体方针和总目标之后，编制各业务部门预算草案。

（三）编制总体预算

预算委员会对各业务部门送来的分项预算经过反复协调、平衡，汇总成综合预算，报送企业高层审批。

（四）批准预算，并下达执行

企业最高层对全面预算进行审批、修订、综合平衡后以书面形式向各部门下达，各部门收到正式的全面预算后予以执行。全面预算在执行过程中应随时检查考核其执行情况，

促使各有关部门协调一致地完成预算所确定的目标和任务。

四、全面预算的基本体系

全面预算通常是由三个部分组成，包括业务预算、财务预算和专门决策预算。

业务预算是全面预算的基础，它是企业日常发生的具有实质性的基本活动的预算。业务预算包括：销售预算、生产预算、直接材料预算、直接人工预算、制造费用预算、单位产品成本和期末存货预算、销售和管理费用预算等。

财务预算是指企业在预算期内，反映有关预计现金收支、经营成果和财务状况的预算。财务预算包括：现金预算、预计资产负债表、预计损益表等。

专门决策预算是指企业非常规预算，它是企业在预算期内不经常发生的、一次性经济活动所编制的预算。专门决策预算主要包括：资本支出预算、资金筹措及股利发放等预算。

企业的全面预算涉及企业经营活动的各个方面，它是以本企业的经营目标为出发点，通过对市场需求的调查和预测，以销售预测为主导，并延伸到生产、成本、费用和资金等方面的预算，最后编制预计的财务报表的一种预算体系，从这一意义上说财务预算称得上"总预算"。企业各个部门的预算、每一项指标、每一个数据都紧紧围绕企业的目标利润来制定。全面预算是一个完整的体系，各种预算之间的关系，如图 6-1 所示。

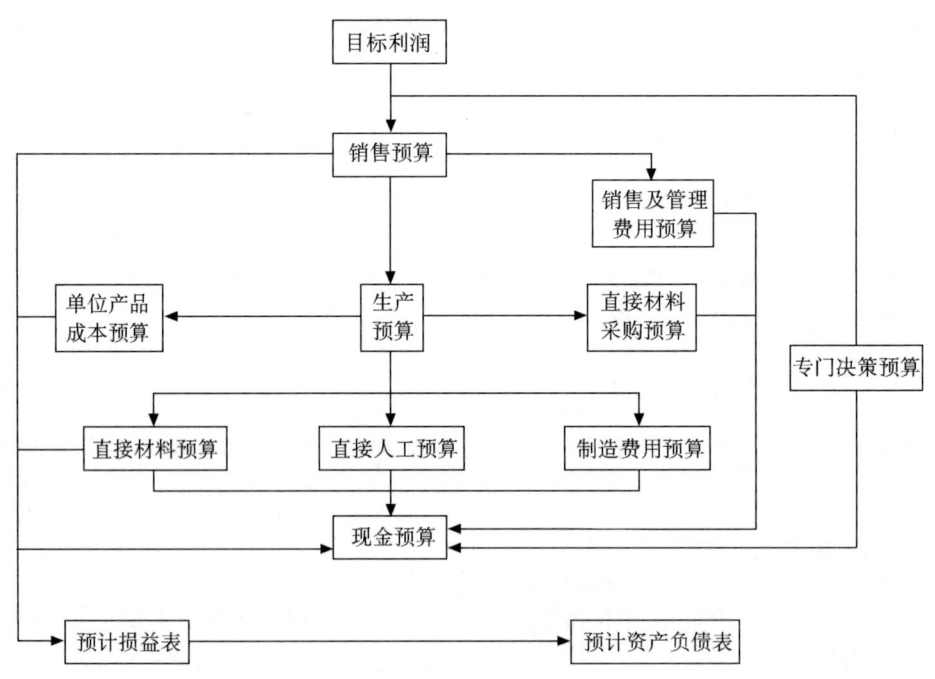

图 6-1 全面预算体系图

第二节 全面预算的编制

一、业务预算的编制

业务预算是指企业日常发生的各种具有实质性的基本活动的预算。它主要包括销售预算、生产预算、直接材料采购预算、直接人工预算、制造费用预算、单位成本预算、销售及管理费用预算等。

(一) 销售预算的编制

销售预算是编制全面预算的关键，它是由"以销定产"的经营指导思想所决定的。在销售预算的基础上就可以相应地确定产品生产数量，计算确定材料采购、直接人工、设备和资金需要量，并预计相关的成本费用和其他财务支出等。生产预算、直接材料预算、直接人工预算、销售及管理费用的预算和财务预算等都以销售预算为基础。如销售预算编制不当，则整个预算体系失去现实意义。

1. 销售预算的编制方法

(1) 自上而下：主管按公司战略目标对可利用的费用进行了解，根据目标和活动，选择一种或多种决定预算水平的方法举例预测，分配给各部门。

(2) 自下而上：销售人员根据上年度预算，结合前一年度的销售配额，用习惯的方法计算出预算，提交销售经理。

销售预算一方面为其他预算提供基础，另一方面，销售预算本身就可以起到对企业销售活动进行约束和控制的作用。销售预算是为公司战略目标的实现而设置，公司的战略目标会根据环境变化而调整，所以，预算不是一成不变的。我们应随市场而变，预算并不是一项约束条件，而是一件应付挑战的工具。

2. 销售预算的作用

财务计划是一个连续的过程，它对于计划中涉及到各方的交流与沟通起着重要的作用。预算是计划的工具，也是实际工作的控制基准。预算主要有以下作用：

(1) 预算使销售机会、销售目标、销售定额清晰化和集中化；

(2) 预算能计划出为达到目标的合理费用投入；

(3) 预算有助于促使各职能部门协调合作；

(4) 预算有助于保持销售额、销售成本与计划结果之间的平衡；

(5) 预算提供了一个评估结果的工具；

(6) 预算通过集中于有利可图的产品、市场区域、顾客和潜在顾客而使收益最大化。

销售预算是为销售活动编制的预算，主要是确定预算期内各种主要产品销售量，它和其他各种预算一样，应按年份分季度进行编制。编制销售预算的主要依据是各种产品的历史销售情况分析，结合市场预测，即各种产品的市场供需情况，分别按产品名称、数量、单价、销售额等进行编制。为了方便编制财务预算，在编制销售预算时，还应包括"预计现金收入表"。现金收入的计算应反映企业全年几个季度的现金收入额。其中,各季度的现金收入额由本季度销售收入所得现金和本季度收到上季度销售收入所得现金两部分组成。

[例 6-1] 某企业生产和销售一种产品,每季度销售收入的 60% 于当季收到现金,其余 40% 于下季度收到现金。2018 年度(预算期)全年四季度预计销售量分别为:4000 件,4500 件,5000 件,4500 件。此外,年初应收账款为 100000 元。

根据以上资料编制销售预算,如表 6-1 所示。

表 6-1 销售预算

2018 年度　　　　　　　　　　　　　　　　　　　　　　　单位:元

项　目		第一季度	第二季度	第三季度	第四季度	全年合计
预计销售量(件)		4000	4500	5000	4500	18000
销售单价(元/件)		50	50	50	50	
预计销售收入(元)		200000	225000	250000	225000	900000
预计现金收入	应收账款(2014.12.31)	100000				100000
	一季度销售收入	120000	80000			200000
	二季度销售收入		135000	90000		225000
	三季度销售收入			150000	100000	250000
	四季度销售收入				135000	135000
现金收入合计		220000	215000	240000	235000	910000

[例 6-2] 依[例 6-1],该企业各季度的期末存货量预计为下一季度销售量的 10%,预算期末存货量为 500 件,预算初期存货量为 400 件。根据以上资料编制生产预算,如表 6-2 所示。

表 6-2 生产预算

2018 年度　　　　　　　　　　　　　　　　　　　　　　　单位:件

项　目	第一季度	第二季度	第三季度	第四季度	全年合计
预计销售量	4000	4500	5000	4500	18000
加:预计期末存货量	450	500	450	500	500
预计需要量合计	4450	5000	5450	5000	18500
减:期初存货量	400	450	500	450	400
预计生产量	4050	4550	4950	4550	18100

(二) 生产预算的编制

生产预算涵盖生产过程。企业由销售预算中得出生产总额和总产量,以满足预算期内预计的销售需要和为下一期准备的存货需要。完成生产总量的需要后,企业就可以制订附属生产预算:

(1) 原材料预算;

(2) 劳动力预算;

(3) 生产间接费用预算。

生产预算的编制，除了考虑计划销售量外，还要考虑现有存货和年末存货，根据生产预算来确定直接材料、直接人工和制造费用预算。产品成本预算和现金预算是有关预算的汇总。

销售预算编制后，就可以根据预计销售量来编制生产预算。生产预算是为了具体规划企业在预算期内生产活动，确定预算期内产品生产的数量。在编制生产预算时，应注意预算期内除必须备有足够的产品以供销售外，还应考虑预算期末的预计存货水平，以免因储备不足而产销脱节，或造成超储积压。生产预算中预计产品生产量可按下列公式计算：

$$\text{预计生产量} = \text{预计销售量} + \text{预算期末预计存货量} - \text{预算期初预计存货量}$$

为了了解现有生产能力是否能够完成预计的生产量，生产设备管理部门有必要再审核生产预算，若无法完成预算委员会可以修订销售预算或考虑增加生产能力；若生产能力超过需求量，则可以考虑把生产能力用于其他方面。

(三) 直接材料预算

直接材料预算亦称直接材料采购预算，它是为直接材料采购活动编制的预算。在生产预算编制以后，就可按具体生产安排来编制直接材料采购预算。编制直接材料预算与编制生产预算一样，也要考虑预算期期初与期末存货（料）水平。要注意采购量、耗用量与库存量之间保持一定的比例，以避免材料供应不足，造成停工停料，或超储积压。预计材料采购量可按下列公式计算：

$$\text{预计材料采购量} = \text{预算期预计生产需要量} + \text{预算期末预计材料库存量} - \text{预算期初预计材料库存量}$$

在材料采购过程中，必然会发生现金支出，因此在编制直接材料采购预算时，还应附上预计现金支出计算表，其中还需包括预算期间各期应付材料款项和现金支出款项。

[例 6-3] 依 [例 6-2]，该企业所购材料款于当季支付80%，其余20%于下季度支付。各季度末材料库存按下一季度生产需要量的15%计算。预算期初、期末材料库存量分别为2600千克、2800千克。年初应付账款金额为12000元。根据以上资料编制直接材料采购预算，如表6-3所示。

表6-3 直接材料预算

2018年度 单位：元

项目	第一季度	第二季度	第三季度	第四季度	全年合计
预计生产量(件)	4050	4550	4950	4550	18100
单位产品材料耗用量(千克)	4	4	4	4	4
材料需要量(千克)	16200	18200	19800	18200	72400
加：期末存料量(千克)	2730	2970	2730	2800	2800
预计材料需要量合计(千克)	18930	21170	22530	21000	75200
减：期初存料量(千克)	2600	2730	2970	2730	2600
预计材料采购量(千克)	16330	18440	19560	18270	72600

续表

项目		第一季度	第二季度	第三季度	第四季度	全年合计
单位材料价格（元/千克）		2.50	2.50	2.50	2.50	2.50
预计材料采购金额		40825	46100	48900	45675	181500
预计现金支出	应付账款（2014.12.31）	12000				12000
	一季度购料款	32660	8165			40825
	二季度购料款		36885	9220		46105
	三季度购料款			39120	9780	48900
	四季度购料款				36540	36540
合计		44660	45050	48340	46320	184370

（四）直接人工预算

直接人工预算是为直接生产工人的人工耗费编制的预算。编制直接人工预算也是以生产预算为基础，即根据预计的生产量和生产单位产品需用的工时，计算出各期所需直接人工小时，再乘以小时工资率，就可以计算出各期预计的直接人工成本。

（1）计算某种产品消耗的直接人工工时：

某产品消耗的直接人工工时 = 单位产品工时定额 × 该产品预计产量

（2）计算某产品耗用的直接工资：

某产品耗用的直接工资 = 单位工时工资 × 该产品消耗的直接人工工时

（3）计算某种产品计提的福利费等其他直接费用：

某种产品计提的其他直接费用 = 某产品耗用的直接工资 × 计提标准

（4）计算预算期某产品的直接人工成本：

预算期某产品的直接人工成本 = 该产品耗用的直接工资 + 计提的其他直接费用

（5）计算预算期直接人工成本现金支出：

直接人工成本现金支出 = 直接工资 + 计提的其他直接费用 × 支付率

[例6-4] 依[例6-3]，该企业单位产品需用直接人工4小时，每小时直接人工工资3.50元。根据以上资料编制直接人工预算，如表6-4所示。

表6-4　　　　　　　直接人工预算

2018年度　　　　　　　　　　　　　　　　　　　　　单位：元

项目	第一季度	第二季度	第三季度	第四季度	全年合计
预计生产量（件）	4050	4550	4950	4550	18100
单位产品直接人工小时	4	4	4	4	4
需用直接人工小时	16200	18200	19800	18200	72400
每小时平均工资率	3.50	3.50	3.50	3.50	3.50
预计直接人工成本	56700	63700	69300	63700	253400

(五) 制造费用预算

制造费用预算是根据预算期全年及各季度的生产量、各种耗用量和有关价格资料而编制的。编制制造费用预算应将制造费用分为变动费用和固定费用两部分，并分别按费用的明细项目编制。变动费用预算根据预计生产量和预计变动费用分配率计算，固定费用预算按基期资料或预算期的零基预算法计算。

制造费用中，大部分需在当期用现金支付，但也有一部分是以前年度已经支付，需要分配到本预算期的；还有一部分是由当期支用要在以后支付的预期费用。在编制制造费用预算时还要编制现金支出表。但应注意，固定资产折旧不属现金支出，计算时应予剔除。

[例 6-5] 依 [例 6-4]，该企业 2018 年度制造费用预算，如表 6-5 所示。

表 6-5　　　　　　　　　　　　制造费用预算

2018 年度　　　　　　　　　　　　　　　　　　　　　　　单位：元

	项　目	单位产品费用分配率	全年费用	备　注
变动费用	间接人工	2	36200	变动费用分配率 90500/18100 = 5（元/件）
	间接材料	1	18100	
	维护费用	0.5	9050	
	水电费用	0.5	9050	
	其他	1	18100	
	合计	5	90500	
固定费用	维修费	1.2	21720	固定费用分配率 108600/18100 = 6（元/件）
	保险费	0.6	10860	
	折旧费	3.3	59730	
	管理费	0.9	16290	
	合计	6	108600	

	项　目	第一季度	第二季度	第三季度	第四季度	全年合计
预计现金支出	预计生产量（件）	4050	4550	4950	4550	18100
	单位产品费用分配率	5	5	5	5	5
	变动费用现金支出	20250	22750	24750	22750	90500
	固定费用现金支出	27150	27150	27150	27150	108600
	减：折旧	14900	14900	14900	14900	59600
	制造费用现金支出	32500	35000	37000	35000	139500

(六) 单位产品成本和期末存货预算

单位产品成本预算是根据料、工、费三项生产成本要素预算来编制的。另外，在编制单位成本预算时还要编制期末产品存货的预算。

[例 6-6] 依 [例 6-5]，该企业 2018 年编制单位产品成本和期末存货预算，如表

6-6所示。

表6-6 单位产品成本和期末存货预算
2018年度

项 目	价格标准	用量标准	合 计
直接材料	2.50元/千克	4千克	10元
直接人工	3.50元/工时	4工时	14元
变动制造费用	1.25元/工时	4工时	5元
单位变动生产成本	—	—	29元
期末存货预算		期末存货量	500件
		单位变动生产成本	29元/件
		期末存货金额	14500元

表6-6系采用变动成本法计算单位产品成本,如果采用完全成本法,则单位产品成本应增加单位固定制造费用6元(108600÷18100),成为35元(29+6)。

(七) 销售及管理费用预算

销售及管理费用预算是预算期内除了制造费用以外的费用项目,主要包括为产品销售活动和一般管理活动所发生的费用,如销售佣金、广告费、运输费、保险费、办公差旅费、管理人员工资和杂项费用开支等。销售及管理费用也应区分为变动费用和固定费用两部分。销售及管理费用中通常也有沉没成本和不需要当期支付现金的费用项目,因而也应编制现金支出计算表。另外,根据管理的需要,也可将销售费用和管理费用分别编制。

二、专门决策预算的编制

专门决策预算是指企业不经常发生的、一次性业务的预算,主要有资本性支出预算和一次性专门业务预算两种。

(一) 资本性支出预算

资本性支出预算是为购置固定资产、无形资产等活动编制的预算。企业对所有固定资产的购置、扩建、更新改造都必须从技术、市场、经济等因素进行全面、详细的预测,再据以编制出切实可行的专门投资决策预算。资本支出预算的内容和格式繁简不一,但一般有投资项目的名称,在各预算期的现金流入和流出量等。

资本性支出预算的特点有:资金量大、周期长、风险大及时效性强。

[例6-7] 某企业预计在2018年第一季度购置一台车床价格为35000元,第三季度购置一台铣床价格为40000元,其资本支出预算表如表6-7所示。

表6-7 资本支出预算
2018年度
单位:元

项 目	第一季度	第二季度	第三季度	第四季度	全年合计
车 床	35000				35000

续表

项　目	第一季度	第二季度	第三季度	第四季度	全年合计
铣　床			40000		40000
合　计	35000		40000		75000

（二）一次性专门业务预算

企业为筹措资金、供应资金、发放股利等活动编制的预算为一次性专门业务预算。

[例6-8] 某企业根据现金收支情况，预计在2018年第一季度初向银行借款50000元，第二季度末归还银行借款30000元，第三季度末归还银行借款20000元，并于季末支付银行借款利息（年利息率为10%）。另外，根据董事会决议第一季度发放股利48000元，预计缴纳所得税（所得税税率为20%）28080元。根据以上资料编制一次性业务预算，如表6-8、表6-9所示。

表6-8　　　　　　　专门决策业务预算（融资预算）
2018年度　　　　　　　　　　　　　　　　　　单位：元

项　目	第一季度	第二季度	第三季度	第四季度	全年合计
银行借款	50000				50000
归还借款（本金）		30000	20000		50000
支付利息（10%）		1250	1250	500	3000

表6-9　　　　　专门决策业务预算（发放股利，缴纳税金预算）
2018年度　　　　　　　　　　　　　　　　　　单位：元

项　目	第一季度	第二季度	第三季度	第四季度	全年合计
发放股利	48000				48000
缴纳所得税	5045	6920	8945	7170	28080

表中，借入资金在季度初，归还借款、支付利息在季度末，发放股利在年初，缴纳所得税在季初。

三、财务预算的编制

财务预算是指企业在预算期内，反映预计现金收支、经营成果和财务状况的预算。主要包括现金预算、预计利润表、预计资产负债表。实际上各项经营业务和专门决策业务最后都会在财务预算中得到反映，因此，财务预算称得上"总预算"。

（一）现金预算

现金预算是反映预算期现金流转状况的预算。现金预算分为：现金收入、现金支出和资金融通三部分。现金预算提高了企业回避财务风险的能力，促进了企业内部各部门间的合作与交流，减少了相互间的冲突与矛盾，还能提供企业绩效评价标准，便于考核、强化内部控制。

现金收入包括预算期初现金余额和预算期内发生的现金收入,如营业收入、应收账款、票据贴现等。

现金支出包括预算期内发生的各种现金支出,如支付材料采购款、支付职工薪酬、支付制造费用和销售及管理费用、上交税费、支付股利和购置设备款等。

资金融通是指预算期内可动用现金小于现金支出而引起的资金借入或可动用现金大于现金支出而引起的归还借款和偿还利息等事项。

现金预算应按年分季(或分月)进行编制,以对现金流量在预算期内进行控制。预计现金的余额应保持足够的支付能力。

[例6-9] 某企业2018年年度现金预算,如表6-10所示。

表6-10 现 金 预 算

2018年度　　　　　　　　　　　　　　　　　单位:元

项　　目	第一季度	第二季度	第三季度	第四季度	全年合计
期初现金收入	22000	38470	40055	23345	22000
加:现金收入	220000	215000	240000	235000	910000
可动用现金合计	242000	253470	280055	258345	932000
减:现金支出					
采购直接材料	44660	45045	48340	46320	184365
支付直接人工	56700	63700	69300	63700	253400
支付制造费用	32500	35000	37000	35000	139500
支付销售及管理费用	30375	31500	32625	31500	126000
缴纳税费(所得税)	5045	6920	8945	7170	28080
购置固定资产	35000		40000		75000
发放股利	48000				48000
现金支出合计	252280	182165	236210	183690	854345
现金余缺(缺为负数)	-10280	71305	43845	74655	77655
借入现金	50000				50000
归还借款		30000	20000		50000
支付利息(10%)	1250	1250	500		3000
期末现金余额	38470	40055	23345	74655	74655

说明:第一季度利息的计算为:50000×10%/12×3=1250(元)

第二季度利息的计算同上。

第三季度利息的计算为:20000×10%/12×3=500(元)

(二)预计利润表

预计利润表是企业反映预算期财务成果的报表,综合反映企业预算期内生产经营的成果。编制预计利润表主要依据是销售预算、年末产成品存货预算、销售及管理费用预算、制造费用预算等有关资料。预计利润表中的净收益应与目标利润一致,如有差距,应进行协调，以争取达到目标利润。预计利润表一般按年度编制，也可分季编制。

[例6-10] 某企业2018年度预计利润表，如表6-11所示。

表6-11　　　　　　　　　　　预 计 利 润 表

2018年度　　　　　　　　　　　　　　　　　　单位：元

项　　目	第一季度	第二季度	第三季度	第四季度	全年合计
营业收入	200000	225000	250000	225000	900000
减：变动成本					
变动生产成本	116000	130500	145000	130500	522000
销售及管理费用	9000	10125	11250	10125	40500
变动成本合计	125000	140625	156250	140625	562500
边际贡献	75000	84375	93750	84375	337500
减：固定成本					
固定性制造费用	27150	27150	27150	27150	108600
销售及管理费用	21375	21375	21375	21375	85500
利息支出	1250	1250	500		3000
期间成本合计	49775	49775	49025	48525	197100
营业利润	25225	34600	44725	35850	140400
减：所得税（20%）	5045	6920	8945	7170	28080
税后净利润	20180	27680	35780	28680	112320

（三）预计资产负债表

预计资产负债表反映企业预算期末的财务状况，它是以期初资产负债表为基础，结合现金预算、预计利润表等各业务预算和其他有关资料编制的。

[例6-11] 某企业2018年度预计资产负债表，如表6-12所示。

表6-12　　　　　　　　　　　预计资产负债表

2018年12月31日　　　　　　　　　　　　　　单位：元

资　　产	年初数	期末数	负债及所有者权益	期初数	期末数
流动资产：			流动负债：		
库存现金	22000	74655	短期借款		
应收账款	100000	90000	应付账款	12000	9135
材料存货	6500	7000	应付股利	48000	60000
库存商品存货	11600	14500			
流动资产合计	140100	186155	负债合计	60000	69135
固定资产：			股东权益：		
土地	150000	150000	普通股股本	400000	400000
房屋与设备	450000	525000	留存盈余	60100	146620
减：累计折旧	220000	245400	权益合计	460100	546620

续表

资产	年初数	期末数	负债及所有者权益	期初数	期末数
固定资产合计	380000	429600			
资产总计	520100	615755	负债及所有者权益总计	520100	615755

第三节 预算编制的几种方法

上节介绍的预算编制是以预算期一定的业务量（生产量、销售量）水平为基础来确定各种成本、费用和利润等项目，这种传统的方法因其静态反映，故称固定预算方法。根据管理工作的需要还可以采用弹性预算、滚动预算、零基预算和概率预算等方法来编制预算。这些预算方法，作为传统预算方法的补充，在实际工作中得到广泛采用。

一、弹性预算

在实际工作中，企业的生产经营活动往往受市场条件影响，如服装行业、饮料行业受季节的影响，出口产品的行业受国外订单的影响。这样会使预算期内各季、各月的实际业务水平起伏波动，从而导致成本、费用等也随之变动。因此，在编制预算时，考虑到预算期间的各种可能变动因素的影响，编制出一套能适应多种经营水平的一种预算，称为弹性预算。

弹性预算的优点在于：一方面能够适应不同经营活动情况的变化，扩大了预算的范围，更好地发挥预算的控制作用，避免了在实际情况发生变化时，对预算作频繁的修改；另一方面，能够使预算对实际执行情况的评价与考核建立在更加客观可比的基础上。

弹性预算的缺点在于：运用多水平法弹性预算评价和考核实际成本时，往往需要使用插补法来计算"实际业务量的预算成本"，比较麻烦。

这种方法适用于各项随业务量变化而变化的项目支出，如学校的货物采购项目，由于学生的招生规模变化很大，因而可以根据预算年度计划招生人数、在校学生人数测算应添置的课桌凳、床的数量。管理会计学中，弹性预算主要用来编制成本预算和利润预算。

弹性预算和固定预算是两种不同的预算方法，其区别就在于是否按业务量变化进行调整。固定预算这种传统方法不管实际生产经营活动变化，也不作出相应的调整，这对于业务量变化不大的企业来说，不失为一种简便、易操作的预算编制方法，而且更能作为计划控制和考核的一种手段。但是对于业务量变动较大的企业来说，当实际发生的业务量与用固定预算编制的业务量发生差异时，如果仍用预算中的静态指标来控制、考核和评价，则必然会发生差错。

弹性预算可用于成本、利润等预算的编制，按成本习性固定费用一般不随业务量的增减而变动。因此，在编制弹性预算时，只需将变动费用部分按业务量的变动加以调整即可。

(一) 弹性成本预算

编制弹性预算，必须先确定适当的业务量（一般是每间隔5%~10%），规定有效的业务量范围，然后根据各项费用与业务量之间的数量关系，计算出各项费用的预计数。

业务量计量单位选择适当与否，对掌握成本的变动性和实际预算控制有很大关系，因此要选择一个最能代表生产经营活动水平业务量的计量单位。一般来说，生产单一产品的企业，可以选用产品的产销量；生产多种产品的企业，可选用人工工时、机器工时。以手工操作为主的企业应选用人工工时；机械化程度较高的企业选用机器工时更为适宜。业务量范围是指弹性预算所适应的业务量区间。一般来说，在编制预算时，将业务量范围确定在正常生产能力的70%~120%。也可将前期最低业务量和最高业务量作为业务量范围的上限和下限。

(二) 弹性利润预算

弹性利润预算是以预算期内预计的多种可能实现的销售收入为出发点，扣减相应的成本，来分别确定不同销售量所能实现的利润（或亏损）。可见，弹性利润预算是以弹性成本预算为基础编制的。弹性利润预算的编制分单一品种和多品种的弹性利润预算。

1. 单一品种的弹性利润预算

单一品种的弹性利润预算是按照不同销售量编制的利润预算。销售量的范围和间距可根据弹性成本预算确定。编制的内容主要包括销售量、价格、单位变动成本、边际利润和固定成本。

2. 多品种的弹性利润预算

多品种的弹性利润预算就是按照不同的销售额编制的利润预算。它不是按销售量进行编制，因为多品种产品的数量无法汇总。正因为多品种的弹性利润预算没有销售量，因此，变动成本也不能用单位变动成本来计算，而只能用变动成本率（即变动成本与销售额之比）来计算。当然，这里的变动成本率是指加权平均变动成本率。

二、零基预算

零基预算是"以零为基数编制的预算"的简称。它的特点是不考虑以往会计期间所发生的费用项目或费用额。一切从零开始，以零为基点，从实际需要和可能性出发，逐项审议各种费用的必要性、合理性及开支数额的大小，来确定每项预算成本和费用。零基预算是20世纪70年代美国德州仪器公司的彼得·派尔最先推出的。零基预算与传统的预算方法完全不同，传统的调整法是以基年的预算及其执行完成情况为基础，然后根据预算期业务量的变化，而对过去的费用收支水平进行调整。另外，传统的预算编制方法都是由专职部门编制的，各个基层单位并不参与编制，往往与实际相脱节。零基预算方法从基层单位的业务的实际情况出发，到各部门各级人员都能充分进行讨论，从下而上地提出切合实际的预算草案。这种预算就像新创办的一个企业那样，就各个预计项目一切从零开始着手编制一个全新的预算。零基预算的方法不仅在于压缩费用开支，而且它要求把有限的经费用到最需要的地方。

（一）零基预算的具体做法

第一，企业根据市场需求，并结合自身的生产能力和资源条件，提出经营管理的总体目标。

第二，确定基层预算单位，并动员各部门职工讨论本部门在预算期间可能发生的费用项目和费用额，并将全部费用项目分为必须足额支出的费用项目和可以增减费用额的费用项目两大类。

第三，进行成本——效益分析，对每一个可以增减费用额的费用项目进行成本——效益分析，并按成本效益率的大小排出先后顺序。

第四，将预算期可动用的资金在各费用项目之间进行分配。分配资金应首先满足那些必须支出的费用项目，然后，再将剩余资金在可以增减费用项目之间按成本效益率进行分配。

（二）零基预算的优点

1. 有利于提高员工的"投入—产出"意识

零基预算是以"零"为起点观察和分析所有业务活动，并且不考虑过去的支出水平，因此，需要动员企业的全体员工参与预算编制，使不合理的因素不能继续保留下去，从投入开始减少浪费，通过成本—效益分析，提高产出水平，从而能使投入产出意识得以增强。

2. 有利于合理分配资金

对每个业务项目是否应该存在、支出多少金额，都进行成本—效益分析，精打细算，量力而行，能使有限的资金流向富有成效的项目，资金分配更加合理。

3. 有利于发挥基层单位参与预算编制的创造性

在零基预算的编制过程中，企业内部情况易于沟通和协调，企业整体目标更趋明确，业务项目的轻重缓急容易得到共识，有助于调动基层单位参与预算编制的主动性、积极性和创造性。

4. 有利于提高预算管理水平

零基预算极大地增加了预算的透明度，预算支出中的人头经费和专项经费一目了然，各级之间争吵的现象可能缓解，预算会更加切合实际，会更好地起到控制作用，整个预算的编制和执行也能逐步规范，预算管理水平会得以提高。

尽管零基预算法和传统的预算方法相比有许多好的创新，但在实际运用中仍存在一些"瓶颈"：

（1）由于一切工作从"零"做起，因此采用零基预算法编制工作量大、费用相对较高；

（2）分层、排序和资金分配时，可能有主观影响，容易引起部门之间的矛盾；

（3）任何单位工作项目的"轻重缓急"都是相对的，过分强调项目，可能使有关人员只注重短期利益，而忽视本单位作为一个整体的长远利益。

三、滚动预算

滚动预算就是它的预算期始终是 12 个月，每过去 1 个月，就根据新的情况进行调整和修订后几个月的预算，并在原来的预算期末随即补充 1 个月的预算。这种预算的编制要求 1 年 12 个月中，开头几个月的预算要详细、完整，后几个月可以粗略一些，即"近细远粗"。随着时间的推移，原先较粗的预算逐渐"由粗变细"，而后面随之又补上新的较粗的预算，如此往复，不断滚动。因此，将这种预算编制方法称为滚动预算，亦称永续预算。

滚动预算有以下几点优点：

（1）能保持预算的完整性、继续性，从动态预算中把握企业的未来。

（2）能使各级管理人员始终保持对未来一定时期的生产经营活动作周详的考虑和全盘规划，保证企业的各项工作有条不紊地进行。

（3）由于预算能随时间的推进不断加以调整和修订，能使预算与实际情况更相适应，有利于充分发挥预算的指导和控制作用。采用滚动预算的方法，预算编制工作比较繁重。为了适当简化预算的编制工作，也可采用按季度滚动编制预算。

（4）有利于管理人员对预算资料作经常性的分析研究，并根据当前的执行情况及时加以修订，保证企业的经营管理工作稳定而有秩序地进行。

滚动预算这种方法适用于规模较大、时间较长的工程类或大型设备采购项目。

四、概率预算

在编制预算过程中，每一个预计项目出现的数值有多种可能性，如产量、销售量、价格、成本等项目都是难以确定的变量，所以只能做一些近似值的估计，估计它们可能变动的范围，分析它们在该范围内出现的可能性，然后对各变量进行调整，计算出期望值，并编制预算。这种应用概率来编制的预算，称为概率预算。

概率预算的基本特征是：

（1）影响预算对象的各因素具有不确定性，因而存在着多种发展可能性，并且这些可能性能够计量。

（2）由于对影响预算对象的变量的所有可能都做了客观的估计和测算，因而开阔了变量的范围，改善了预算指标的准确程度。

第七章 标准成本控制

思维导图

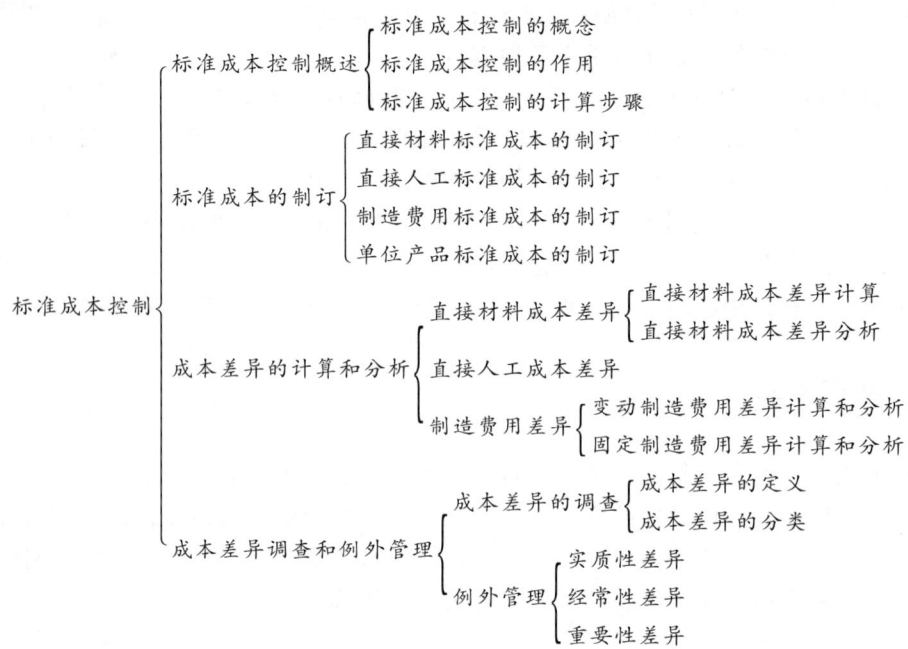

学习目标

在了解标准成本含义的基础上,明确标准成本在企业管理中的作用;掌握成本差异的计算与分析方法,并知道各种成本差异应由哪一部门负责;了解价格差异和数量差异两因素对成本差异的影响程度,并学会具体情况的分析;了解什么是例外事项及例外管理。

第一节　标准成本控制概述

一、标准成本控制的概念

（一）单位产品标准成本

单位产品标准成本又称成本标准，即通常所说的标准成本。其计算公式如下：

单位产品标准成本＝单位产品标准消耗量×标准单价

（二）标准成本总额

标准成本总额又称实际产量下的标准成本（总成本），主要用于成本差异分析。其计算公式如下：

标准成本总额＝实际产量×单位产品标准成本

（三）标准成本的种类

（1）理想标准成本

理想标准成本是一种理论标准，它是指在最佳的生产水平、最优的经营状态下所能达到的最优成本水平，即在生产过程中无浪费、机器无故障、人员无闲置、产品无废品的假设条件下制定的成本标准。这种标准的要求太高，通常会因为达不到而影响工人的积极性，所以在实务中很少采用。

（2）基准标准成本

基准标准成本是根据较长时间使用而不变更的标准所制定的标准成本。基准标准成本一经确定，以后若干年内不再变动。基准标准成本可以使各个阶段的成本在同一基础上进行比较，但是它不能反映出目前应达到的标准，不能发挥其在成本管理和成本控制中的作用，所以在实际工作中也很少被采用。

（3）正常标准成本

正常标准成本是指根据现有生产技术水平、正常生产能力，以有效经营条件为基础制定的、企业经过努力可以达到的成本标准。这一标准考虑了生产过程中不可避免的损失、故障和偏差等。这种成本通常反映了过去一段时期实际成本水平的平均值，以及该行业成本的平均水平、平均生产能力与技术能力。在生产技术和经营管理条件变化不大的情况下，它是一种可以在较长时期被采用的成本标准。通常来说，理想标准成本小于正常标准成本，正常标准成本小于基准标准成本。正常标准成本被广泛应用于企业实践中。

标准成本就是在正常的生产条件下，经过努力能够达到预期的成本标准而制订的一种目标成本。它是根据历史资料，结合目前实际的技术、经营水平、劳动生产率水平，应用一定的经济技术分析方法来制定的产品生产所必需的各项成本。如与产品生产直接相关的直接材料消耗、直接人工以及变动制造费用，这些按产品分别制定其每单位的消耗标准

(定额)。

标准成本控制以全面预算为基础,并结合成本的具体特点对其进行有效的控制,亦称标准成本法或标准成本制度。

成本控制按其时间划分,可分为:事前控制、事中控制和事后控制。事前控制主要表现为目标成本的制订;事中控制是指在成本形成过程中,对每次费用支出按目标成本的要求进行控制,以求在降低成本的情况下,完成生产预算和其他各项预算;事后控制是指在生产完成后,将实际执行的情况与预算中的预计数进行比较、分析,对其出现的差异进行揭示、分析,从中找出原因,总结经验教训。我们把成本的事中、事后控制称为"日常成本控制",也就是狭义的标准成本控制;而把成本事中、事后以及事前控制包括在一起则称为广义的标准成本控制。

二、标准成本控制的作用

标准成本的制订,会涉及对日常实际成本的计算、比较与分析,并影响对成本差异的账务处理。标准成本控制是将成本的事先规划、成本过程的控制、成本事后的核算和分析都有机地结合起来,并使之成为企业对成本进行全面管理的重要工具。

标准成本控制在企业管理中的作用主要是:

(一) 加强成本的日常监督和控制

标准成本控制首先就是制订一个标准成本(目标成本),使企业在成本管理上有一个衡量的尺度和标准,从而使企业管理人员在成本控制中有据可依,通过成本控制随时掌握实际成本与标准成本的差异,能及时地将日常成本执行情况所反馈的信息与标准成本比较、分析,从而找出消除或缩小不利差异的办法,不断地降低成本,提高企业的经济效益。

(二) 促进企业管理工作

标准成本制订后,还要分解落实到各个成本中心,即层层分解落实到车间、班组、甚至个人,这样,标准成本就作为各个成本中心的努力方向和前进的目标,这不仅增强了各部门人员的成本控制的观念,更能发挥各部门人员降低成本的主动性和创造性。

(三) 为企业决策提供资料

标准成本在实际生产中得到贯彻和执行,同时,在实际执行过程中所反馈的信息又是修订新的标准成本的重要资料,使与产品有关的单位产品直接材料消耗标准、直接人工和制造费用标准更切实可行、更完善。标准成本是从实际生产水平出发,并兼顾各方面的条件制订出来的,所以,它能应用于规划企业未来经营决策,使决策方案更准确、可靠。另外,标准成本资料又是产品定价决策的重要依据。

总之,成本控制与成本规划、成本核算、成本分析等都是成本管理的重要内容。只有加强标准成本控制,成本管理才有实际意义。

三、标准成本控制的计算步骤

（1）制定单位产品的标准成本。在标准成本控制法中，首先需要根据成本项目分别制定出单位产品的标准成本。需要强调的是，直接材料和直接人工是变动成本，随着产量的增加，这两项的成本和产量成正比。针对制造费用，其中，变动性制造费用具有变动成本的属性，而固定性制造费用是固定成本，固定性制造费用在相关范围内不随产量的变动而变动，因此，企业在制定单位产品的标准成本时，需要先区分变动成本和固定成本。

（2）根据实际产量和成本标准计算产品的标准成本。需要注意的是，在计算标准总成本时，是利用本期实际产量调整后的弹性预算作为依据，而不是利用本期所选取的生产能力基准除以单位产品的标准工时计算出的产量作为依据。

（3）汇总计算实际成本。企业应该对本期的生产经营情况进行核算，得出本期的实际成本。

（4）计算标准成本与实际成本的差异。

第二节　标准成本的制订

标准成本的制订，关键在于标准的掌握。标准是用来衡量实际生产经营活动的尺度。标准成本一般有基本标准成本、理想标准成本、平均标准成本和正常标准成本。基本标准成本是指以过去某一年的实际成本为基础而制订的标准成本，用以衡量以后各年度产品的成本水平、成本变动趋势。这种标准成本一经制订，多年保持不变。理想标准成本是指在现有生产技术和经营管理处于最佳状态条件下所确定的标准成本。平均标准成本是指有关产品在过去某个时期内的平均成本水平。正常标准成本是指在正常的生产能力条件下，经过一定的努力应当达到的成本水平。

以上所述的四种标准成本中，基本标准成本因为没有考虑到以后情况的变化，以致不能发挥成本控制的作用，一般较少采用；理想标准成本要求过高，因此也很少采用；平均标准成本比较容易达到，缺乏标准成本激励作用，也很少采用；正常标准成本既不属于高不可攀，也非轻而易举，而是经过一定努力就可以达到的。因此，正常标准成本在实际工作中得到广泛采用。本书介绍的标准成本就是正常标准成本。

产品的标准成本是由产品的直接材料标准成本、直接人工标准成本和制造费用标准成本所组成。在采用变动成本法时，产品的标准成本只包括变动制造费用部分，不包括固定制造费用部分；而采用完全成本法时，则包括全部制造费用。产品标准成本可用公式表示如下：

产品标准成本 = 直接材料标准成本 + 直接人工标准成本 + 制造费用标准成本

一、直接材料标准成本的制订

直接材料标准成本由构成产品实体的各项直接材料耗用量乘以其价格标准来制订，可用公式表示如下：

某种产品直接材料标准成本 = $\sum$（直接材料标准用量 × 直接材料标准价格）

式中：

直接材料标准用量是指在正常的生产技术条件下，生产单位产品所需要的材料数量，它包括构成产品实体的材料、生产中正常的材料损耗和不可避免的废品损失所耗用的材料。材料的用量标准应以技术分析的基础合理制订，按产品耗用的各种材料分别计算。若生产该产品需消耗多种材料，则需根据单位产品需要消耗各种材料的标准量和标准单价确定各种材料的成本标准之和。

直接材料标准价格是采购部门按市场上采购价格计算确定的，它包括买价、运杂费、储存费等。

[例7-1] 某种产品需用甲、乙两种直接材料，根据标准用量、标准价格等资料，制订直接材料标准成本，如表7-1所示。

表7-1　　　　　　　　　产品直接材料标准成本计算表

项目	甲材料	乙材料
耗用数量	0.25 立方米/件	0.5 千克/件
正常损耗	0.01 立方米/件	0.01 千克/件
标准用量	0.26 立方米/件	0.51 千克/件
材料买价	1880 元/立方米	475 元/千克
采购费用价格	120 元/立方米	25 元/千克
标准价格	2000 元/立方米	500 元/千克
标准成本	520 元/件	255 元/件
产品直接材料标准成本	775 元/件	

[思考题7-1] 甲产品需用A材料1000kg，A材料标准价格是30元/1000kg；B材料需用量是3000kg，B材料标准价格是18元/1000kg；C材料用量是500kg，C材料标准价格是280元/1000kg。请问甲产品的直接材料标准成本是多少？

二、直接人工标准成本的制订

直接人工标准成本可用以下公式表示：

某种产品直接人工标准成本 = $\sum$（直接人工标准用量 × 直接人工标准价格）

式中：

直接人工标准用量是指在正常生产条件下，制造单位产品所必须消耗的加工时间。它包括必不可少的工人生理休息时间和停工时间，以及因废品损失造成的工时损耗。因此，直接人工标准用量也就是工作时间标准。它的制订一般先按零部件或产品经过的时间、工序分别计算，然后再按产品加以汇总。

直接人工标准价格是指单位标准工作时间支付的直接人工的工资，因此也称工资率标准，包括基本工资、津贴和奖金等。一般按企业工资水平计算确定。在采用计时工资的形式下，可按以下公式计算：

$$计时工资率标准 = \frac{预计支付直接人工工资总额}{标准总工时}$$

[**例7-2**] 某产品生产经过三道工序连续加工而成，根据直接人工标准用量和工资率标准等资料，制订直接人工标准成本，如表7-2所示。

表7-2　　　　　　　　　　产品直接人工标准成本计算表

项　目	第一工序	第二工序	第三工序
生产工时（小时）	4	3	2
工资标准（元/小时）	10	12	15
福利费（工资标准×14%）	1.40	1.68	2.10
津贴（工资标准×10%）	1.00	1.20	1.50
标准人工成本（元）	49.60	44.64	37.20
直接人工标准成本（元/件）	131.44		

[**思考题7-2**] 乙产品经三道工序加工而成，根据直接人工标准用量和工资产标准等资料，制订直接人工标准成本，请问乙产品计时工资率标准是多少？

第1工序，生产工时（小时）：5，工资标准（元/时）：10；

第2工序，生产工时（小时）：6，工资标准（元/时）：8；

第3工序，生产工时（小时）：4，工资标准（元/时）：12。

三、制造费用标准成本的制订

制造费用标准成本也是取决于数量标准和价格标准。制造费用的数量标准是指正常生产条件下生产某种产品所需用的时间，如机器工作小时或直接人工小时；制造费用的价格标准是指每标准工时应分摊的制造费用，如制造费用分配率。

由于制造费用要分解成变动性制造费用和固定性制造费用，所以还需分别进行计算，然后再进行汇总。其计算步骤、公式为：

$$制造费用（变动或固定）分配率 = \frac{制造费用（变动或固定）总额}{标准总工时}$$

变动（或固定）性制造费用 = 变动（或固定）制造费用分配率 × 标准工时

制造费用标准成本 = 变动性制造费用标准成本 + 固定性制造费用标准成本

或：

制造费用标准成本 =（变动性制造费用分配率 + 固定性制造费用分配率）× 标准工时

[**例7-3**] 某企业变动性制造费用预算为320000元，固定性制造费用预算为180000元，标准总工时20000小时。根据以上资料制订制造费用标准成本如表7-3所示。

表 7-3　　　　　　　　单位产品制造费用标准成本计算表

项　目	变动制造费用	固定制造费用	合　计
预算费用（元）	320000	180000	500000
标准总工时（小时）		20000	
制造费用分配率（元/小时）	16	9	25
单位产品标准工时（小时）		5	
单位产品制造费用标准成本（元/件）	80	45	125

四、单位产品标准成本的制订

在直接材料标准成本、直接人工标准成本和制造费用标准成本确定之后，就可以进行汇总制订单位产品标准成本，如表 7-4 所示。

表 7-4　　　　　　　　单位产品标准成本计算表　　　　　　　　　　单位：元

项　目	金　额
直接材料标准成本	775.00
直接人工标准成本	131.44
制造费用标准成本	125.00
其中：变动性制造费用	80.00
固定性制造费用	45.00
单位产品标准成本	1031.44

第三节　成本差异的计算和分析

标准成本的制订为成本控制提供了数据，企业日常的成本控制就是在成本形成过程中对实际发生的各项成本进行监督和控制，以保证标准成本这一目标的实现。而在日常的生产经营活动过程中，实际发生的成本与标准成本往往不一致，两者的差异数就称为"成本差异"。凡实际成本大于标准成本为逆差，即不利差异；凡实际成本小于标准成本为顺差，即有利差异。

成本差异的计算和分析有利于查明造成差异的原因，以便进一步采取措施消除差异，控制成本、降低成本。但是成本差异不论是顺差还是逆差，都只能作为发现问题的信号，不能作为经营决策的依据。

造成成本差异的因素较多，如数量差异、价格差异，而这些因素又分别取决于不同的部门，因而为分清责任，便于评价和考核各个成本中心工作的实绩，有必要分别测定不同因素对差异的影响程度，为此就要借助于因素分析法来进行计算分析。

成本差异的基本公式为：

成本差异 = 实际数量 × 实际价格 − 标准数量 × 标准价格

采用因素分析法则可将数量差异和价格差异进一步分别计算，其公式为：

数量差异 =（实际数量 – 标准数量）× 标准价格

价格差异 =（实际价格 – 标准价格）× 实际数量

标准成本差异的构成（如图 7-1 所示）。

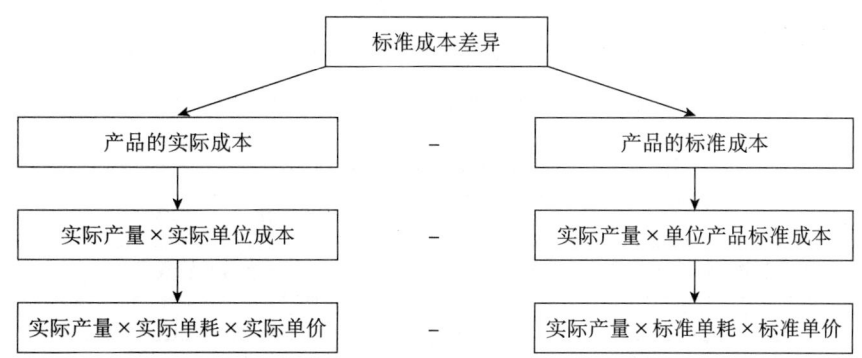

图 7-1 标准成本差异的构成

从图 7-1 可以看出，标准成本差异分析的对象是针对本期实际产量所产生的实际成本和按照标准成本生产当期实际产量的产品所需要消耗的"应该成本"。误区在于标准成本为什么用实际产量进行调整，而不利用预算产量。原因在于由产量因素引起的实际成本和标准成本之间的差异并不能反映企业生产效率的高低。

因此，在进行标准成本差异分析之前先需要确定对比的差异是在同一产量——实际产量的基础上展开的。此处的实际产量指的是本期实际消耗材料或者工时的产量。消耗本期资源的实际产量可以利用下列公式得到：

实际产量 = 完工产量 + 期末在产品量 × 投料率或完工率 – 期初在产品量 × 投料率或完工率

利用上述公式可以得到标准成本差异，金额上有可能是正数、负数或零。当产品的实际成本大于产品的标准成本时，为成本超支，称为超支差异或不利差异；当产品的实际成本小于产品的标准成本时，为成本节约，称为节约差异或有利差异。需要注意的是，"有利"和"不利"是从对企业利润影响的角度进行衡量的。

一、直接材料成本差异

（一）直接材料成本差异的计算

直接材料成本差异是由直接材料价格差异和直接材料数量差异组成，两种差异之和反映直接材料实际成本和直接材料标准成本之间的差额。

[例 7-4] 某企业生产 A 种产品，需用甲、乙两种直接材料，甲、乙两种材料的标准耗用量分别为 1000 千克、2000 千克，实际用量分别为 950 千克、2050 千克，甲、乙两种材料的标准价格分别为 10 元、15 元，实际价格分别为 10.50 元、14.50 元，试计算甲、乙两种直接材料的成本差异。

甲材料的价格差异：（10.50 – 10）× 950 = 475（元）

乙材料的价格差异：(14.50 - 15) × 2050 = -1025（元）
甲材料的数量差异：(950 - 1000) × 10 = -500（元）
乙材料的数量差异：(2050 - 2000) × 15 = 750（元）

（二）直接材料成本差异的分析

直接材料成本差异的构成如图 7-2 所示。

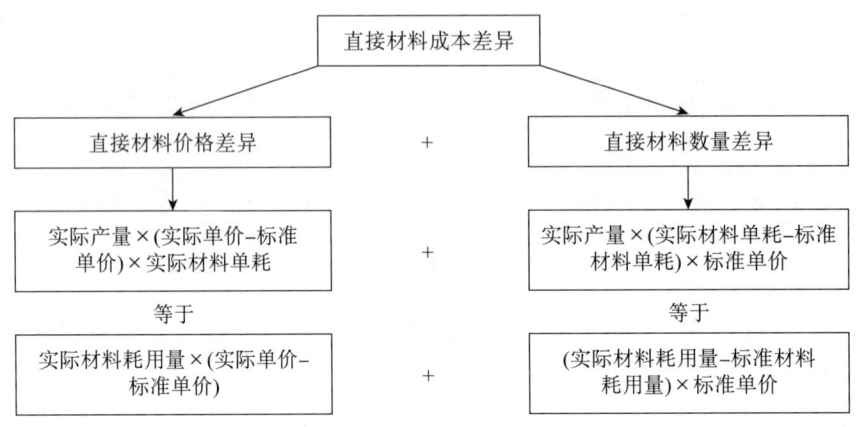

图 7-2 直接材料成本差异的构成

直接材料价格差异往往是在采购过程中形成的，不应由耗用材料的生产部门负责，而应由采购部门对其做出说明。采购部门未能按标准价格进货的原因有许多，如供应厂家价格变动、未能按经济采购批量进货、未能及时订货造成的紧急订货、采购时舍近求远使运费和途耗增加、不必要的快速运输方式等，需要进行具体分析和调查，才能明确最终原因和责任归属。

直接材料数量差异是在材料耗用过程中形成的，反映生产部门的成本控制业绩，一般应由控制用料的生产部门负责。直接材料数量差异形成的具体原因包括操作疏忽造成废品和废料增加、工人用料不精心、操作技术改进而节省材料、新工人上岗造成多用料等。但是，有时多用料并非生产部门的责任，如购入材料质量低劣、规格不符也会使用量超过标准。

根据［例 7-4］的计算结果，可以得出甲材料的成本差异为 -25 元，它是由甲材料的价格差异 475 元和甲材料的数量差异 -500 元组成的；而乙材料的成本差异为 -275 元，它是由乙材料的价格差异 -1025 元和乙材料的数量差异 750 元组成的。

甲材料的成本差异 -25 元，主要是由甲材料的数量差异（有利差异：-500 元）造成的；而乙材料的成本差异 -275 元，主要是由其价格差异（有利差异：-1025 元）决定的。

材料价格差异通常由采购部门负责，因为材料的采购由采购部门负责。但是材料的价格受诸多因素影响，如材料在不同地点采购，其买价、运杂费都不一样，再如采购批量、运输方式、交货方式等变化，都会影响价格差异的方向和大小。但是具体情况也须具体分析，有些价格差异也可能是由于生产上的原因造成的，如生产上对某种材料急需而进行空运，也会造成不利的价格差异，由此发生的不利价格差异，当然应由生产部门负责。在具体分析时，还必须剔除物价上涨的因素，并明确区分造成价格差异的外界非管理原因和内部管理原因，以及分析造成价格差异主要原因和次要原因，以便找出问题所在，提出改进措施。

材料数量差异的责任一般应由生产部门承担,因为产品耗用材料数量的多少,是企业的生产部门能够控制的。从[例7-4]计算结果可以看到,甲材料的成本差异(有利差异:-25元),主要是由甲材料数量差异(有利差异-500元)形成的。造成材料数量差异不利的因素一般有不合理用料、技术操作不熟练、违反操作规程、出现质量事故等,也有非生产部门的因素,如采购部门购进了不符合规格、型号的材料或者质量低劣的材料;又如仓储部门在验收入库时把关不严,造成材料短缺、浪费,或者在储存保管中造成材料损耗或霉变等,使得实际耗用相对增加。在分析材料数量差异时要找出造成差异的真正的具体原因。因为材料数量差异是成本控制的重点,所以对材料数量差异的分析应实事求是从生产、采购、仓储等有关部门逐个加以分析,并结合材料价格差异一起进行深入细致的分析。

二、直接人工成本差异

(一) 直接人工成本差异的计算

直接人工成本差异的构成如图7-3所示。

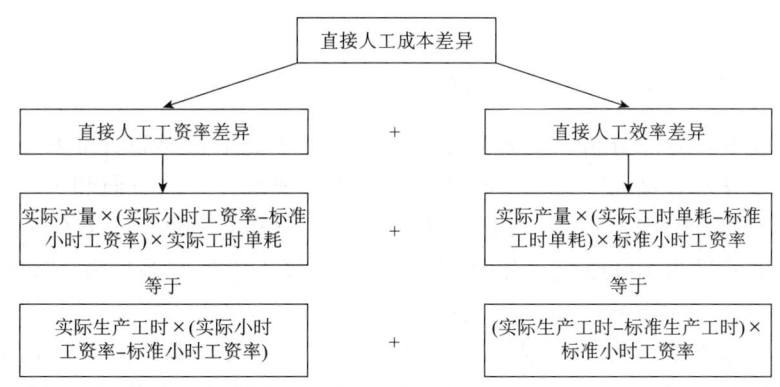

图7-3 直接人工成本差异的构成

直接人工效率差异形成的原因包括工作环境不良、工人经验不足、劳动情绪不佳等,主要应由生产调度部门负责,但是也不绝对。例如,材料质量不好也会影响生产效率。

直接人工工资率差异形成的原因有很多,包括直接生产工人升级或降级使用、奖励制度未能生效、工资率调整、出勤率变化等。这些一般由劳动人事部门或生产部门负责,但是差异的具体原因会涉及生产部门或其他部门。

直接人工成本差异的基本计算公式为:

直接人工成本差异 = 实际工资率 × 实际工时 − 标准工资率 × 标准工时

1. 直接人工工资率差异的计算

直接人工工资率差异就是直接人工价格差异。工资率差异是指每单位时间实际工资率与标准工资率之间的差异。其计算公式为:

直接人工工资率差异 = (实际工资率 − 标准工资率) × 实际工时

2. 直接人工效率差异的计算

直接人工效率差异就是直接人工的数量差异。一般来说,为完成一定的生产任务,所

用的工时越少,说明效率越高;反之,则效率低。其计算公式为:

直接人工效率差异 =(实际工时 - 标准工时)× 标准工资率

[例 7-5] 某企业生产 A 产品 500 件,实际耗用 10000 工时,平均每件 20 工时,实际工资总额 80000 元,平均每工时 10 元;标准工时为 22 工时,标准工资率为 7 元。试计算直接人工成本差异。

直接人工成本差异:$8 \times 20 \times 500 - 7 \times 22 \times 500$
$= 80000 - 77000$
$= 3000$(元)(不利差异)

其中:

直接人工工资率差异:$(8 - 7) \times 10000$
$= 10000$(元)(不利差异)

直接人工效率差异:$(10000 - 11000) \times 7$
$= -7000$(元)(有利差异)

[思考题 7-3] 某公司生产 B 产品 1000 件,实际耗用 5000 工时,平均每件 20 工时,实际工资总额 8000 元,平均每小时 10 元;标准工时为 22 工时,标准工资率为 8 元。试计算直接人工成本差异。

(二)直接人工成本差异的分析

直接人工成本差异的分析,主要是分析直接人工工资率差异和直接人工效率差异。直接人工工资率差异与直接人工效率差异影响直接人工成本差异的方向和大小。从[例 7-5]的直接人工差异的计算表明:直接人工成本差异总额是 3000 元(不利差异),其中,直接人工工资率差异为 10000 元(不利差异),而直接人工效率差异为 -7000 元(有利差异)。二者综合的影响为 3000 元,即 10000 + (-7000) = 3000(元)。

直接人工成本差异主要应由劳动人事部门和生产部门负责,因为其差异的造成,主要是由于工资级别调整、生产工艺过程及加工方法的选用,如企业让高级别、高工资的技术人员去做技术要求不高的普通工作,则会形成人工成本的升高;又如低级别的技工去做技术要求高的工作,因其技术水平过低,难免造成产品的报废或质量降级而返工,导致成本上升。因此,劳动人事部门平时要合理配备生产人员,合理调配和安排技术力量。直接人工成本差异还应由生产技术部门负责,特别是直接人工效率基本上应由生产技术部门负责,如工人的技术熟练程度和责任感,加工设备的完好程度和使用情况,产品质量的控制,动力供应情况,工具配备情况等。另外,也有可能有一部分应由其他部门负责,具体情况还须具体分析。

三、制造费用差异

制造费用差异包括变动制造费用差异和固定制造费用差异。

(一)变动制造费用差异的计算和分析

变动制造费用差异是指一定产品产量的实际变动制造费用与标准变动制造费用之间的差

异。变动制造费用由变动制造费用耗费差异和变动制造费用效率差异组成。其计算公式为：

变动制造费用差异 = 实际变动制造费用 − 标准变动制造费用

或：$= \dfrac{变动制造费用}{实际分配率} \times \dfrac{实际}{工时} - \dfrac{变动制造费用}{标准分配率} \times \dfrac{标准}{工时}$

1. 变动制造费用耗费差异

变动制造费用耗费差异是变动制造费用实际发生额与按实际工时计算的变动制造费用数额之间的差异。其计算公式为：

$\dfrac{变动制造费}{用耗费差异} = \left(\dfrac{变动制造费用}{实际分配率} - \dfrac{变动制造费用}{标准分配率}\right) \times \dfrac{实际}{工时}$

2. 变动制造费用效率差异

变动制造费用效率差异是按实际耗用工时计算的变动制造费用与按标准工时计算的变动制造费用之间的差额。其计算公式为：

变动制造费用效率差异 = (实际工时 − 标准工时) × 变动制造费用标准分配率

[例 7 − 6] 某企业 2017 年 5 月生产 A 产品 500 件，实际耗用 10000 工时，A 产品平均耗用工时 20 工时，实际发生变动制造费用 14500 元，平均每工时 1.45 元。A 产品标准工时为每件 22 工时，变动制造费用标准分配率为 1.30 元。试计算变动制造费用差异。

变动制造费用差异：$1.45 \times 10000 - 1.30 \times 11000$

$= 14500 - 14300$

$= 200$（元）（不利差异）

其中：

变动制造费用耗费差异：$(1.45 - 1.30) \times 10000$

$= 1500$（元）（不利差异）

变动制造费用效率差异：$(10000 - 11000) \times 1.30$

$= -1300$（元）（有利差异）

变动制造费用差异分析主要是分析变动制造费用耗费差异和变动制造费用效率差异对变动制造费用差异的影响方向和大小（见图 7 − 4）。

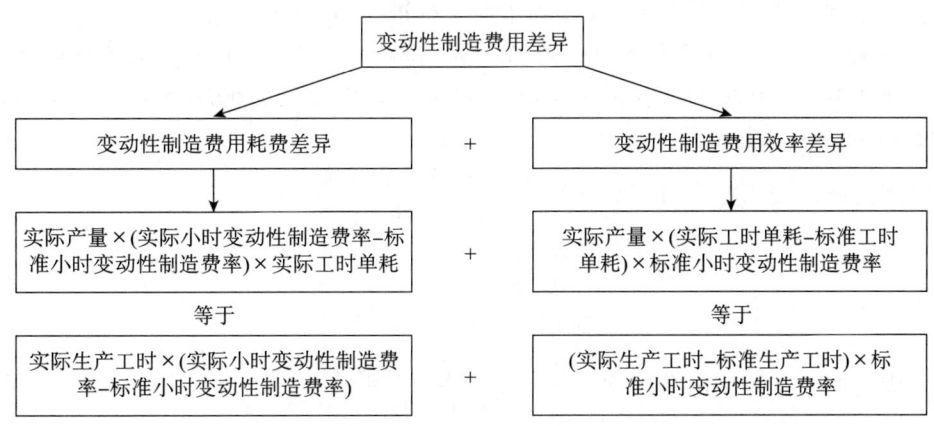

图 7 − 4　变动制造费用差异

变动性制造费用效率差异形成的原因与直接人工效率差异形成的原因相同。变动性制造费用耗费差异应按构成费用的明细项目,利用弹性预算进行对比分析,从而找出差异的原因及责任归属。

[例7-6] 计算结果表明,变动制造费用差异总额是200元(不利差异),其中,变动制造费用耗费差异为1500元(不利差异),而变动制造费用效率差异为-1300(有利差异),二者综合影响为200元,即1500+(-1300)=200(元)。

[思考题7-4] 某制药企业生产B药品600件,实际耗用20000工时,B药品平均耗时30工时。实际发生变动制造费用14000元,平均每工时1.8元。B药品标准工时为每件32工时,变动制造费用标准分配率为1.40。试计算变动制造费用差异。

变动制造费用耗费差异主要是受变动制造费用分配率的影响,而变动制造费用效率差异主要受工时变化的影响。因此,要减少不利差异就应加强车间生产管理,减少车间的一般材料消耗、人工和其他费用的支出,提高劳动生产率,提高工时利用效率等。

(二)固定制造费用差异的计算和分析

固定制造费用差异是指一定期间实际固定制造费用与标准固定制造费用之间的差额,它通常包括固定制造费用耗费差异、能力差异和效率差异三部分。

1. 固定制造费用耗费差异

固定制造费用耗费差异是指固定制造费用实际耗费额与固定制造费用预算额之间的差额。其计算公式为:

固定制造费用耗费差异 = 实际分配率 × 实际工时 − 标准分配率 × 预算工时

或: = 实际数 − 预算数

2. 固定制造费用能力差异

固定制造费用能力差异就是指实际工时未达到预算工时形成闲置能量差异。其计算公式为:

固定制造费用能力差异 =(预算工时 − 实际工时)× 标准分配率

3. 固定制造费用效率差异

固定制造费用效率差异是指实际工时脱离标准工时而形成的效率差异。其计算公式为:

固定制造费用效率差异 =(实际工时 − 标准工时)× 标准分配率

[例7-7] 某企业2017年5月生产A产品500件,预计生产能力是10500工时,实际耗用11000工时。固定制造费用预算额为5250元,实际发生6050元。单位标准工时为20工时,试计算固定制造费用差异。

$$\text{固定制造费用标准分配率} = \frac{\text{固定制造费用预算额}}{\text{预计生产能力}}$$

$$= \frac{5250}{10500}$$

$$= 0.50 \text{(元/工时)}$$

$$\text{固定制造费用实际分配率} = \frac{\text{固定制造费用实际数}}{\text{实际工时}}$$

$$= \frac{6050}{11000}$$

$$= 0.55 \text{(元/工时)}$$

$$固定制造费用差异 = 0.55 \times 11000 - 0.50 \times 10000$$
$$= 1050（元）$$

其中：

$$固定制造费用耗费差异 = 6050 - 5250 = 800（元）$$
$$固定制造费用能力差异 = (10500 - 11000) \times 0.50 = -250（元）$$
$$固定制造费用效率差异 = (11000 - 10000) \times 0.50 = 500（元）$$
$$\begin{matrix}固定制造\\费用差异\end{matrix} = \begin{matrix}固定制造费\\用耗用差异\end{matrix} + \begin{matrix}固定制造费\\用能力差异\end{matrix} + \begin{matrix}固定制造费\\用效率差异\end{matrix}$$
$$= 800 + (-250) + 500 = 1050（元）$$
$$标准固定制造费用 = 标准分配率 \times 实际产量的总工时$$
$$= 0.50 \times 10000 = 5000（元）$$

从以上计算结果可以看出，实际发生的固定制造费用，包括标准固定制造费用和三种差异数，即：

标准固定制造费用	5000 元
固定制造费用耗费差异	800 元
固定制造费用能力差异	-250 元
固定制造费用效率差异	500 元
实际发生的固定制造费用合计	6050 元

从计算结果可以分析出，该企业的固定制造费用差异 1050 元（不利差异）是受到三种差异的共同影响，即：

$$800 + (-250) + 500 = 1050（元）$$

[思考题 7-5] 某工厂 2018 年 6 月生产 C 产品 1000 件，预计生产能力是 20000 工时，实际耗用 18000 工时。固定制造费用预算额为 5200 元，实际发生额为 5400 元。单位标准工时为 19 工时，试计算固定制造费用差异。

在实际工作中，对固定制造费用差异进行分析时，对固定制造费用耗费差异的分析，着重于对管理人员的工资率、税率、折旧率的分析，要降低固定制造费用差异的不利差异应精简科室人员，充分利用固定资产的生产能力；而对固定制造费用效率差异的分析和固定制造费用能力差异的分析通常也是提高固定资产的利用效率，降低单位产品的耗用工时，这样不仅降低了固定制造费用，而且降低产品的人工成本。

第四节 成本差异调查和例外管理

一、成本差异的调查

通过成本差异的计算，确定了数量差异与价格差异对成本差异的影响，但还必须进一步调查成本差异的原因。数量差异与价格差异二者之间并不是孤立无关的，而是密切相关，往往有此消彼长的关系。譬如，购买使用劣质材料，会形成材料价格差异的有利差异，但产品的废品率上升，则会导致材料数量差异的不利差异。成本差异按照不同标志可分为以下几类。

（一）数量差异和价格差异

数量差异反映由于直接材料、直接人工和变动制造费用等要素实际用量消耗与标准用量消耗不一致而产生的成本差异。价格差异是反映由于直接材料、直接人工和变动性制造费用等要素实际价格水平与标准价格不一致而产生的成本差异。差异分析如图7-5所示。

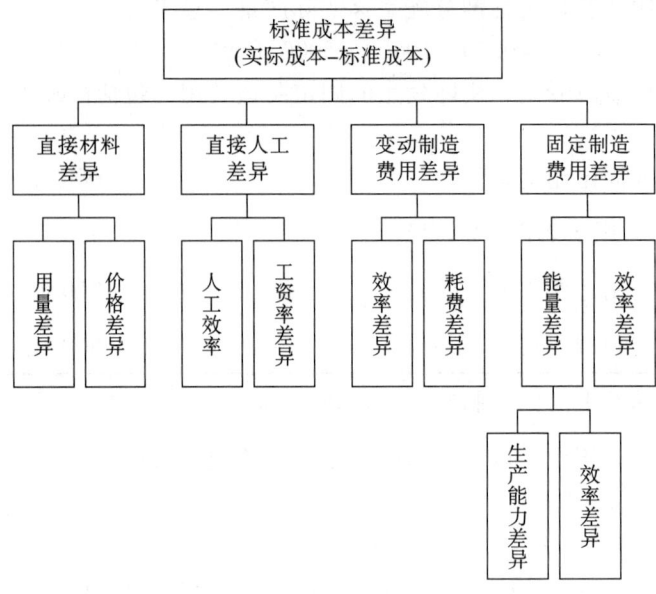

图7-5 差异分析

（二）有利差异与不利差异

成本差异按数量特征可分为有利差异和不利差异。有利差异是指因实际成本低于标准成本而形成的节约差。不利差异则指因实际成本高于标准成本而形成的超支差。但这里有利与不利是相对的，并不是有利差异越大越好。有时盲目追求成本产生的有利差异，有的企业将以牺牲质量为代价。

（三）可控差异和不可控差异

可控差异是指与主观努力程度相联系而形成的差异，又叫主观差异，它是控制的重点所在。不可控差异是指与主观努力程度关系不大，主要受客观原因影响而形成的差异，又称为客观差异。

在实际工作中，产生成本差异的原因是多种多样的，当成本差异产生后，管理人员应对下列问题作出决定：

首先，成本差异的数额的大小，是否值得进行调查？

其次，成本差异产生的原因调查清楚后，能否有改进的措施？

最后，成本差异调查所支付的费用是否小于预期的收益？

一般来说，成本差异数额的大小，不能只看绝对数，应看相对数，也就是说衡量成本差异的数额的大小，应按成本差异额占成本的比例，如1000元的成本差异对1000000元的成本来讲只占0.1%，而对10000元的成本来讲就是10%，后者就是一个大数额，必须进行调查，如果是不利差异的话，要采取相关措施加以改进。

大多数企业对不利成本差异比较重视，而对有利差异则认为既然有利而不必进行调查分析，置之不管。从管理角度来看，既然事先确定了合理、科学的标准成本，在执行过程中，产生了成本差异，不论是不利差异还是有利差异，都应予以充分重视。譬如，产品用料质次价廉或偷工减料，表面上数量差异与价格差异都是有利差异，但是这种损害消费者权利的行为，会使企业的商誉受到损害，会对以后的销售造成严重的影响。尽管当前成本得到降低，利润有所增加，但这种情况不可能持久。因此，对企业的有利成本差异必须予以充分的重视，决不能追逐本部门的有利成本差异而造成其他部门的不利成本差异。企业每个部门要与企业的总目标统一起来，调查分析成本差异不利或有利的差异，以完成企业的总体目标。

成本差异通过采取改进措施后，多数是能够控制并加以改进的。但是，有些成本差异则是无法控制和纠正的，譬如，国家统一提高工资水平而形成企业人工工资率的不利差异，是管理人员无法予以控制的；又如，生产过程的改变引起工时的延长或缩短产生人工效率的差异也是管理人员无法控制的。在这种情况下，只有调整现行的标准成本，而不是采取改进措施来纠正控制成本差异。

另外，成本差异数额如果很小，而调查费用又大于所调查的成本差异，那么，这种调查就不值得进行。

二、例外管理

企业标准成本确定以后，在执行过程中，实际的成本支出总会或多或少偏离标准成本，因此，这种成本差异的产生是绝对的，实际成本与标准成本相一致的情况只能说是巧合。成本责任中心及各部门管理人员不可能事无巨细地调查分析各种各样、大大小小的成本差异，因此企业管理人员要将各种成本差异进行筛选，将不可控的成本差异排除，譬如邮电费、水费、电费、税金、利息等，在统一调整收费标准或税率以及利息率而发生差异时，不论差异额多大，企业本身无法控制，因此，也无调查分析的必要。

例外管理就是要求管理人员将注意力集中于偏离预算的重大事项上。所谓例外事项是指不符合常规的、重要的偏离标准或预算的成本差异。例外管理可以提高工作效率，从而不把精力分散到所有大大小小的成本差异上。

当然，不是所有的差异均视为"例外"。通常确定"例外"的标准主要有以下四条：

1. 重要性

重要性主要是根据差异金额的大小决定的。企业在实施成本控制时，通常规定有差异控制线。差异控制线可以用绝对额表示，也可用百分率表示。当差异超过控制线时，表示差异较大，应作为例外予以重视。

2. 一贯性

差异虽然没有超过控制线，但一贯在控制线的上限或下限附近徘徊，则应视为例外，需引起管理人员的注意。有的企业规定，如果差异连续几次接近控制线的上限或下限，就要引起注意，及时查明原因加以纠正。

3. 可控性

无法控制的项目，无论差异多大，均不应视作例外。如税率变动、水电费调价等引起的重大差异，企业无须采取任何追查措施。

4. 特殊性

凡对企业的长期获利能力有重要影响的项目，即使差异很小，也应视作例外，进行重点控制。

下列情况，属于例外事项之列，不论不利差异还是有利差异，均须进行调查，并采取改进措施：

1. 实质性差异

实质性差异就是指差异产生的数额超过了规定的界限，不论绝对数还是相对数只要超过规定的限额，即作为例外。至于差异的限额由企业根据具体情况决定，譬如，企业可规定，差异超过1000元或者成本差异占标准成本的5%以上，均看作实质性差异。

2. 经常性差异

经常性差异是指差异的相对数或绝对数虽然未超过规定的界限，但常常接近规定的界限。对于这种情况，要予以足够重视，因为这类差异频繁出现，说明实际成本偏离标准成本，已失去控制，或者说明标准成本已不切合实际情况，需要修订调整。不论是属于何种情况，都应作为例外事项，有必要查明原因，采取措施予以改进。

3. 重要性差异

重要性差异是指对企业今后获利能力有举足轻重的长期影响项目的差异。这类差异尽管其相对数或绝对数不大，但对企业的成本有重要而且长期的影响，因此企业对于这类重要的关键性项目要予以充分重视，作为例外管理。

[思考题答案]

7-1 甲产品直接材料标准成本 = 1000kg × 0.03 元/kg + 3000kg × 0.018 元/kg + 500kg × 0.28 元/kg = 30 + 54 + 140 = 224（元）

7-2 乙产品的计时工资标准 = (5×10 + 6×8 + 4×12) ÷ (5+6+4) = 9.73 元/小时

7-3 实际工资率 = 80000 ÷ 5000 = 16（元/时）

直接人工成本差异 = 16 × 20 × 1000 - 8 × 20 × 1000 = 160000（元）

7-4 变动制造费用差异 = 1.8 × 20000 - 1.4 × 19200 = 9120（元）（不利差异）

其中，变动制造费用耗费差异 = (1.8 - 1.4) × 20000 = 8000（元）（不利差异）

变动制造费用效率差异 = (20000 - 19200) × 1.4 = 1120（元）（有利差异）

7-5 固定制造费用标准分配率 = 固定制造费用预算额 ÷ 预计生产能力
$$= 5200 ÷ 20000 = 0.26（元/工时）$$

固定制造费用实际分配率 = 固定制造费用实际数 ÷ 实际工时

$$=5400\div18000=0.3\text{（元/工时）}$$

固定制造费用差异 $=0.3\times18000-0.26\times19000$（单位标准工时 19×生产 C 产品件数 1000）$=460$（元）

其中，

固定制造费用耗费差异 $=5400-5200=200$（元）

固定制造费用能力差异 $=(20000-18000)\times0.26=520$（元）

固定制造费用效率差异 $=(18000-19000)\times0.26=-260$（元）

固定制造费用差异 $=200+520+(-260)=460$（元）

第八章 存货控制

思维导图

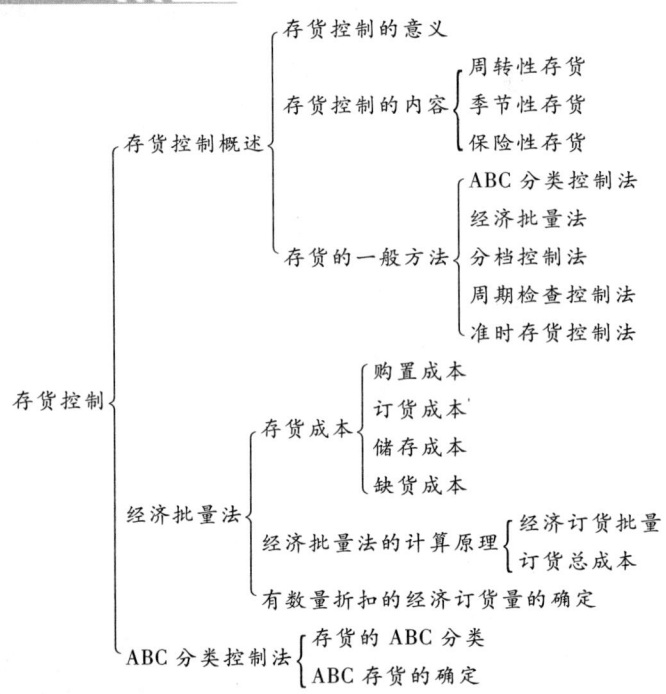

学习目标

了解存货控制的意义及其主要内容;熟悉存货控制的一般方法,重点掌握经济批量法和 ABC 分类控制法;掌握经济订货量、经济批次和进货总成本的计算;掌握影响经济订货量的有关因素分析,以及有数量折扣的经济订货量的确定和缺货情况下经济订货量的确定;掌握 ABC 分类控制法进行存货划分的程序和主要控制方法。

第一节 存货控制概述

企业的存货是指企业从事生产经营过程中为销售或制造产品所储存的一切经济资源,主要包括原材料、燃料、周转材料、在产品、外购商品、自制半成品和库存商品等。随着企业生产经营活动的进行，企业的存货也处在不断地耗用、销售和重置之中。企业的存货价值在资产总值中占有很大比重。

一、存货控制的意义

存货控制主要是指对企业原材料、在产品和产成品的库存量所实施的管控。企业为了保证生产、销售活动的正常进行，必须保证一定数量的原材料、在产品和库存商品的库存量。存货的数量过多，会影响流动资产的使用效率，引起流动资金周转速度缓慢，引起利息支出的增加；但如果存货数量过少，会影响生产，造成停工待料，或无货供应销售等情况。因此，企业的存货量主要解决生产和供应之间的不协调。

存货控制是企业管理中涉及面较广的一项综合性工作，如何确定存货的采购量、储存量、供应期，对企业各个部门来说，从其自身角度考虑会得到不同的解释。如生产部门为满足生产的需要，会提出增加采购量及储存量、缩短供应期等，以保证生产部门有充裕的存货随时领用；供应部门也需要扩大采购的批量，以取得批量进货的折扣和优惠；再如，销售部门也需要有足够的商品储存供其随时销售，以增加其市场竞争力。存货控制必须协调好以上各方面、各部门的关系，从企业的全局出发，从实际需要出发，既要保证生产经营活动的正常进行，又要使存货控制在最低水平。总之，搞好存货控制，对保证企业供、产、销各项工作正常运转，加速资金周转，降低成本，增加利润，提高企业经济效益具有重要意义。

因此，存货控制就是将原材料、库存商品等存货控制在正常的、合理的库存水平。存货控制的一般要求如下：

（一）确定存货合理的储存量

企业存货必须保持一定的储存量，才能满足生产经营活动的需要，这个储存量以其最低水平满足生产经营活动正常需要，这个最低水平的储存量就是最优、最合理的存货数量。超过这个限量，就会造成超储积压；低于这个限量，又会造成供需脱节。因此，存货控制采用科学的技术方法，根据企业生产经营的特点，计算分析出一个合理的储存量。

（二）确定存货合理的供应期

供应期是指存货进货的间隔期，即前后两次同类存货进货的相隔时间。供应期越长，进货次数越少，每次采购的数量也越多，存货的储存量也越大。反之，供应期越短，进货次数越多，每次采购的数量越少，存货的数量也越小。因此供应期与采购量、储存量之间存在密切的关系。企业要根据生产经营的实际情况，确定存货在供应期、采购量和储存量之间的最佳组合，使存货控制在最合理的水平满足生产经营活动需要，并获得最好的经济效益。

（三）健全存货的管理机制

为使企业存货控制在最合理的水平，必须建立健全存货管理的制度和管理办法。如供销（采购或销售）合同的签订，严格按合同规定的条款进货和销售；又如在途材料、在产品等都应有一套科学的管理制度，使存货控制形成有效的管理机制。

（四）防止意外事件发生

企业在采购、运输、生产和销售过程中，都可能发生意料之外的事故，保持必要的存货保险储备，可以避免和减少意外事件的损失。

二、存货控制的内容

企业的存货控制的内容，按其在企业生产经营过程中的不同作用，可分为周转性存货、季节性存货和保险性存货。

（一）周转性存货

周转性存货是企业为保证生产经营活动的正常进行而储存的基本、必备的存货，如原材料、在产品、半成品和库存商品。这类存货储存量多，周转速度快，资产占用多，理当是存货控制的重点。

（二）季节性存货

季节性存货是企业由于产销季节性变化而需要增加的存货。季节性存货不是所有企业都必备的存货，它仅是某些企业在生产或销售上有季节性变化的特点而在某一季节临时增加的存货。这类存货具有储存量波动大的特点，对于季节性生产或销售企业来说，这种存货的控制应作为重点。其存货的控制要根据季节性增加的产销量比例进行计算，存货的存储量控制在能满足季节性生产经营活动的正常需要的合理水平。一旦进入淡季，应及时压缩库存。

（三）保险性存货

保险性存货是企业为了应对突发的意外情况而储存的存货，这类存货一般储存量较少，大多企业都保持一定的此类存货。保险性存货主要是应付突发的交通运输事故或供应单位因故不能供应材料等而储存的存货。保险性存货一般应根据历史资料以及市场的调查分析，对关键性的存货品种计算其保险储存天数，再根据每天的消耗量计算出储存量，对一般性的存货品种可采用周期检视法或红线警示法。

三、存货控制的一般方法

企业存货品种、规格繁杂，存货的管理要求多种多样，对于存货的控制方法应根据企业生产经营活动的特点和存货管理的要求，采用相应的存货控制方法。存货控制的一般方法有：ABC分类控制法、经济批量法、分档控制法、周期检查控制法和准时存货控制法等。

（一）ABC 分类控制法

ABC 分类控制法是指将企业的各种存货按耗用量的大小和资金占用额的多少分成 A、B、C 三类，突出重点，区别对待。用不同的要求、方法来控制不同类型的存货。

（二）经济批量法

经济批量法是指企业在保证生产经营活动正常进行的前提下，使其年订货成本与年储存成本之和达到最低限度的每次订货量。

当企业在确定某种存货的全年订货量后，如何确定存货的供应期，也就是存货的进货次数？如果全年的订货量一次全部购入，只发生一次订货成本，然而长达一年的供应期，使存货的储存量达到最高峰，储存成本会达到最大值。相反，如果多次分批购入，可使储存成本降低，但订货成本因采购次数增加而上升。二者的关系此消彼长。经济批量法是一种既能保证企业生产经营活动正常进行，又能使存货总成本降低到最低水平的存货控制方法。

（三）分档控制法

分档控制法是指将同类存货采用二档控制。第一档为达到订货点的储存量，第二档为保险库存量。当生产耗用将第一档库存量用完时，就应该及时进货补充存货，在补充存货尚未运抵前，由第二档库存量满足生产的需要。分档控制法是一种既能保证生产经营活动正常进行，又能使存货的存储量达到合理水平的存货控制方法。根据企业的具体情况，也可以采用三档控制法。另外，还可采用双堆法、标线法。

（四）周期检查控制法

周期检查控制法是指企业根据存货的预计最高存货量，在确定的检查周期（如每月、每旬、每周或每天）检查存货的实际库存，以确定是否需要补充存货。这种方法，事先不需要确定每次补充的存储量，而是根据预定的最高存储量和当时实际库存量来计算应补充的存储量。因此，存货可以保持在一个合理水平，不会引起超储积压。

（五）准时存货控制法

准时存货控制法是指企业使材料采购数量等于零部件生产的数量，零部件数量等于可组装完工产品的数量，完工产品数量等于已销售产品数量。这种方法实质上是一种零库存存货控制法。当然这种方法有诸多条件限制，如对于生产部门需要的原材料，采购部门应无条件保证供应，销售部门应将完工产品及时售出，生产部门各车间、各工序之间又必须紧密配合、充分协调。这种方法可大大减少资金占用和大幅度降低成本，但实际应用尚有困难。

以上五种存货控制方法并不是相互孤立、互不关联的，而是可以交叉使用。在具体应用某一种存货控制方法时，可以辅以其他存货控制方法。本书仅介绍前两种方法。

第二节 经济批量法

一、存货成本

企业为了保证生产经营活动的正常进行，必须储备一定数量的存货，由此而发生的各种费用支出，就是存货成本。它包括：购置成本、订货成本、储存成本和缺货成本等。

（一）购置成本

购置成本是指存货本身的价值，它是进货数量与购进单价的乘积。假设物价不变且没有进货数量折扣时，在一定时期进货总量既定的条件下，无论采购次数如何变动，存货的购置成本通常是保持相对稳定的，故而购置成本属于存货控制中的无关成本。

（二）订货成本

订货成本是指企业为组织进货而开支的费用，如采购人员工资、差旅费、电话费、运输费、检验费、入库搬运费、合同公证费等。订货成本中有一部分与订货次数有关，如差旅费、电话费、邮电费等与进货次数成正相关变动，这些变动性订货成本属于存货控制中的相关成本；另一部分则与订货次数无关，如采购人员工资、专设采购机构所发生的费用支出等，这些固定性订货成本则属于存货控制中的无关成本。

（三）储存成本

储存成本是指企业储存存货而发生的费用，它包括仓储费用、保险费用、存货残损霉变损失和存货资金占用而发生的利息支出。与订货成本一样，储存成本可以按照与储存数额的关系分为变动性储存成本与固定性储存成本。其中，变动性储存成本随着存货储存数额的增减成正比例变动，如仓储费用、存货的保险费用、存货的残损和变质损失以及存货资金的利息等，这些都属于相关成本；而固定性储存成本与存货储存数额的增减没有直接的联系，如仓库人员的工资、仓库折旧费用，这些都属于无关成本。

（四）缺货成本

缺货成本是因存货不足而给企业造成的经济损失，如由于材料供应中断造成的停工损失，产品供应中断导致延误发货的信誉损失及支付违约金等的损失。缺货的产生与储存货物的数额密切相关，储存量大，缺货的机会少，然而储存量大，储存成本则会上升；而储存量小，则可能造成缺货，而造成经济损失。缺货成本是否作为相关成本，取决于企业是否允许出现存货短缺的情况，若允许缺货，则缺货成本与存货数量反向相关，就属于相关成本；若企业不允许发生缺货情况，因此时缺货成本为零，也就无须加以考虑，也就作为无关成本。

以上四种存货成本中，购置成本与缺货成本一般不随存货数量和订货次数的多少而变动，故而在存货控制中作为无关成本，在存货的经济批量计算中，通常也不予考虑。

二、经济批量的计算原理

当企业在确定全年存货的进货数量后,就应该根据实际情况进行科学合理的决策:是一次全部购进,还是分批多次购进。如果一次全部购进,只需支付一次进货费用,这样虽然节省了订货成本,但由于购进的存货是陆续被生产部门领取耗用的,因而这批存货有一个较长的储存期,也就增加了仓储费用、存货占用资金的利息等,使得储存成本达到最高水平。相反,如果分批多次购入存货,可以使储存成本降低,但订货成本又因采购次数的增加而上升。因此,如何协调各项成本间的关系,使存货的订货成本与储存成本之和保持最低水平,是企业决定存货经济批量的关键和标准。

企业通过合理的进货批量和进货时间,使存货的订货成本与储存成本之和达到最低水平,这个批量就叫作经济订货量或经济批量。经济批量需要设立假设条件,主要包括:

(1) 存货能够及时得到补充,即在企业订货时便可立即得到存货。
(2) 按照订货批量集中到货,而不是陆续到货。
(3) 不存在缺货,即无缺货成本。
(4) 存货的价格稳定不变,也不考虑现金折扣,即存货单位价格作为已知的常数。
(5) 存货的订货量稳定不变,即年订货量作为已知的常数。
(6) 企业支付能力较强,市场货源充足,即存货不会因现金不足或者市场无货而影响缺货。

在以上的假设下,可设置经济批量的基本模型,如图 8-1 所示。

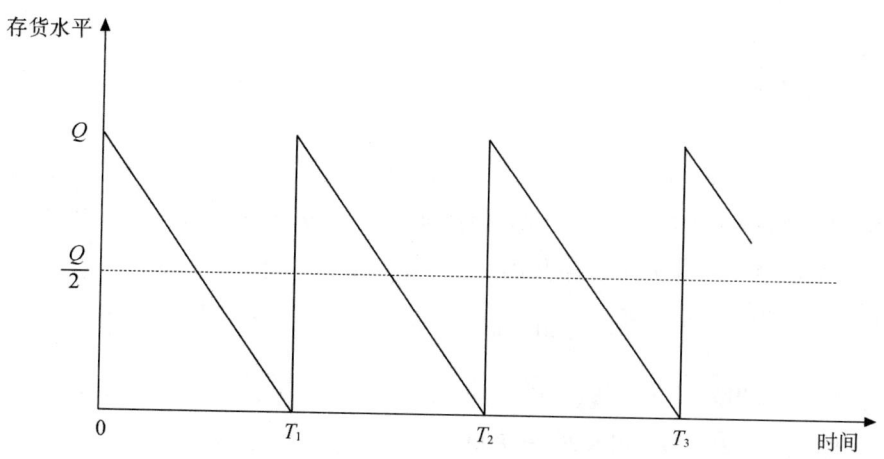

图 8-1 存货模型示意图

在存货模型图中,横轴表示时间,$0-T_1$、$0-T_2$、$0-T_3$ 分别表示三个存货供应周期;纵轴表示存货水平,Q 表示订货量,$\dfrac{Q}{2}$ 表示平均存货量。

由于企业不允许缺货,每当存货数量降至零时,下一批订货随即购入。这样,与存货订购批量、批次直接相关的就只有订货成本和储存成本两项。总的年存货成本就等于订货成本加上储存成本。其公式为:

存货总成本 = 订货成本 + 储存成本

存货模型就是为了在存货订货成本和储存成本的增减变动中，寻找存货总成本最低时的订货量。

全年订货总成本为：

$$T = \frac{A}{Q} \cdot P + \frac{Q}{2} \cdot C$$

式中：A——全年需求总量

Q——每次订货量

P——平均每次订货成本

C——单位存货年度平均储存成本

T——订货总成本

对公式求导并令其等于 0，则：

$$\frac{C}{2} - \frac{AP}{Q^2} = 0$$

经济批量为：

$$Q = \sqrt{\frac{2AP}{C}}$$

经济批次则为：

$$\frac{A}{Q} = \frac{A}{\sqrt{\frac{2AP}{C}}}$$

$$\frac{A}{Q} = \sqrt{\frac{A \cdot C}{2P}}$$

订货总成本则为：

$$T = \sqrt{2 \cdot A \cdot P \cdot C}$$

[例 8-1] 红杉家具厂每年耗用甲材料 2400 吨，甲材料单位成本为 200 元，每吨储存成本为 20 元，每次订货成本为 240 元。

则有：$Q = \sqrt{\dfrac{2 \times 2400 \times 240}{20}} = 240$（吨）

$A/Q = 2400 \div 240 = 10$（次）

$T = \sqrt{2 \times 2400 \times 240 \times 20} = 4800$（元）

用以上公式来计算确定存货的经济批量，简便易行，下面列表检测分析以上计算结果，如表 8-1 所示。

表 8-1　　　　各种进货量全年总成本检测表　　　　单位：元

行次	项目	各种订货量				
1	每次订货量（吨）Q	400	300	240	200	160
2	订货次数（次）A/Q	6	8	10	12	15

续表

行次	项目	各种订货量				
3	平均库存量（吨）Q/2	200	150	120	100	80
4	全年订货成本 P·(A/Q)	1440	1920	2400	2880	3600
5	全年储存成本(Q/2)·C	4000	3000	2400	2000	1600
6	全年订货总成本	5440	4920	4800	4880	5200

根据表 8-1 显示，每次订货量 240 吨，全年进货 10 次，其全年存货总成本为 4800 元，而订货量高于或者低于 240 吨，其全年存货总成本均高于 4800 元。因此，240 吨的订货量是甲材料的经济订货量，即经济批量。

在实际工作中，也可用列表测试的方法来确定经济批量，但由于工作量大，实际应用时较繁琐。

经济批量法也可以用图表的方法来表示，以横轴表示采购量，以纵轴表示成本，画出一个直角坐标图。在这个直角坐标系内，画出储存成本的直线和订货成本的反比例函数线，然后把这两线进行迭加描点，可画出总成本线。如图 8-2 所示。

从图 8-2 可以看出经济批量就是年订货总成本曲线的最低点，此点恰好为订货成本和储存成本两线交叉点，处于同样位置，即每次订货批量为 240 吨。

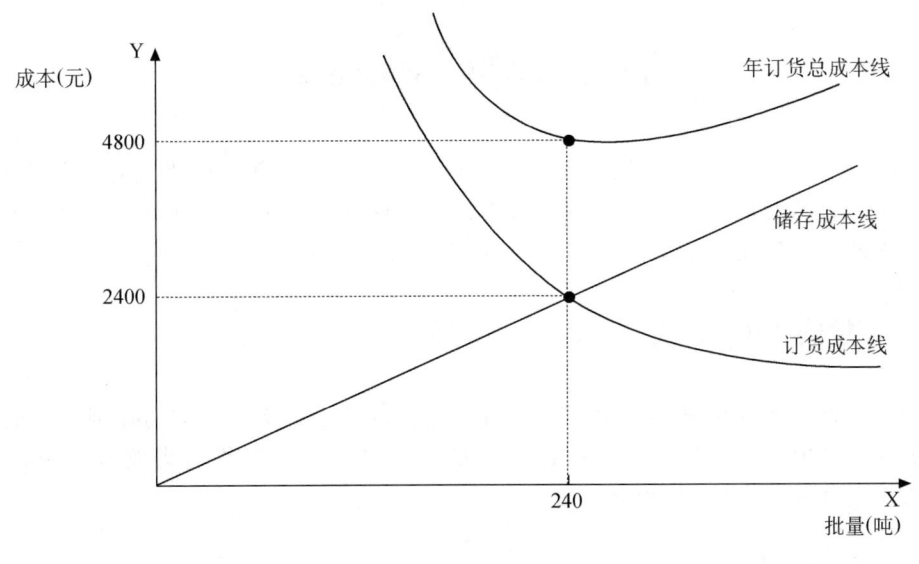

图 8-2 经济批量坐标图

三、有数量折扣的经济订货量的确定

在市场经济条件下，商品销售者为鼓励购买者大批量购买其商品，往往在售价上给予价格优惠，即数量折扣。数量折扣使购买者在增加购货量情况下降低购置成本，从而在年订货量不变的情况下降低订货成本；但大量购买必然会增加存货的储备，从而使储存成本相应增加。

有数量折扣条件下,不仅要考虑订货成本和储存成本,还需考虑购置成本,计算出各种数量折扣的条件下,包括购置成本在内的存货总成本,从中选择存货总成本最低的订货量作为经济批量。

[例8-2] 红杉家具厂A材料的年需要量为2000千克,每千克20元。销售方规定:客户每批购买量不足500千克,按标准价格计算;每批购买量500千克以上,1000千克以下的,优惠2%;每批购买量1000千克以上的,价格优惠3%。已知每批进货费用30元,单位材料的年储存成本3元。则实行商业折扣的最佳经济进货批量应如何确定?

第一步:计算出基本模式下的经济进货批量

$$Q = \sqrt{\frac{2AP}{C}} = \sqrt{\frac{2 \times 2000 \times 30}{3}} = 200 \text{(千克)}$$

第二步:按经济批量进货时的存货相关总成本

T = 2000×20 + 2000/200×30 + 200/2×3 = 40600(元)

第三步:按给予商业折扣的进货批量进货时的存货相关总成本

T_{500} = 2000×20×(1-2%) + 2000/500×30 + 500/2×3 = 40070(元)

T_{1000} = 2000×20×(1-3%) + 2000/1000×30 + 1000/2×3 = 40360(元)

通过比较发现,每次进货为500千克时的存货相关总成本最低,所以此时最佳经济进货批量为500千克。

第三节　ABC分类控制法

企业的存货多而繁杂,单价高低不一,存量有多有少。有的存货是企业生产的关键,不允许缺货;有的允许有少量、暂时的缺货;有的存货虽品种、数量少,但资金占用比例却很大。为使存货控制突出重点,可采取ABC分类控制法。

一、存货的ABC分类

对于企业繁多的存货既不必也不可能对全部存货进行严格、详细的控制。一般的方法是对数量少、价值高的存货严加控制,对数量多、价值小的存货适当放宽控制,ABC分类控制法就是这种分类控制的具体运用。

(一) A类存货

A类存货一般来说,其品种数占全部存货品种数的5%~10%,而其资金占用额却占库存资金的70%~80%。

A类存货是存货日常控制的重点,在计算其经济订货量时力求准确,尽可能使存货的储存符合生产经营活动的实际需要,避免超储或缺货。

(二) B类存货

B类存货的品种数约占全部存货品种数的20%~30%,其资金占用额占库存资金的

15%~20%。

B 类存货处于 A 类和 C 类存货之间，因此对它的控制既不如 A 类存货那样严格，也不像 C 类存货那样宽松。一般来说，B 类存货是按大类确定订购数量、储备定额，并根据不同情况灵活选择其控制方法，对占用资金较多的可采取定期订货控制，按时盘存，以满足生产经营活动的需要。

（三）C 类存货

C 类存货的品种数约占全部存货品种数的 65%~70%，其资金占用额占库存资金的 5%~10%。C 类存货是品种数较多而资金占用较少的存货。

C 类存货的控制可宽松些，通常是足量订货，集中采购，可适当增加其库存量，相对减少订货次数。

需要说明的是，存货 ABC 分类的标准是参考性的。由于每个企业存货的特点及其具体构成不同，ABC 分类标准也会随着企业需求不同而发生改变。

二、ABC 存货的确定

在实际工作中根据企业自身的情况来划分确定存货的品种，通常做法是：以单个品种的存货的资金占用额占全部存货的库存额的累计百分数为基础进行分类，再按照该种存货品种数量占全部存货品种总数的百分比进行分类。其基本计算划分程序如下：

（1）计算各种存货在 1 年内所需用量及资金占用额，按金额的大小依次排列。
（2）计算各种存货的品种累计数占全部存货品种数的百分比。
（3）计算各种存货的资金占用累计额及其占全部存货资金的百分比。

[例 8-3] 红杉家具厂生产需用 10 种材料，各种材料的有关资料，如表 8-2 所示。

表 8-2　　　　　　　　企业生产用材料的需要量、单价明细表

材料编号	年需要量（件）	单价（元/件）	金额（元）	类　别
1	100	100	10000	C
2	600	8	4800	C
3	500	15	7500	C
4	300	12	3600	C
5	70	1200	84000	A
6	1000	3	3000	C
7	1100	19	20900	B
8	300	85	25500	B
9	200	120	24000	B
10	60	1200	72000	A

根据表 8-2 资料，该企业 10 种材料 ABC 分类控制的分类表，如表 8-3 所示。
根据表 8-3，材料的金额划分范围如下：
A 类：50000 元以上；
B 类：20000~50000 元；

C 类：20000 元以下。

表 8-3　　　　　　　　　企业生产用材料 ABC 分类表　　　　　　　　　单位：元

类别	材料编号	金额	占总金额%	各类材料占全部品种%
A	5	84000	61.10%	3.07%
	10	72000		
	小计	156000	—	—
B	7	20900	27.58%	37.83%
	8	25500		
	9	24000		
	小计	70400	—	—
C	1	10000	11.32%	59.10%
	2	4800		
	3	7500		
	4	3600		
	6	3000		
	小计	28900	—	—
合计		255300	100%	100%

企业也可以根据表 8-3 内数据绘制 ABC 分类控制图，如图 8-3 所示。

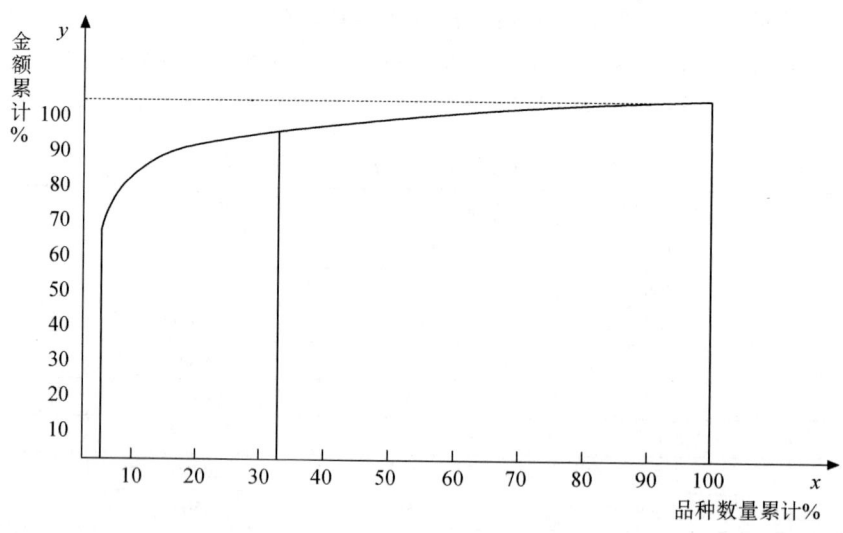

图 8-3　ABC 分类控制图

显然，从上例可以看出，按 ABC 分析法分析成本控制对象，可以突出重点，区别对待，做到主次分明，抓住成本控制的主要矛盾，因此该方法符合"抓住关键少数""突出重点"的原则，是一种比较经济合理的管理方法，它既适用于单一品种各项成本的控制，又可以用于多品种成本控制。

第九章 作业成本法

思维导图

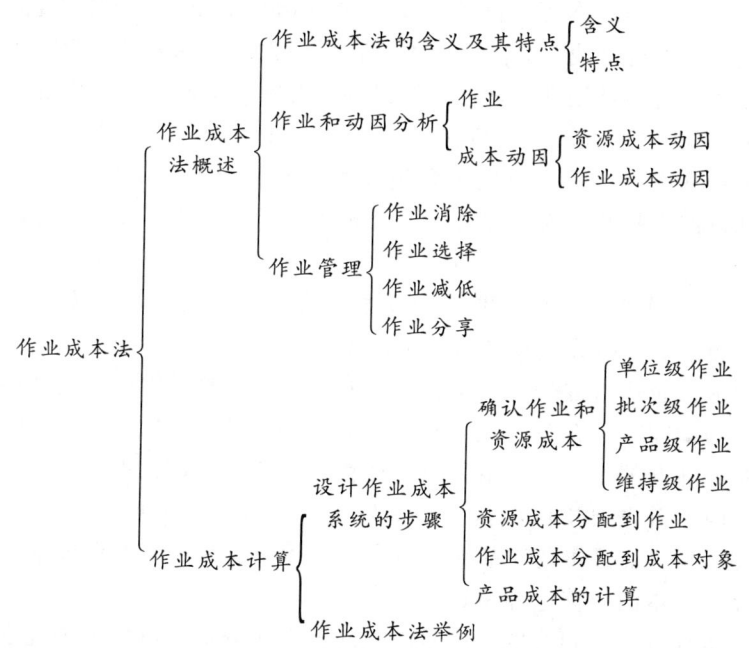

🎓 **学习目标**

通过作业成本法与完全成本法的对比分析，认识作业成本法的重要作用；掌握作业和成本动因的确切内涵；了解作业成本法与完全成本法的重要区别；熟悉作业成本法的基本工作步骤；能够使用作业成本法计算成本。

第一节 作业成本法概述

一、作业成本法的含义及其特点

(一) 作业成本法的含义

传统的成本计算方法存在着两个方面的重要缺陷:一是由于将固定成本分摊到不同的产品成本中去,因而随着产品产量的增加,单位产品分摊的固定成本会随之下降。即使是单位变动成本不变,平均成本也会随着产品产量的增加而下降。在销售收入不变的情况下,增加产品生产量,可以使部分固定成本被存货吸收,即减少当期销售成本,并增加企业当期利润。显然,这会导致企业管理人员盲目过度安排生产现象的出现。二是在传统的成本计算方法下,间接费用通常是按直接人工标准分配到产品成本中去的,但在实际中有许多间接费用项目并不与产品产量发生数量关系,而是与产品的生产批次数存在因果关系。机械地全部按照产品产量为基础来计算分配间接费用,会导致企业管理人员作出错误的决策信息。

作业成本法是将间接费用和辅助生产成本更准确地分配到成本对象(产品和服务)的一种成本计算方法。依据作业成本法的工作原理,企业的全部经营活动是由一系列相互关联的作业所组成。企业每进行一次作业,如采购材料、搬运货物、质量检查等,都要耗用一定的资源。与此同时,企业的成本对象(产品和服务)是被一系列的作业生产出来的。产品成本是企业全部作业所耗用资源的总和,而产品就是耗用全部资源的成果。企业在计算产品成本时,首先要按照经营活动中发生的各种作业来归集成本并计算出作业成本,其次是依照各项作业成本与产品或服务之间的因果关系,将作业成本分配给产品或服务对象并最终完成成本的计算过程。

采用作业成本计算法,制造费用按照成本动因直接分配,避免了传统成本计算法下的成本扭曲,如图 9-1 所示。

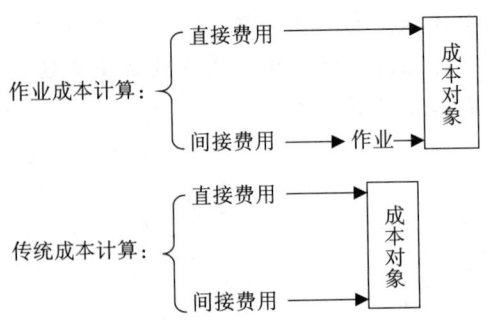

图 9-1 作业成本计算法与传统成本计算法

（二）作业成本法的特点

与传统的成本计算方法不同，作业成本法具有如下一些重要特点：

1. 以作业作为基本的成本计算对象，并将其作为汇总产品成本的基础

在传统成本法下，产品成本是指其制造成本。就其经济内容看，其只包括与产品成本直接有关的费用，而用于管理和组织生产的支出则作为期间费用处理。产品成本按费用的经济用途设置相关项目。而在作业成本法下，产品成本是指完全成本。就一个制造中心而言，其所有的费用支出只要是合理有效的，都是对最终产品有益的支出，就应计入产品成本。在作业成本法下，也使用期间费用概念，但此时期间费用汇集的是所有无效的、不合理的支出，而不是与生产无直接关系的支出。企业将它们计入期间费用，是希望通过改进相关作业以最终消除这些耗费。

2. 注重间接计入费用的归集与分配，设置多样化作业成本库，并采用多样化成本动因作为成本分配标准，使成本归集更加精细，从而提高成本的可归属性

在传统的成本计算方法下，产量是解释产品成本变动的唯一动因，并以此进行间接费用和辅助生产成本的分配。但从实际来看，间接费用和辅助生产成本是多种不同性质的费用开支的集合。有些间接费用和辅助生产成本会随着产品产量的变动而发生变化，而有些间接费用和辅助生产成本并不随着产品产量的变动而发生变化。而作业成本法的优势，在于它首先将资源的消耗追溯或者分配到作业，然后使用不同层次和数量众多作业动因将作业成本分配到产品中去。这要比单一的按照产品产量进行成本分配的方法更加合理、更加准确地核算与解释成本的变化。

3. 关注成本发生的前因后果

产品的技术层次、项目种类、复杂程度不同，其耗用的间接费用和辅助生产成本也不同，但传统成本计算法认为所有产品都根据其产量均衡消耗企业的所有费用。因而在传统成本法下，产量高、复杂程度低的产品的成本往往高于其实际发生成本；产量低、复杂程度高的产品的成本往往低于其实际发生成本。作业成本计算以作业为联系资源和产品的中介，以多样化成本动因为依据，将资源追踪到作业，将作业成本追踪到产品，提供了适应现代制造环境的更加准确的成本信息。其所使用的成本追溯是指将成本直接分配给相关的成本对象。而一项成本能否追溯到产品，可以通过实地观察来判断。如一台液晶平板彩色电视机生产所耗用的液晶板、集成线路板、扬声器及其他零部件的数量是通过观察就可以得到的。而对于不能追溯的成本，作业成本法则强调使用动因分配方式，将成本分配到有关成本对象（产品或服务）中去。如各种产品应承担的检验成本，以产品投产的批次数或质量检测次数作为作业动因进行分配；而检验作业所耗用的电能，应以检验设备单位时间耗电数量及其设备开动时间作为资源动因进行分配。在这里，检测设备单位时间的耗电量和开动时间与检验作业应承担的成本存在因果关系，检验次数与产品应承担的检测成本存在着因果关系。

二、作业和动因分析

作业是指企业中的特定组织（成本中心、部门或者产品线）重复执行的任务或者

操作。如：签订材料采购合同、将材料运到库房、对材料进行检测验收、办理材料入库手续、登记材料明细账、生产车间领用材料，等等。任何一项作业都是针对成本对象（生产或服务）重复执行特定的标准化操作。一项作业可能是一项非常具体的活动，如车工、钳工的作业；可能泛指一类活动，如机加工车间的车、钳、铣、刨、磨等所有作业统称为机加工作业；还可能是机加工作业、产品组装作业等若干个相互关联的具体作业组成的作业中心。

企业执行任何一项作业都需要耗用一定的资源。资源是指作业耗用的人工、能源、资本、资产。任何一项产品的形成都要消耗一定的作业，作业是联系资源和产品的纽带，它在消耗资源的同时生产出了产品。

成本动因是指作业成本或者产品成本的驱动因素。如产量增加时，直接材料成本就增加，产量是直接材料成本的驱动因素，即直接材料的成本动因。再如检验成本是随着检验次数的增加而增加，检验次数就是检验成本的驱动因素，即检验成本的成本动因。在作业成本法中，成本动因分为资源成本动因和作业成本动因两类。

（1）资源成本动因是指引起作业成本增加的驱动因素，用来衡量一项作业的资源消耗量。依据资源成本动因可以将资源成本分配给各有关作业。如产品质量检验工作（作业）需要有检验人员、专用的设备，并耗用一定的电能。检验作业作为成本对象（亦称成本库），耗用的各项资源构成了检验作业的成本。其中，检验人员的工资、专用设备的折旧费等成本，一般可以直接归属于检验作业；而能源成本往往不能直接计入，需要根据设备额定功率（或根据历史资料统计的每工时平均耗电量）和设备开动时间来分配。在这里，设备的额定功率乘以开动时间就是能源成本的动因。

（2）作业成本动因是衡量一个产品或者服务需要的作业量，是产品成本增加的驱动因素。作业成本动因计量各产品或者服务耗用作业的情况，并被用来作为作业成本的分配基础。如各个批次产品完工后都需要进行质量检验，如果对任何产品的每一批次进行质量检验所发生的成本相同，则检验的次数就是检验作业的成本动因，它是引起产品检验成本增加的驱动因素。某一会计期间发生的检验作业总成本（包括检验人工成本、设备折旧、能源成本等）除以检验的次数，即为每次检验所发生的成本。某种产品应承担的检验作业成本，等于该种产品的批次乘以每次检验发生的成本。

确定成本动因时应注意的问题是：与作业对资源、产品对作业的实际消耗密切相关；尽可能在保证相关性的前提下，选择易于计量或有现成计量记录的成本动因；要有助于控制成本和激励业绩的提升。

三、作业管理

作业成本法使产品成本计算的正确性得以提高，而要有效地控制成本的发生并降低成本就必须立足于作业过程分析来进一步认识成本与作业的关系。作业过程分析以业务为导向，从实物流动数量变化、非财务的产品与劳务的关系的层面来分析生产经营过程。具体而言，首先要确定实物的消耗量；其次是确定生产经营过程消耗了何种资源。耗用资源就会发生成本，一旦明确了消耗形态，就可以直接追踪资源耗用作业的全过程，从根源上对成本进行控制，支持生产经营过程的持续改善。作业过程分析承认多层次作业，既强调在一个过程中作业的相对独立性,又强调作业的链接关系。

作业管理就是将企业看作由顾客需求驱动的系列作业组合而成的作业集合体,在管理中努力提高增加顾客价值的作业比率,消除遏制不增加顾客价值的作业比率,实现企业生产经营的持续改善。不增加顾客价值的作业以及增加顾客价值但无效率的作业称为不增值作业,由不增值作业引发的成本称为不增值作业成本。作业管理一般包括确认作业、作业链和成本动因分析、业绩评价以及报告不增值作业成本四个基本步骤,主要采用下列的方法降低成本:

1. 作业消除

作业消除就是消除不增值的作业。即先确定不增值的作业,进而采取有效措施予以消除。如将原材料从集中保管的仓库搬运到生产部门,将某部门生产的零件搬运到下一个生产部门都是不增值作业。如果条件许可,将原料供应商的交货方式改变为直接送达原料使用部门,将功能性的工厂布局转变为单元制造式布置,就可以缩短运输距离,削减甚至消除不增值的作业。

2. 作业选择

作业选择是指尽可能列举各项可行的作业并从中选择最佳的作业。不同的策略经常产生不同的作业,如不同的产品销售策略会产生不同的销售作业,而作业引发成本,因此不同的产品销售策略使用,会带来不同的作业成本变化。在其他条件不变的情况下,选择作业成本最低的销售策略,可以降低成本。

3. 作业减低

作业减低就是改善必要作业的效率或者改善在短期内无法消除的不增值的作业,例如减少整备次数,就可以改善整备作业成本。

4. 作业分享

作业分享就是利用规模经济效应提高必要作业的效率,即增加成本动因的数量但不增加作业成本,这样可以降低单位作业成本及分摊于产品的成本。例如新产品在设计时如果考虑到充分利用现有其他产品使用的零件,就可以免除新产品零件的设计作业,从而降低新产品的生产成本。

作业成本计算与作业管理相结合构成了全新的全面成本管理制度,如图9-2所示:

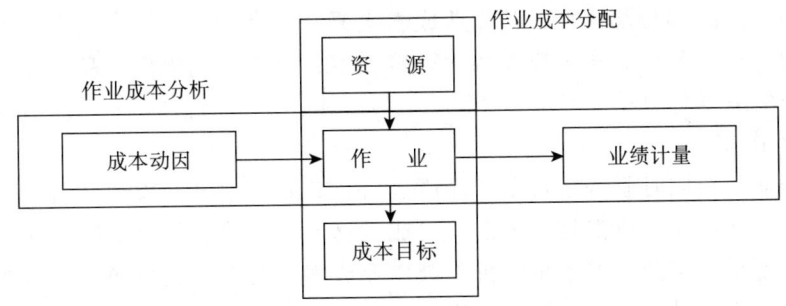

图9-2 作业成本法下全面成本管理制度构成图

在作业成本法下所提供的信息有助于分析各种决策方案,在过程分析导向下提供的信息反映作业过程的动态关系,为从根源上控制成本、评价业绩、持续改善生产经营创造了条件。

第二节 作业成本计算

一、设计作业成本系统的步骤

作业成本法的基本思想是在资源和产品之间引入一个中介"作业",基本原则是作业消耗资源,产品消耗作业;生产导致作业的发生,作业导致成本的发生。根据这一原则,作业成本系统的设计按如下具体步骤进行:

(一) 确认作业和资源成本

建立作业成本系统从作业认定开始,即确认每一项作业完成的工作以及执行该作业耗用的资源成本。作业的认定需要对每项消耗资源的作业进行定义,识别每项作业在生产活动中的作用、与其他作业的区别,以及每项作业与耗用资源的联系。在实际工作中可能出现的作业类型一般有:起动准备、购货订单、材料采购、物料处理、设备维修、质量控制、生产计划、工程处理、动力消耗、存货移动、装运发货、管理协调等。

作业的认定有两种形式:一种是企业根据产品的总生产流程,自上而下进行分解;一种是通过与员工或者经理进行交谈,自下而上确定他们所从事的工作,并逐一认定各项作业。如根据企业生产流程的分析可知,由企业的材料库房到生产车间有将近 500 米的距离,其必然存在材料搬运作业;或者通过对相关库房管理人员和生产车间主任的走访,同样可以确认生产流程中客观存在着这种材料搬运作业。在实际工作中,需要将自上而下和自下而上两种方式结合起来。

作业确定后,还须将作业组织划分为相互排斥的作业类别。主要有:单位级作业、批次级作业、产品级作业和维持级作业四种类型。

1. 单位级作业

单位级作业是指每一单位产品至少执行一次的作业。如机器加工作业、组装作业。单位级作业对每个产品都必须执行,其作业成本主要有:直接材料、直接人工工时、机器成本、直接能源消耗。单位级作业成本属于直接成本,可追溯到单位产品上面,即直接计入产品或者服务的成本计算单。

2. 批次级作业

批次级作业是指同时服务于每批产品或者许多产品的作业。如生产前机器设备调试、成批产品移至下一工序、成批材料采购、对成批材料入库检验。批次级作业成本取决于批次的多寡,而不是单位产品的数量。批次级作业成本需要单独进行归集后形成每批次的成本,然后分配给不同批次,而后再根据产品的数量在各个单位产品之间进行分配。

3. 产品级作业

产品级作业是指服务于某种型号或者样式产品的作业。如存在产品设计、产品生产工艺规定,或者存在着生产工艺改造、产品更新。产品级作业依附于某一产品线的存在,而不是产品的数量或者产品批次。产品级作业成本仅仅依靠某个特定的产品线的存在而发生,会随着品种数的变化而变化,而与产品的产量及批次数不发生关系。

4. 维持级作业

维持级作业是指服务于整个企业的作业。如企业的保安作业、产品售后维修作业、行政管理作业、保险缴纳作业、税款计提缴纳作业。维持级作业是维护企业正常的生产能力的发挥而发生的作业,不与企业的产品数量、产品批次及产品品种数发生关系。维持级作业成本无法追溯到单位产品,且与产品批次和产品品种的多少无明显的关系。其成本开支需要首先分配到不同产品品种,而后再分配到具体的产品订单,最后再分配到单位产品。当然,还可以直接根据人工或者机器工时分配给某个产品或者某个订单。

(二) 资源成本分配到作业

作业引发资源的耗用,而资源动因是作业消耗资源的原因或方式,因此,间接费用和辅助生产成本应当根据资源动因归集到代表不同的作业中去。换句话说,资源成本借助于资源成本动因分配到各项作业中去。资源成本动因和作业成本之间一定要存在因果关系。主要作业的资源成本动因有:机器运行作业的资源成本动因是机器工时、安装作业的资源成本动因是安装工时、清洁作业的资源成本动因是平方米、材料搬运作业的资源成本动因是搬运次数或者搬运距离、企业人事管理作业的资源成本动因是雇员人数或者工作时间、制作订单作业的资源成本动因是订单数量。

由于企业生产经营的范围扩大、复杂性提高,构成产品生产、服务程序的作业也大量增加,为每项作业都单独设置成本动因往往并不现实。在实践中,应将有共同资源动因的作业确认为同质作业,并将同质作业引发的成本归集到同质作业中合并分配。这样做,既提高了作业成本计算的可操作性,而且减少了工作量,降低了信息使用成本。

(三) 作业成本分配到成本对象

在确定了作业成本之后,根据作业成本动因计算单位作业成本,而后再根据作业量计算成本对象应负担的作业成本。

单位作业成本 = 本期作业成本库归集的总成本 ÷ 作业量

作业量的计量单位主要有三类:业务动因、持续动因和强度动因。

(1) 业务动因通常以执行的次数作为作业动因,并假定每次作业的成本相同。检验完工产品质量、搬运材料的次数都属于业务动因。其作业成本分配的公式为:

分配率 = 归集期内作业成本总额 ÷ 归集期内作业总次数

某产品应分配的作业成本 = 该产品耗用作业次数 × 分配率

(2) 持续动因是指执行一项作业所需要的时间标准。如果检验不同产品所耗用的时间差异较大,则不宜采用业务动因而建议使用持续动因。持续动因的假设前提是,执行作业单位时间内耗用的资源是相等的。其作业成本分配的公式为:

分配率 = 归集期内作业成本总额 ÷ 归集期内作业总工时

某产品应分配的作业成本 = 该产品耗用作业工时 × 分配率

(3) 强度动因是指在某些特殊的情况下,将作业执行中实际耗用的全部资源单独归集,并将该项单独归集的作业成本直接计入某一特定产品。强度动因适合某种特殊的订单或者某种新产品的试制,须用产品订单或者工作单记录每次执行作业时耗用的所有资源及其成本,而产品订单或者工作单记录的全部作业成本就是计入该订单产品的成本。

在上述三类作业动因中,业务动因的精确度最差,但其执行成本最低;强度动因的精确度最高,但其执行成本最高;持续动因成本的精确度和成本额居中。

(四)产品成本的计算

某产品当期发生成本 = 当期投入该产品的直接成本 + 当期该产品耗用的各项作业成本

其中:直接成本 = 直接材料成本 + 直接人工成本

二、作业成本计算法举例

[例9-1] 鼎力工业制造有限公司生产甲、乙两种产品,有关资料如下:
(1) 甲、乙两种产品的基本资料如表9-1所示。

表9-1　　　　　　　　　　甲、乙产品基本资料

产品名称	年产量（台）	单位产品机器工时（小时）	直接材料单位成本	直接人工单位成本
甲	20000	10	50	20
乙	80000	10	30	20

(2) 企业每年制造费用总额为4000000元。甲、乙两种产品的复杂程度不一样,所耗用的作业量不一样。依据作业动因设置五个成本库。有关资料如表9-2所示。

表9-2　　　　　　　　　　甲、乙产品作业成本资料

作业名称	成本动因	作业成本	作业动因		合计
			甲产品	乙产品	
机器调整	调整次数	1200000	6000	4000	10000
质量检验	检验次数	960000	8000	8000	16000
生产订单	订单份数	240000	400	800	1200
机器维修	维修次数	1200000	800	1200	2000
材料验收	验收次数	400000	200	600	800
合计		4000000			

要求:分别用作业成本法和传统成本计算法计算上述两种产品的单位成本。
首先,用作业成本法计算各项作业的成本动因分配率,计算结果如表9-3所示:

表9-3　　　　　　　　　　作业动因成本分配表

作业名称	成本动因	作业成本	作业动因数			分配率
			甲产品	乙产品	合计	
机器调整	调整次数	1200000	6000	4000	10000	120

续表

作业名称	成本动因	作业成本	作业动因数			分配率
			甲产品	乙产品	合计	
质量检验	检验次数	960000	8000	8000	16000	60
生产订单	订单份数	240000	400	800	1200	200
机器维修	维修次数	1200000	800	1200	2000	600
材料验收	验收次数	400000	200	600	800	500
合计		4000000				

其次，计算作业成本法下两种产品的制造费用。计算结果如表9-4所示。

表9-4　　　　　　　　　按作业成本法计算的制造费用

作业名称	作业成本	作业动因数		分配率	分配的制造费用	
		甲产品	乙产品		甲产品	乙产品
机器调整	1200000	6000	4000	120	720000	480000
质量检验	960000	8000	8000	60	480000	480000
生产订单	240000	400	800	200	80000	160000
机器维修	1200000	800	1200	600	480000	720000
材料验收	400000	200	600	500	100000	300000
合计	4000000				1860000	2140000

传统成本计算法下，甲、乙两种产品的制造费用（按照机器工时分配），计算如表9-5所示。

表9-5　　　　　　　　　按传统成本计算法计算的制造费用

产品名称	年产量	单位产品机器工时	工时总额	分配率	分配额
甲产品	20000	10	200000		800000
乙产品	80000	10	800000		3200000
合计	50000			4	4000000

最后，比较两种成本计算法下制造费用分配及产品成本的结果，如表9-6所示。

表9-6　　　　　　　　　两种计算法下产品成本对照表

项目	甲产品（产量20000台）				乙产品（产量80000台）			
	总成本		单位成本		总成本		单位成本	
	传统	作业	传统	作业	传统	作业	传统	作业
直接材料	1000000	1000000	50	50	2400000	2400000	30	30
直接人工	400000	400000	20	20	1600000	1600000	20	20
制造费用	800000	1860000	40	93	3200000	2140000	40	26.75
合计	2200000	3260000	110	163	3600000	6140000	90	76.75

从表9-6可以看出，低产量、生产过程复杂的产品（如甲产品）在传统成本计算法下的单位成本显著低于作业成本法下的单位成本，而高产量、生产过程简单的产品（如乙产品）的单位成本恰恰相反。简言之，传统的成本计算方式低估了生产量小而技术复杂程度高的产品的成本，高估了生产量大而技术复杂程度低的产品成本。

企业管理人员利用作业成本计算法取得较传统成本计算法更为准确的产品信息，对企业的定价策略进行了及时调整，并进一步利用作业成本计算法提供的相对准确的信息对公司的其他决策进行分析调整。

具备下列特征的企业将从作业成本法的采用中获得更多的利益：高额的间接费用开支；产品种类繁多；各产品需要的技术服务的程度不同；各批次生产运行数量相差很大且生产准备成本昂贵；不同时间的作业出现较大的差异。作业成本法与适时制生产系统配合使用，可实现技术、管理和经济的统一，发挥更大的作用。

企业设计并推行作业成本法时，应注意三点：一是认识作业成本法与传统成本计算及其管理方法的差异，设计作业成本系统需从企业自身的特点和独特需求出发。二是作业成本法存在局限性，主要是作业的确认和成本动因的选择并不总是客观的和可验证的，因此它不是能满足所有成本信息需要的面面俱到的系统。三是作业成本系统设计完成后，仍需进行有效的监督与管理，并在实施过程中不断加以改进和完善。

第十章 责任会计

思维导图

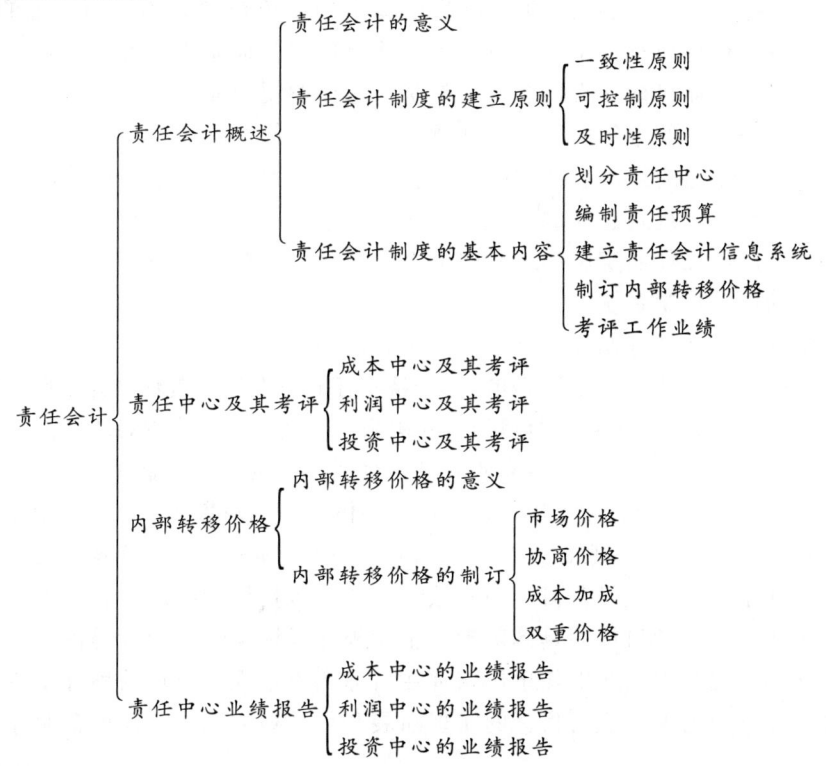

学习目标

通过本章学习，了解责任会计在企业经营管理和经济责任制中的重要意义；明确责任会计的原则；理解并掌握成本中心、利润中心和投资中心的概念及业绩考评方法；熟悉责任中心业绩报告的格式和主要内容。

第一节 责任会计概述

一、责任会计的意义

随着经营规模的逐步扩大和业务范围的不断拓展，企业现有的管理模式正逐渐由集中管理向分散管理转变。作为企业最高领导者，再也没有能力或者说根本没有必要对其所属企业或部门的所有问题都去亲自过问。领导者必须把一部分管理决策权限下放到企业各个层次。在这种情形下，任何一个企业都被看成是由若干个内部单位所形成的某种组合。尽管这种组合的具体形式并不相同，但其共性是每个内部单位都必须承担一定的经济责任。因此，这些单位又被称作责任单位。只有各责任单位有效地完成了各自的职责，整个经济组织才会实现它的整体目标。责任会计正是基于这样的观念而将一个企业划分为若干责任中心，每个责任中心行使规定的权力，并承担相应的责任。

责任会计是为了适应经济责任制的要求，在企业内部建立若干责任单位，并对它们分工负责的经济活动进行规划、控制、考核与业绩评价的一整套会计制度。责任会计的实质是企业为了强化内部责任而实施的一种内部控制制度，是把会计信息同各级有关责任单位紧密联系起来的信息控制系统。

在企业中推行责任会计制度，有着十分重要的现实意义：

第一，有利于企业实行分权管理和内部经济责任制。在实行责任会计之后，把各责任单位的经营目标通过编制责任预算而具体地反映出来，从而使企业内部各级职能部门和各级管理人员目标明确、责任清楚。责任者有职有权，对他们应该管理并能够控制的各项经济指标实施严格监管。在会计方面，改变以往按照产品主体记录和归集会计信息的做法，由责任单位作为主体记录和归集会计信息，并在此基础上考评各个责任单位工作业绩的优劣。

第二，有利于保证企业经营目标的一致性。在实行责任会计以后，各个责任单位的经营目标就是企业总体经营目标的具体体现。企业领导者根据责任会计提供的会计信息，及时协调各责任单位之间以及各责任单位内部在目标实施过程中出现的种种矛盾，激励每个责任单位想方设法地为保证经营目标的实现而展开一系列的工作，保证企业经营目标的始终一致。

二、责任会计制度的建立原则

在不同类型的企业中，由于内部条件和外部情况的不同，责任会计制度的建立往往有所差异。即使是同一企业的不同时期，也会存在不同的具体操作方法。但无论怎样，建立一套科学、严谨、有效的责任会计制度，都必须遵循以下三条基本原则：

（一）一致性原则

一致性是指各责任单位的具体目标必须同企业总目标保持一致。它要求各责任单位的责任预算应该建立在企业全面预算的基础之上,是企业总目标的具体化和阶段化。各责任单位所组织日常生产经营活动要符合企业整体利益安排,保证企业整体利益的最终实现。对执行过程中偏离企业总体目标的经营行为要及时给予纠正,防止损害企业整体目标行为的出现,保证企业各责任单位的生产经营活动能够朝着企业总体目标方向发展。

(二) 可控性原则

可控性是指责任单位只能对其职权范围内可以控制的经济活动负责,即责任者只能对其控制的成本、收入和利润进行负责。在责任预算和业绩报告中只能包括责任者能够控制的项目,而对于不能控制的项目则应排除在外,或只能作为参考资料列示。同时,遵循可控性,要求企业管理者要把全部成本按照其习性划分成变动成本和固定成本两个部分,并在此基础上确定每个细分之后的成本项目应该具体由谁负责。应该注意的是,可控与不可控都是相对的,并非一成不变。责任的层次越高,其可控的范围也就越大。

(三) 及时性原则

及时性是指责任会计信息的反馈要及时。各责任单位在业绩报告编制之后将其及时反馈给责任者,以便他们迅速调整相应的管理行为,更有效地进行控制。同时,及时地反馈信息还有利于尽快发现和调整在业绩报告中所出现的不可控因素,保证对责任者业绩考评的客观、真实和公正。随着会计电算化技术和网络技术的迅速普及和推广,会计信息的及时传递在硬件和软件两个方面都得到了支持和保障。在此条件下,企业领导者能够随时掌握各责任单位预算执行情况,发现问题后迅速采取措施加以解决。

三、责任会计制度的基本内容

责任会计制度的基本内容是指为了建立和推行责任会计所必须具备的基础和条件。主要包括以下几个方面:

(一) 划分责任中心

根据企业实际情况和内部管理的需要,把企业所属的各个部门和单位划分成若干个责任中心,并规定这些责任中心的负责人须对其所负责成本、收入、利润和投资效果等项经济指标向上级单位承担经济责任。同时,上级单位赋予下属责任者相应的经营管理决策权,并使责任者的经济利益和其业绩表现直接发生联系。

(二) 编制责任预算

责任会计要科学合理地把企业全面预算中所确定的生产经营总目标,按照各个责任中心进行层层分解,并以此为依据编制各责任中心的责任预算,作为今后控制其经济活动的重要根据。

(三) 建立责任会计信息系统

为了及时了解有关责任中心开展经济活动的情况，必须为各责任中心建立一套能够监控责任预算执行情况的责任会计信息系统。整个系统以责任中心为核算对象，围绕着责任中心的成本、收入、利润及资金等主要经济指标，展开相关的记录、整理、计算和分析工作，为企业整体经营目标和各责任中心目标的实现和调整提供决策信息支持，并在此基础上编制业绩报告。

(四) 制订内部转移价格

由于企业内部各责任中心可能存在着相互提供产品和劳务的问题，因此，由企业管理当局结合企业的经营特点和责任会计的核算要求，合理地制订内部转移价格，既有利于推行企业内部结算制度，更有利于客观地评价各责任中心的经营业绩。

(五) 考评工作业绩

通过对各责任中心业绩报告中实际数和预算数差异的对比分析，考核和评价各责任中心的工作业绩。奖励先进，惩罚落后，保证企业总体目标的最终实现。

第二节 责任中心及其考评

确定责任中心是责任会计制度的基础。所谓责任中心就是指由专人承担经济责任并行使相应职权的企业内部单位。责任中心可以是一个人、一个班组、一个车间，甚至是一个企业。根据责任中心的控制范围和责任对象特点的不同，责任中心可以分为三类：成本中心、利润中心和投资中心。

一、成本中心及其考评

成本中心是责任人只对其责任区域内发生的成本负责的一种责任中心。由于成本发生的单位一般没有收入或仅有一些少量无规律的收入，因此责任中心只能控制成本而不能控制收入和投资。在这种情况下，成本中心只需对发生的成本负责，无须对利润情况和投资效果承担任何责任。

对成本中心进行考评的主要内容是其责任成本。管理会计中的责任成本与财务会计中的产品成本有所不同，这种区别主要体现在以下几个方面：

(1) 成本计算对象不同。产品成本是以产品为成本计算对象来归集和分配费用；而责任成本是以责任中心为成本计算对象来归集和分配费用。

(2) 成本计算的原则不同。产品成本的计算原则是费用由哪个产品受益就应由哪个产品来承担；而责任成本计算原则是费用由哪个责任者负责就应由哪个责任者来承担。

(3) 成本计算的目的不同。产品成本旨在计算各种产品所发生的成本和收益，反映产品成本计划的执行情况，是企业实行经济核算制的重要手段；而责任成本旨在计算各责任中心应负责控制的成本,反映责任预算的执行情况,是企业进行成本控制和贯彻经济责任制的重要手段。

虽然产品成本和责任成本存在着许多不同之处,但两者的联系也是非常明显的。那就是两者所归集的成本都是企业生产经营过程中的实际耗费,在一定时期内,产品成本总额和责任成本总额相等。

现举例说明产品成本和责任成本两者的区别和联系:

[例10-1] 天宇公司生产A、B两种产品,责任中心是甲车间、乙车间、机修车间,本期成本发生额为40000元。其产品成本和责任成本计算如表10-1、表10-2所示。

表10-1　　　　　　　　　　　　产品成本计算表　　　　　　　　　　　　单位:元

成本项目	本期发生额	A产品（200件）		B产品（100件）	
		总成本	单位成本	总成本	单位成本
直接材料	15000	10000	50	5000	50
直接人工	11000	6000	30	5000	50
制造费用	14000	8000	40	6000	60
合　计	40000	24000	120	16000	160

表10-2　　　　　　　　　　　　责任成本计算表　　　　　　　　　　　　单位:元

成本项目	本期发生额	责任中心		
		甲车间	乙车间	机修车间
直接材料	15000	8000	7000	
直接人工	11000	5000	6000	
制造费用				
其中:间接材料	4000	1000	1400	1600
间接人工	3000	1000	1100	900
折　旧	7000	4100	1900	1000
合　计	40000	19100	17400	3500

在表10-1和表10-2中,能够看出产品成本和责任成本在成本计算对象方面的具体区别。两个资料从不同角度反映了企业一定时期的成本费用支出。

由于成本中心一般没有收入,只对成本负责,因此对其业绩考核和评价以责任成本作为主要内容。成本中心在期末必须编制业绩报告,并以此作为业绩考评的依据。在业绩报告中,预算数大于实际数表示成本节约;预算数小于实际数表示成本超支。企业领导者应根据成本责任分析对成本中心作出客观地评价,并真正做到奖优罚劣。

如前所述,责任中心考核的主要内容是责任成本,即将成本中心实际发生的责任成本同预算的责任成本或目标成本进行比较,包括成本(费用)降低额和降低率两个指标。其计算公式如下:

成本(费用)降低额 = 预算成本(费用) - 实际成本

成本降低率 = 成本降低额 ÷ 预算成本 × 100%

[例 10-2] 某成本中心生产甲产品，计划（预算）产量 400 件，单位成本 100 元；实际产量 500 件，单位成本 90 元，据此可计算该成本中心的成本降低额和降低率如下：

成本降低额 = 500×100 - 500×90 = 5000（元）

成本降低率 = 5000÷(500×100)×100% = 10%

该成本中心的成本降低额为 5000 元，成本降低率为 10%。

二、利润中心及其考评

利润中心是责任人对其责任区域内的成本和收入均要负责的责任中心。利润中心的责任人既能控制其成本，同时又能控制其收入。通常情况下，利润中心不能控制其自身的投资活动。与成本中心相比，利润中心属于具有生产销售职能和有独立收入来源的较高责任层次，比如分厂、分公司、事业部等。利润中心相对于成本中心来讲具有更大的经营自主权。

利润中心有两种形式：自然形成的利润中心和人为划分的利润中心。自然形成的利润中心既可以向企业内部其他责任单位提供产品和劳务，也可以直接向企业外部市场销售产品或提供劳务。比如在企业里一个同时肩负生产和对外销售职能的分厂就可以作为自然形成的利润中心。人为划分的利润中心一般不直接对外销售，只对本企业内部各责任单位提供产品或劳务，但需要按照"内部转移价格"进行内部结算。由于内部转移价格的存在，企业可以方便地确认各责任中心的成本、收入和利润。从这个意义上讲，任何一个成本中心都能通过确认内部转移价格而成为人为划分的利润中心。例如，企业里某生产车间生产出来的半成品按厂内结算价格转移到后续生产车间继续加工，那么该车间就可被看成人为划分的利润中心。利润中心就其利润对上级负责，实际也就是对其成本和收入负责。

对利润中心的业绩考评，主要是通过业绩报告中所反映的成本、收入和利润的预算数和实际数的比较分析，来考核预算指标的完成情况，确定预算数和实际数产生差异的原因，并对利润中心作出业绩评价。

考核利润中心的指标主要是利润，但对于不同范围的利润中心来说，其利润指标的表现形式也不同。如某公司采用事业部制，其考核指标可采用以下几种形式：

部门贡献边际 = 部门销售收入总额 - 部门变动成本总额

部门经理边际 = 部门贡献边际 - 部门经理可控固定成本

部门边际 = 部门经理边际 - 部门经理不可控固定成本

公司税前利润 = 各部门边际总和 - 公司各种管理费、财务费用等

三、投资中心及其考评

投资中心是指责任人对其责任区域内的成本、收入及投资均要负责的责任中心。投资中心同时也是利润中心，但它的控制区域和职权范围比一般的利润中心要大得多。由于它不仅需要控制成本、收入和利润，而且还要控制其所占有的全部投资，因此，它在经营管理和投资决策方面拥有着更多的自主权。投资中心属于企业最高层次的责任中心，故其适用范围主要限于企业里规模和管理权限比较大的单位，比如分厂、分公司和事业部等。

为了准确地计算各投资中心的经济效益，要求对各投资中心共同使用的资产划分清楚，共同负担的成本按合理标准进行分摊，相互调剂使用的现金、存货和固定资产都实行严格的内部有偿使用和报酬结算。只有这样，才能真正体现投资中心的工作业绩。

对投资中心的业绩考评除成本、收入和利润之外，还应包括投资效果。对投资效果的考评主要是通过投资报酬率和剩余收益两项指标来进行。

投资报酬率是全面评价各投资中心经营活动效果的一个重要综合性指标。利用该项指标既能反映投资中心获利水平情况，又能反映资产使用效果。其计算公式为：

$$投资报酬率 = \frac{营业利润}{经营资产} \times 100\%$$

或者：

$$投资报酬率 = 营业利润率 \times 资产周转率$$

上述公式中的经营资产是指责任中心在经营业务过程中所占用的全部资产，如：库存现金、存货、应收账款和固定资产等。一般按其期初数和期末数的平均余额计算确定。

上述公式表明：要提高投资中心经济效益，不仅要增加收入、降低成本，而且还要有效地利用经营资产，提高资产周转速度。下面通过例题进一步分析说明。

[例10-3] 某投资中心本期有关资料如下：经营资产期初数和期末数分别为480万元和600万元，营业收入为1600万元，营业利润为216万元。计算其投资报酬率如下：

$$投资报酬率 = \frac{216}{(480+600) \div 2} \times 100\% = \frac{216}{540} \times 100\% = 40\%$$

对于该投资中心提高投资报酬率，可以通过增加营业收入、降低成本和减少经营资产占用等途径来实现。

（1）扩大营业收入。假设该投资中心营业收入在原来规模基础上增加10%。其投资报酬率计算结果如下：

$$投资报酬率 = \frac{216 \times (1+10\%)}{540} \times 100\% = \frac{237.6}{540} \times 100\% = 44\%$$

可以看出，营业收入扩大后，投资报酬率由原来40%提升到44%。

（2）降低成本。假定在营业收入增加前提之下，成本降低33万元。其投资报酬率计算结果如下：

$$投资报酬率 = \frac{237.6+33}{540} \times 100\% = \frac{270.6}{540} \times 100\% = 50.11\%$$

在营业收入扩大基础上，由于能够促使成本降低，投资报酬率由44%上升至50.11%。

（3）减少经营资产占用。假定在营业收入增加和成本降低基础上，使原来经营资产占用额由原来540万元减少至500万元。其投资报酬率计算如下：

$$投资报酬率 = \frac{270.6}{500} \times 100\% = 54.12\%$$

在营业收入扩大、成本降低基础上，由于经营资产占用减少，投资报酬率由50.11%上升至54.12%。

剩余收益是指投资中心实现的营业利润扣除其经营资产按预期投资报酬率计算的投资报酬之后的余额。其计算公式为：

剩余收益＝营业利润－经营资产×预期投资报酬率

上述公式中的预期投资报酬率可以按照整个企业各投资中心加权平均的投资报酬率进行计算。

[例10-4] 若仍然采用［例10-3］资料，假设该责任中心预期投资报酬率为15%，计算剩余收益如下：

剩余收益＝216－540×15%＝135（万元）

采用剩余收益指标考评投资中心工作业绩，要求各投资中心不仅要提高投资报酬率水平，而且还要增加剩余收益，从而使投资中心的利益和企业整体利益统一起来。

第三节 内部转移价格

一、内部转移价格的意义

内部转移价格是指企业内部各责任中心由于相互提供产品或劳务而进行相互结算或相互转账时所采用的一种价格标准。

这里所提的相互结算是指企业各责任中心在相互提供产品或劳务时所需进行的计价和清偿债权债务的行为。例如，纺织厂里纺纱和织布两个生产车间在责任会计下确定为两个责任中心时，就有必要在两个责任中心为了划清经济责任和进行业绩考评而确定两者之间的内部转移价格，并以此作为双方结算和清偿债权债务的依据。

这里所提的相互转账主要产生于两种情况：第一种情况是企业各责任中心由于责任成本发生地点和应承担责任地点不同而进行的转账。例如：企业内部生产车间和材料供应科是两个责任中心。若车间发现由于材料质量存在问题而出现超定额消耗的不利差异，就应该转移给材料供应科这个责任中心来承担。第二种情况是由于责任成本发生的地点往往显示不出来而需要在下一个责任中心经过加工才能发现所需要的转账。例如，某生产车间前后两道生产工序都是责任中心。当后道工序继续加工时发现前一道工序转来的是废品，由此带来的所有损失和开支都应转给前一道工序来负责。

合理地制订企业内部各责任单位之间内部转移价格，对于企业推行经济责任制有着重要的意义：

（1）确定内部转移价格，有利于正确区分各责任中心的经济责任，维护其经济权益，从而充分调动各责任中心的积极性。

（2）确定内部转移价格，有利于正确评价各责任中心的工作业绩，防止由于成本转移而带来的责任转移，理顺各责任中心的经济关系，为企业领导者客观地分析和评价各责任中心经营成果提供必要的价值尺度。

（3）确定内部转移价格，有利于企业管理当局根据各责任中心所提供的相关会计信息进行部门决策，如扩大、缩小或停止某一责任中心业务活动等，各责任中心也可根据有关会计信息作出本单位的生产经营决策。

二、内部转移价格的制订

（一）市场价格

采用市场价格是在企业内部各责任中心之间相互提供产品或劳务时，以市场价格作为内部转移价格。在此情况下，企业各责任中心通常具有较大的经营自主权，可以自主地决定其产品是外销还是内销，也可以自主地决定其所需零部件是由企业内部其他部门生产还是从外部购买。

在采用市场价格作为内部转移价格时，为了保证各责任中心的竞争建立在和企业总目标一致的基础上，企业内部各责任中心应该遵循以下三条基本原则：

（1）如果卖方产品价格和外部市场价格一致且愿意将其产品内销，则买方应该优先从内部购买。

（2）如果卖方产品价格高于外部市场正常价格，买方有权决定从外部购买。

（3）如果卖方认为将其产品外销更为有利，有权将其产品外销。

采用市场价格作为内部转移价格比较客观和公正，可以促使卖方降低产品成本。同时，市场价格最能体现利润中心的基本要求，在企业内部形成一种竞争的市场环境，并通过利润指标考评各责任中心的工作业绩。但如果市场并非处于完全竞争状态，市场价格可能会因市场供求关系变化而改变，这就意味着产品由外销转为内销时的机会成本可能因外销数量变化而改变，难以准确计算。

（二）协商价格

采用协商价格，将在企业内部各责任中心之间相互提供产品或劳务时，以相互之间协商价格作为内部转移价格。协商价格在一般情况下要比市场价格略微低一些。这是由于：

（1）内部转移价格中所包括的摊销和管理费用一般都要低于外部市场供应的价格。

（2）内部转移的中间产品一般数量较大，故其单位成本就比较低。

（3）出售产品的责任中心大多拥有剩余生产能力，因此产品单位售价只需略高于单位变动成本就可出售。

协商价格的上限是市场价格，下限是单位变动成本。因此其灵活性比较突出，可以兼顾买卖双方利益。但由于需要双方反复协商后才能确定，因此，往往耗费时间和精力。

（三）成本加成

成本加成是指在企业内部各责任中心之间相互提供产品或劳务时，以所提供产品或劳务的全部成本加上合理利润作为内部转移价格。成本加成主要有两种做法：第一种做法是实际成本加成，即根据产品或劳务的实际成本加上按合理利润率计算的利润作为内部转移价格。这种做法的优点是能够保证各责任中心有利益，并调动其积极性；缺点是卖方全部费用都转嫁给了买方来承担，降低了双方压缩成本的责任感，并且利润率确定的主观随意性也比较大。第二种做法是标准成本加成，即根据提供产品或劳务的标准成本加上按合理利润率计算的利润作为内部转移价格。其优点是能够分清买卖双方的经济责任，但它也同样存在着利润率的确定主观随意性比较大的问题。

（四）双重价格

双重价格是在企业内部各责任中心之间相互提供产品或劳务时，供需双方分别采用不同的内部转移价格作为计价基础。主要形式有两种：第一种是双重市场价格，即当某种产品或劳务在市场上出现几种不同价格时，买方采用最低市场价格，卖方采用最高市场价格。第二种是双重转移价格，即卖方按照市场价格或协商价格作为计价基础，而买方则按照卖方产品单位变动成本作为计价基础。采用双重价格既可以较好地满足买卖双方的不同需要，也便于激励双方生产经营过程中充分发挥其积极性。

第四节　责任中心业绩报告

业绩报告是企业各责任中心根据责任会计资料所编制的用以反映各责任中心责任预算执行情况的会计报告，是企业管理当局对各责任中心进行业绩考核和评价的重要依据。

实行责任会计制度，要求在企业内部建立若干责任单位，并对它们分工负责的经济活动进行规划、控制、考核与业绩评价。为此，需要责任会计为每个责任中心编制对其成本、收入和利润实行经济责任制的责任预算，并作为责任中心的工作目标和业绩考评依据。而责任预算的执行情况如何，除了需要对其所涉及生产经营要素进行经常性地记录和计算之外，还需要通过定期编制业绩报告的形式来反映企业各责任中心责任预算的实际执行结果。企业领导者通过业绩报告中实际数和预算数的对比分析，既能够检查责任预算的执行情况，还可以发现各责任中心在生产经营管理中所存在的问题，并及时给予纠正，从而保证企业总目标的最终实现。

由于各责任中心的责任重点并不相同，因而各责任中心业绩报告的具体内容都存在着一定的差别。但无论如何，业绩报告都应该包括预算数、实际数和差异数三种金额。

责任中心是逐级设置的，责任报告也应该自下而上逐级编制。下面以企业为例，介绍其各责任中心的简式业绩报告。

一、成本中心的业绩报告

成本中心编制的业绩报告一般包括三栏：预算数、实际数、差异数。报告中所反映的项目并非仅限于金额指标，还可包括对其业绩评价有用的实物量和时间等其他指标。成本实际数超过预算数的差额称为不利差异；实际数小于预算数的差异称为有利差异。对预算数和实际数之间的差异要进行分析，并以业绩报告附注形式或直接增设差异原因分析栏形式进行说明。成本中心业绩报告格式，如表10-3所示。

表 10-3　　　　　　　　　成本中心责任报告
　　　　　　　　　　　　　2018 年　　　　　　　　　　　　　　单位：万元

项目	实际数	预算数	差异数
B 公司第一车间可控成本			
直接材料	550	500	50
直接人工	270	300	(30)
制造费用	205	200	5
合计	1025	1000	25
B 公司制造部可控成本			
第一车间			
变动成本	930	900	30
固定成本	95	100	(5)
合计	1025	1000	25

二、利润中心的业绩报告

利润中心编制的业绩报告也包括预算数、实际数、差异数三栏。但利润实际数超过预算数的差异称为有利差异；利润实际数小于预算数的差异称为不利差异。对预算数和实际数之间的差异同样进行分析，并以业绩报告附注形式或直接增设差异原因分析栏形式进行说明。其业绩报告格式，如表 10-4 所示。

表 10-4　　　　　　　　　利润中心责任报告
　　　　　　　　　　　　　2018 年　　　　　　　　　　　　　　单位：万元

项目	实际	预算	差异
B 公司销售收入			
西南地区	710	600	110
华北地区	900	700	200
东南地区	490	500	(10)
小计	2100	1800	300
B 公司变动成本			
第一车间	930	900	30
小计	930	900	30
B 公司边际贡献总额	1170	900	270
B 公司固定成本			
制造部			
第一车间	95	100	(5)
小计	95	100	(5)
行政部	280	300	(20)
小计	280	300	(20)
B 公司利润	795	500	295

三、投资中心的业绩报告

投资中心编制的业绩报告和利润中心相似,除列示出营业收入、营业成本、营业利润的预算数、实际数和差异数之外,还要列示经营资产、投资报酬率、剩余收益等重要指标,以便于对投资中心的业绩进行全面考核。其业绩报告格式,如表 10 - 5 所示。

表 10 - 5　　　　　　　　　　投资中心责任报告

2018 年　　　　　　　　　　　　　　　　　　　　　　　单位:万元

项目	实际	预算	差异
B 公司利润	795	500	295
小计	795	500	295
所得税(25%)	198.75	125	73.75
合计	596.25	375	221.25
净资产平均占用额	2981.25	2500	481.25
投资报酬率	20%	15%	5%
行业平均最低报酬率	15%	12%	3%
剩余收益	347.81	200	147.81

附 表

附表-1 复利终值系数表

n	1%	2%	3%	4%	5%	6%	7%	8%
1	1.010	1.020	1.030	1.040	1.050	1.060	1.070	1.080
2	1.020	1.040	1.061	1.082	1.103	1.124	1.145	1.166
3	1.030	1.061	1.093	1.125	1.158	1.191	1.225	1.260
4	1.041	1.082	1.126	1.170	1.216	1.262	1.311	1.360
5	1.051	1.104	1.159	1.167	1.276	1.338	1.403	1.469
6	1.062	1.126	1.194	1.265	1.340	1.419	1.501	1.587
7	1.072	1.149	1.230	1.316	1.407	1.504	1.606	1.714
8	1.081	1.172	1.267	1.367	1.477	1.594	1.718	1.851
9	1.094	1.195	1.305	1.423	1.551	1.689	1.838	1.999
10	1.105	1.219	1.344	1.480	1.629	1.791	1.967	2.159
11	1.116	1.243	1.384	1.539	1.710	1.898	2.105	2.332
12	1.127	1.268	1.426	1.601	1.796	2.012	2.252	2.518
13	1.138	1.294	1.469	1.665	1.886	2.133	2.410	2.720
14	1.149	1.319	1.513	1.732	1.980	2.261	2.579	2.937
15	1.161	1.346	1.558	1.801	2.079	2.397	2.759	3.172
16	1.173	1.373	1.605	1.873	2.183	2.540	2.952	3.426
17	1.184	1.400	1.653	1.948	2.292	2.693	3.159	3.700
18	1.196	1.428	1.702	2.026	2.407	2.854	3.380	3.996
19	1.208	1.457	1.754	2.107	2.527	3.026	3.617	4.316
20	1.220	1.486	1.806	2.191	2.653	3.207	3.870	4.661
21	1.232	1.516	1.860	2.279	2.786	3.399	4.140	5.033
22	1.245	1.546	1.916	2.370	2.925	3.603	4.430	5.436
23	1.257	1.577	1.974	2.465	3.072	3.819	4.740	5.871
24	1.270	1.608	2.033	2.563	3.225	4.048	5.027	6.341
25	1.282	1.641	2.094	2.666	3.386	4.291	5.427	6.848
26	1.295	1.673	2.157	2.772	3.556	4.549	5.807	7.396
27	1.308	1.707	2.221	2.883	3.733	4.822	6.213	7.988
28	1.321	1.741	2.288	2.999	3.920	5.111	6.648	8.627
29	1.335	1.776	2.357	3.119	4.116	5.418	7.114	9.317
30	1.348	1.811	2.427	3.243	4.322	5.743	7.612	10.062

续表

n	9%	10%	11%	12%	13%	14%	15%	16%
1	1.090	1.100	1.110	1.120	1.130	1.140	1.150	1.160
2	1.188	1.210	1.232	1.254	1.227	1.300	1.323	1.136
3	1.295	1.331	1.368	1.405	1.443	1.482	1.521	1.561
4	1.412	1.464	1.518	1.574	1.630	1.689	1.749	1.811
5	1.539	1.611	1.685	1.762	1.842	1.952	2.011	2.100
6	1.677	1.722	1.870	1.974	2.082	1.195	2.313	2.436
7	1.828	1.949	2.076	2.211	2.353	2.502	2.660	2.826
8	1.933	2.144	2.305	2.476	2.658	2.852	3.059	2.278
9	2.172	2.358	2.558	2.773	3.004	3.252	3.518	3.803
10	2.367	2.594	2.839	3.106	3.395	3.707	4.046	4.411
11	2.580	2.853	3.152	3.479	3.836	4.226	4.652	5.117
12	2.813	3.138	3.498	3.896	4.335	4.818	5.350	5.936
13	3.066	3.452	3.883	4.363	4.898	5.492	6.153	6.886
14	3.342	3.797	4.310	4.887	5.535	6.261	7.076	7.988
15	3.642	4.177	4.785	5.474	6.254	7.138	8.137	9.226
16	3.970	4.595	5.311	6.130	7.067	8.137	9.358	10.748
17	4.328	5.054	5.895	6.866	7.986	9.276	10.761	12.468
18	4.717	5.560	6.544	7.690	9.024	10.575	12.375	14.463
19	5.142	6.116	7.263	8.613	10.197	12.056	14.232	16.777
20	5.604	6.727	8.062	9.646	11.523	13.743	16.367	19.461
21	6.108	7.400	8.949	10.804	13.021	15.668	18.822	22.575
22	6.658	8.140	9.934	12.100	14.714	17.861	21.645	26.186
23	7.257	8.954	11.026	13.552	16.627	20.362	24.891	30.376
24	7.911	9.849	12.239	15.179	18.788	23.212	28.625	35.236
25	8.623	10.834	13.585	17.000	21.231	26.462	32.919	40.874
26	9.399	11.918	15.080	19.040	23.991	30.167	37.857	47.414
27	10.245	13.109	16.739	21.325	27.109	34.390	43.535	55.000
28	11.167	14.420	18.580	23.884	30.633	39.204	50.066	63.800
29	12.172	15.863	20.624	26.750	34.616	44.693	57.575	74.009
30	13.267	17.449	22.892	29.960	39.116	50.950	66.212	85.850

续表

n	17%	18%	19%	20%	24%	28%	32%	36%	40%
1	1.170	1.180	1.190	1.200	1.240	1.280	1.320	1.360	1.400
2	1.369	1.392	1.416	1.440	1.538	1.638	1.742	1.850	1.960
3	1.602	1.634	1.685	1.728	1.907	2.097	2.300	2.515	2.744
4	1.874	1.939	2.005	2.074	2.364	2.684	3.036	3.421	3.842
5	2.192	2.288	2.386	2.488	2.932	3.346	4.007	4.653	5.378
6	2.565	2.700	2.840	2.986	3.635	4.398	5.290	6.328	7.350
7	3.001	3.185	3.379	3.583	4.508	5.630	6.983	8.605	10.541
8	3.511	3.759	4.021	4.300	5.590	7.206	9.217	11.703	14.758
9	4.108	4.435	4.785	5.160	6.931	9.223	12.166	15.917	20.661
10	4.807	5.234	5.696	6.192	8.594	11.806	16.060	21.647	28.925
11	5.624	6.176	6.777	7.430	10.657	15.112	21.199	29.439	40.490
12	6.580	7.288	8.064	8.916	13.215	19.343	27.983	40.307	56.694
13	7.699	8.599	9.596	10.699	16.386	24.759	36.937	54.451	79.371
14	9.007	10.174	11.420	12.839	20.319	31.691	48.757	74.053	111.12
15	10.539	11.974	13.590	15.409	25.196	40.565	64.359	100.71	155.57
16	12.330	14.129	16.172	18.488	31.243	51.923	84.954	136.69	217.80
17	14.426	16.672	19.277	22.186	38.741	66.461	112.14	186.28	304.91
18	16.879	19.673	22.091	26.623	48.039	85.071	148.02	253.34	426.88
19	19.748	23.214	27.252	31.948	59.568	108.89	195.39	344.54	579.63
20	23.106	27.393	32.429	38.338	73.864	139.38	257.92	468.57	836.68
21	27.034	32.324	38.591	46.005	91.592	178.41	340.45	637.26	1171.4
22	31.629	38.142	45.923	55.206	113.57	228.36	449.39	866.67	1639.9
23	37.006	45.008	54.649	66.247	140.83	292.30	593.20	1178.7	2295.9
24	43.297	53.109	65.123	79.497	174.63	374.14	783.02	1603.0	3214.2
25	50.658	62.669	77.388	95.369	216.54	478.90	1033.6	2180.1	4499.9
26	59.270	73.949	92.092	114.48	268.51	613.00	1364.3	2964.9	6299.8
27	69.345	87.260	109.59	137.37	332.95	784.64	1800.9	4032.3	8819.8
28	81.134	102.97	130.41	164.85	412.86	1004.3	2377.2	5483.9	12348
29	94.927	121.50	155.19	197.81	511.95	1285.6	3137.9	7458.1	17287
30	111.06	143.37	184.68	237.38	634.82	1645.5	4142.1	10143	24201

附表 – 2   复利现值系数表

n	1%	2%	3%	4%	5%	6%	7%	8%	9%
1	0.990	0.980	0.971	0.962	0.952	0.943	0.935	0.926	0.917
2	0.980	0.961	0.943	0.925	0.907	0.890	0.873	0.857	0.842
3	0.971	0.942	0.915	0.889	0.864	0.840	0.816	0.794	0.772
4	0.961	0.924	0.889	0.855	0.823	0.792	0.763	0.735	0.708
5	0.951	0.906	0.863	0.822	0.784	0.747	0.713	0.681	0.650
6	0.942	0.888	0.838	0.790	0.746	0.705	0.666	0.630	0.596
7	0.933	0.871	0.813	0.760	0.711	0.665	0.623	0.584	0.547
8	0.924	0.854	0.789	0.731	0.677	0.627	0.582	0.540	0.502
9	0.914	0.837	0.766	0.703	0.645	0.592	0.544	0.500	0.460
10	0.905	0.820	0.744	0.676	0.614	0.558	0.508	0.463	0.422
11	0.896	0.804	0.722	0.650	0.585	0.527	0.475	0.429	0.388
12	0.887	0.789	0.701	0.625	0.577	0.497	0.444	0.397	0.356
13	0.879	0.773	0.681	0.601	0.530	0.469	0.415	0.368	0.326
14	0.870	0.758	0.661	0.578	0.505	0.442	0.388	0.341	0.299
15	0.861	0.743	0.642	0.555	0.481	0.417	0.362	0.315	0.275
16	0.835	0.728	0.623	0.534	0.458	0.394	0.339	0.292	0.252
17	0.844	0.714	0.605	0.513	0.436	0.371	0.317	0.270	0.231
18	0.836	0.700	0.587	0.494	0.416	0.350	0.296	0.250	0.212
19	0.828	0.686	0.570	0.475	0.396	0.331	0.277	0.232	0.195
20	0.820	0.673	0.554	0.456	0.377	0.312	0.258	0.215	0.178
21	0.811	0.660	0.537	0.439	0.358	0.294	0.242	0.199	0.164
22	0.803	0.647	0.521	0.422	0.341	0.278	0.226	0.184	0.150
23	0.795	0.634	0.506	0.406	0.325	0.262	0.211	0.170	0.138
24	0.788	0.622	0.491	0.390	0.310	0.247	0.197	0.158	0.126
25	0.780	0.610	0.477	0.375	0.295	0.233	0.184	0.146	0.116
26	0.772	0.598	0.463	0.361	0.281	0.220	0.172	0.135	0.106
27	0.764	0.586	0.450	0.347	0.267	0.207	0.161	0.125	0.098
28	0.757	0.574	0.437	0.333	0.255	0.196	0.150	0.116	0.090
29	0.749	0.563	0.424	0.321	0.242	0.185	0.141	0.107	0.082
30	0.742	0.552	0.411	0.308	0.231	0.174	0.131	0.099	0.075

续表

n	10%	11%	12%	13%	14%	15%	16%	17%	18%
1	0.909	0.901	0.893	0.885	0.877	0.870	0.862	0.855	0.847
2	0.826	0.812	0.797	0.783	0.769	0.756	0.743	0.731	0.718
3	0.751	0.731	0.712	0.693	0.675	0.658	0.641	0.624	0.609
4	0.683	0.659	0.636	0.613	0.593	0.572	0.552	0.543	0.516
5	0.621	0.593	0.567	0.543	0.519	0.497	0.476	0.456	0.437
6	0.564	0.535	0.507	0.480	0.456	0.432	0.410	0.390	0.370
7	0.513	0.482	0.452	0.425	0.400	0.376	0.345	0.333	0.314
8	0.467	0.434	0.404	0.376	0.315	0.327	0.305	0.285	0.266
9	0.424	0.391	0.361	0.336	0.300	0.284	0.263	0.243	0.225
10	0.386	0.352	0.322	0.295	0.270	0.247	0.227	0.208	0.191
11	0.350	0.317	0.287	0.261	0.237	0.215	0.195	0.178	0.162
12	0.319	0.286	0.257	0.231	0.208	0.187	0.168	0.152	0.137
13	0.290	0.258	0.229	0.204	0.182	0.163	0.145	0.130	0.116
14	0.263	0.232	0.205	0.181	0.160	0.141	0.125	0.111	0.099
15	0.239	0.209	0.183	0.160	0.140	0.123	0.108	0.095	0.084
16	0.218	0.188	0.163	0.141	0.123	0.107	0.093	0.081	0.071
17	0.198	0.170	0.146	0.125	0.108	0.093	0.080	0.069	0.060
18	0.180	0.153	0.130	0.111	0.095	0.081	0.069	0.059	0.051
19	0.164	0.138	0.116	0.098	0.083	0.070	0.060	0.051	0.043
20	0.149	0.124	0.104	0.087	0.073	0.061	0.051	0.043	0.037
21	0.135	0.112	0.093	0.077	0.064	0.053	0.044	0.037	0.031
22	0.123	0.101	0.083	0.068	0.056	0.046	0.038	0.032	0.026
23	0.112	0.091	0.074	0.060	0.049	0.040	0.033	0.027	0.022
24	0.102	0.082	0.066	0.053	0.043	0.035	0.028	0.023	0.019
25	0.092	0.074	0.059	0.047	0.038	0.030	0.024	0.020	0.016
26	0.084	0.066	0.053	0.042	0.033	0.026	0.021	0.017	0.014
27	0.076	0.060	0.047	0.037	0.029	0.023	0.018	0.014	0.011
28	0.069	0.054	0.042	0.033	0.026	0.020	0.016	0.012	0.010
29	0.063	0.048	0.037	0.029	0.022	0.017	0.014	0.011	0.008
30	0.057	0.044	0.033	0.026	0.020	0.015	0.012	0.009	0.007

续表

n	20%	22%	24%	26%	28%	30%	32%	36%	40%
1	0.833	0.820	0.806	0.794	0.781	0.769	0.758	0.735	0.714
2	0.694	0.672	0.650	0.630	0.610	0.592	0.574	0.541	0.510
3	0.579	0.550	0.524	0.500	0.477	0.455	0.435	0.398	0.364
4	0.482	0.451	0.423	0.397	0.373	0.350	0.329	0.292	0.260
5	0.402	0.370	0.341	0.315	0.291	0.269	0.250	0.215	0.186
6	0.335	0.303	0.275	0.250	0.227	0.207	0.189	0.158	0.133
7	0.279	0.249	0.222	0.198	0.178	0.159	0.143	0.116	0.095
8	0.233	0.204	0.179	0.157	0.139	0.123	0.108	0.085	0.068
9	0.194	0.167	0.144	0.125	0.108	0.094	0.082	0.063	0.048
10	0.162	0.137	0.116	0.099	0.085	0.073	0.062	0.046	0.035
11	0.135	0.112	0.094	0.079	0.066	0.056	0.047	0.034	0.025
12	0.112	0.092	0.076	0.062	0.052	0.043	0.036	0.025	0.018
13	0.093	0.075	0.061	0.050	0.040	0.033	0.027	0.018	0.013
14	0.078	0.062	0.049	0.039	0.032	0.025	0.021	0.014	0.009
15	0.065	0.051	0.040	0.031	0.025	0.020	0.016	0.010	0.006
16	0.054	0.042	0.032	0.025	0.019	0.015	0.012	0.007	0.005
17	0.045	0.034	0.026	0.020	0.015	0.012	0.009	0.005	0.003
18	0.038	0.028	0.021	0.016	0.012	0.009	0.007	0.004	0.002
19	0.031	0.023	0.017	0.012	0.009	0.007	0.005	0.003	0.002
20	0.026	0.019	0.014	0.010	0.007	0.005	0.004	0.002	0.001
21	0.022	0.015	0.011	0.008	0.006	0.004	0.003	0.002	0.001
22	0.018	0.013	0.009	0.006	0.004	0.003	0.002	0.001	0.001
23	0.015	0.010	0.007	0.005	0.003	0.002	0.001	0.001	0
24	0.013	0.008	0.006	0.004	0.003	0.002	0.001	0.001	0
25	0.010	0.007	0.005	0.003	0.002	0.001	0.001	0	0
26	0.009	0.006	0.004	0.002	0.002	0.001	0.001	0	0
27	0.007	0.005	0.003	0.002	0.001	0.001	0.001	0	0
28	0.006	0.004	0.002	0.002	0.001	0.001	0	0	0
29	0.005	0.003	0.002	0.001	0.001	0.001	0	0	0
30	0.004	0.003	0.002	0.001	0.001	0	0	0	0

附表 -3　　　　　　　　　　年金终值系数表

n	1%	2%	3%	4%	5%	6%	7%	8%
1	1.000	1.000	1.000	1.000	1.000	1.000	1.000	1.000
2	2.010	2.020	2.030	2.040	2.050	2.060	2.070	2.080
3	3.030	3.060	3.090	3.121	3.152	3.183	3.124	3.246
4	4.060	4.120	4.183	4.246	4.310	4.374	4.439	4.506
5	5.101	5.204	5.309	5.416	5.525	5.637	5.750	5.866
6	6.125	6.308	6.468	6.632	6.801	6.975	7.153	7.335
7	7.213	7.434	7.668	7.898	8.412	8.393	8.654	8.922
8	8.285	8.582	8.892	9.214	9.549	9.897	10.259	10.636
9	9.368	9.754	10.159	10.582	11.026	11.491	11.977	12.486
10	10.462	10.949	11.463	12.006	12.577	13.180	13.816	14.486
11	11.566	12.168	12.807	13.486	14.026	14.971	15.783	16.645
12	12.682	13.412	14.192	15.025	15.917	16.869	17.888	18.977
13	13.809	14.680	15.617	16.626	17.712	18.882	20.140	21.495
14	14.947	15.973	17.086	18.291	19.598	21.015	22.550	24.214
15	16.096	17.293	18.598	20.632	21.578	23.275	25.129	27.152
16	17.257	18.639	20.156	21.824	23.657	25.672	27.888	30.324
17	18.430	20.012	21.761	23.679	25.810	28.212	30.840	33.750
18	19.614	21.412	23.414	25.645	28.123	30.595	33.999	37.450
19	20.810	22.840	25.116	27.671	30.539	33.759	37.378	41.446
20	22.019	24.297	26.870	29.778	33.065	36.785	40.995	45.761
21	23.239	25.783	28.676	31.969	35.719	39.992	44.865	50.442
22	24.471	27.298	30.536	34.247	38.505	43.392	49.005	55.456
23	25.716	28.844	32.452	36.617	41.430	46.995	53.436	60.893
24	26.973	30.412	34.426	39.083	44.501	50.815	58.176	66.764
25	28.243	32.030	36.459	41.645	47.727	54.865	63.249	73.105
26	29.525	33.670	38.553	44.311	51.113	59.156	68.676	79.954
27	30.820	35.344	40.709	47.084	54.669	63.705	74.483	87.350
28	32.129	37.051	42.930	49.967	58.402	68.528	80.697	95.338
29	33.450	38.792	45.218	52.966	62.322	73.639	87.346	103.97
30	34.784	40.568	47.575	56.084	66.438	79.058	94.460	113.28

续表

n	9%	10%	11%	12%	13%	14%	15%	16%
1	1.000	1.000	1.000	1.000	1.000	1.000	1.000	1.000
2	2.090	2.100	2.110	2.120	2.130	2.140	2.150	2.160
3	3.278	3.310	3.342	3.374	3.407	3.440	3.473	3.506
4	4.573	4.641	4.710	4.779	4.850	4.921	4.993	5.066
5	5.984	6.105	6.228	6.353	6.480	6.610	6.742	6.877
6	7.523	7.715	7.913	8.115	8.323	8.536	8.754	8.977
7	9.200	9.487	9.783	10.089	10.405	10.730	11.067	11.414
8	11.028	11.435	11.859	12.300	12.757	13.233	13.727	14.240
9	13.021	13.579	14.164	14.776	15.416	16.085	16.786	17.519
10	15.192	15.937	16.722	17.549	18.420	19.337	20.304	21.321
11	17.560	18.531	19.561	20.655	21.814	23.045	24.349	25.733
12	21.140	21.384	22.713	24.133	25.650	27.271	29.002	30.850
13	22.953	24.522	26.212	28.029	29.985	32.089	34.352	36.786
14	26.019	27.974	30.095	32.393	34.883	37.581	40.505	43.672
15	29.360	31.772	34.405	37.280	40.417	43.842	47.580	51.660
16	33.003	35.949	39.190	42.753	46.672	50.980	55.717	60.925
17	36.973	40.544	44.501	48.884	53.739	59.118	65.075	71.673
18	41.301	45.599	50.396	55.750	61.725	68.394	75.836	84.141
19	46.018	51.159	56.939	63.440	70.749	78.969	88.212	98.603
20	51.160	57.274	64.203	72.052	80.947	91.025	102.44	115.38
21	56.764	64.002	72.265	81.699	92.470	104.77	118.81	134.84
22	62.873	71.402	91.214	92.503	105.20	120.44	137.63	157.41
23	69.531	79.543	91.148	104.60	120.20	138.30	159.28	183.60
24	76.789	88.497	102.17	118.16	136.83	158.66	184.17	213.98
25	84.700	98.347	114.41	133.33	155.62	181.87	212.79	249.21
26	93.323	109.18	128.00	150.33	176.85	208.33	245.71	290.09
27	102.72	121.10	143.08	169.37	200.84	238.50	283.57	337.50
28	112.97	134.21	159.82	190.70	227.95	272.89	327.10	392.50
29	124.14	148.63	178.40	214.58	258.58	312.09	377.17	456.30
30	136.31	164.49	199.02	241.33	293.20	356.79	434.75	530.31

续表

n	17%	18%	19%	20%	24%	28%	32%	36%	40%
1	1.000	1.000	1.000	1.000	1.000	1.000	1.000	1.000	1.000
2	2.170	2.180	2.190	2.200	2.240	2.280	2.320	2.360	2.400
3	3.539	3.572	3.606	3.640	3.778	3.918	4.062	4.210	4.360
4	5.414	5.215	5.291	5.368	5.684	6.016	6.362	6.725	7.104
5	7.014	7.154	7.291	7.440	8.048	8.700	9.398	10.146	10.946
6	9.027	9.442	9.683	9.930	10.980	12.136	13.406	14.799	16.324
7	11.772	12.142	12.523	12.916	14.615	16.534	18.696	21.126	23.853
8	14.773	15.327	15.902	16.499	19.123	22.163	25.678	29.732	34.395
9	18.285	19.086	19.923	20.799	24.712	29.369	34.895	41.435	49.153
10	22.393	23.521	24.701	25.959	31.634	38.592	47.062	57.352	69.814
11	27.200	28.755	30.404	32.150	40.238	50.399	63.122	78.988	98.739
12	32.824	34.931	37.180	39.581	50.895	65.510	84.320	108.44	139.24
13	39.404	42.219	45.244	48.497	64.110	84.853	112.30	148.48	195.24
14	47.103	50.818	54.841	59.196	80.496	109.61	149.24	202.93	275.30
15	56.110	60.965	66.261	72.035	100.82	141.30	197.99	276.98	386.42
16	66.649	72.939	79.850	87.442	126.01	181.87	262.36	377.69	541.99
17	78.979	87.068	96.022	105.93	157.25	233.79	347.31	514.66	759.78
18	93.406	103.74	115.27	128.12	195.99	300.25	459.45	700.94	1064.7
19	110.29	123.41	138.17	154.74	244.03	385.32	607.47	945.28	1491.6
20	130.03	146.63	165.42	186.69	303.60	494.21	802.86	1298.8	2089.2
21	153.14	174.02	197.85	225.03	377.46	633.59	1060.8	1767.4	2925.9
22	180.17	206.34	236.44	271.03	469.06	812.00	1401.2	2404.7	4097.2
23	211.80	244.49	282.36	326.24	582.63	1040.4	1850.6	3271.3	5737.1
24	248.81	289.49	337.01	392.48	723.46	1332.7	2443.8	4450.0	8033.0
25	292.11	342.60	402.04	471.98	898.09	1706.8	3226.8	6053.0	11247.2
26	342.76	405.27	479.43	567.38	1114.6	2185.7	4260.4	8233.1	15747.1
27	402.03	479.22	571.52	681.85	1383.1	2798.7	5624.8	11198.0	22046.9
28	471.38	566.48	681.11	819.22	1716.1	3583.3	7425.7	15230.0	30866.7
29	552.50	669.45	811.52	984.07	2129.0	4587.7	9802.9	20714.2	43214.3
30	647.44	790.95	966.70	1181.90	2640.9	5873.2	12941.0	28172.2	60501.1

附表-4 年金现值系数表

n	1%	2%	3%	4%	5%	6%	7%	8%
1	0.990	0.980	0.970	0.962	0.952	0.943	0.935	0.926
2	1.970	1.942	1.913	1.886	1.859	1.833	1.808	1.783
3	2.940	2.884	2.828	2.775	2.723	2.673	2.624	2.577
4	3.902	3.808	3.717	3.630	3.545	3.465	3.387	3.312
5	4.853	4.713	4.579	4.452	4.329	4.212	4.100	3.993
6	5.795	5.601	5.417	5.242	5.075	4.197	4.766	4.632
7	6.728	6.472	6.230	6.002	5.786	5.582	5.389	5.206
8	7.652	7.325	7.019	6.733	6.463	6.210	5.971	5.747
9	8.566	8.162	7.786	7.435	7.107	6.802	6.515	6.247
10	9.471	8.983	8.530	8.111	7.721	7.360	7.024	6.710
11	10.368	9.787	9.252	8.760	8.300	7.887	7.499	7.139
12	11.255	10.575	9.945	9.385	8.863	8.384	7.943	7.536
13	12.134	11.343	10.634	9.986	9.393	8.853	8.358	7.904
14	13.004	12.106	11.296	10.563	9.989	9.295	8.746	8.244
15	13.865	12.849	11.937	11.118	10.379	9.712	9.108	8.559
16	14.718	13.578	12.561	11.652	10.837	10.106	9.447	8.851
17	15.562	14.292	13.561	12.166	11.274	10.477	9.763	9.122
18	16.398	14.992	13.166	12.659	11.689	10.828	10.059	9.372
19	17.226	15.678	14.323	13.134	12.085	11.158	10.336	9.604
20	18.046	16.351	14.877	13.590	12.462	11.470	10.594	9.818
21	18.857	17.011	15.415	14.029	12.821	11.764	10.836	10.017
22	19.660	17.658	15.936	14.451	13.163	12.042	11.061	10.201
23	20.456	18.292	16.443	14.857	13.488	12.303	11.272	10.371
24	21.243	18.914	16.935	15.247	13.798	12.550	11.469	10.529
25	22.023	19.523	17.413	15.622	14.093	12.783	11.654	10.675
26	22.795	20.121	17.876	15.982	14.375	13.003	11.826	10.810
27	23.560	20.707	18.327	16.330	14.643	13.200	11.987	10.935
28	24.316	21.281	18.764	16.663	14.898	13.406	12.137	11.051
29	25.066	21.844	19.188	16.984	15.414	13.591	12.278	11.158
30	25.808	22.396	19.600	17.292	15.372	13.765	12.409	11.258

续表

n	9%	10%	11%	12%	13%	14%	15%	16%
1	0.917	0.909	0.901	0.893	0.855	0.877	0.870	0.862
2	1.759	1.736	1.713	1.690	1.668	1.647	1.626	1.605
3	2.531	2.487	2.444	2.402	2.361	2.322	2.283	2.246
4	3.240	3.170	3.102	3.037	2.974	2.914	2.855	2.798
5	3.890	3.791	3.696	3.605	3.157	3.433	3.352	3.274
6	4.486	4.355	4.231	4.111	3.998	3.899	3.784	3.685
7	5.003	4.868	4.712	4.564	4.423	4.288	4.160	4.039
8	5.535	5.335	5.146	4.968	4.799	4.639	4.487	4.344
9	5.995	5.759	5.537	5.328	5.132	4.946	4.772	4.607
10	6.418	6.145	5.889	5.650	5.426	5.216	5.019	4.833
11	6.805	6.495	6.207	5.938	5.687	5.453	5.234	5.029
12	7.161	6.814	6.492	6.194	5.918	5.660	5.421	5.197
13	7.487	7.103	6.750	6.424	6.122	5.842	5.583	5.342
14	7.786	7.367	6.982	6.628	6.302	6.002	5.724	5.468
15	8.060	7.606	7.191	6.811	6.462	6.142	5.847	5.575
16	8.313	7.824	7.379	9.974	6.604	6.265	5.954	5.669
17	8.544	8.022	7.549	7.120	6.729	6.373	6.047	5.749
18	8.756	8.201	7.702	7.250	6.840	6.467	6.128	5.818
19	8.950	8.365	7.839	7.366	6.938	6.550	6.198	5.877
20	9.129	8.514	7.963	7.469	7.025	6.623	6.259	5.929
21	9.292	8.649	8.075	7.562	7.102	6.687	6.312	5.793
22	9.442	8.772	8.176	7.645	7.170	6.743	6.359	6.011
23	9.580	8.883	8.266	7.718	7.230	6.792	6.399	6.044
24	9.707	8.985	8.348	7.784	7.283	6.835	6.434	6.073
25	9.823	9.077	8.422	7.843	7.330	6.873	6.464	6.097
26	9.929	9.161	8.488	7.896	7.372	6.906	6.491	6.118
27	10.027	9.237	8.548	7.943	7.409	6.935	6.514	6.136
28	10.116	9.307	8.602	7.984	7.441	6.961	6.534	6.152
29	10.198	9.370	8.650	8.022	7.470	6.983	6.551	6.166
30	10.274	9.427	8.964	8.055	7.496	7.003	6.566	6.177

续表

n	17%	18%	19%	20%	24%	28%	32%	36%	40%
1	0.855	0.847	0.840	0.833	0.806	0.781	0.758	0.735	0.714
2	1.585	1.566	1.547	1.528	1.457	1.392	1.332	1.276	1.224
3	2.210	2.174	2.140	2.106	1.981	1.868	1.766	1.674	1.589
4	2.743	2.690	2.639	2.589	2.404	2.241	2.096	1.966	1.849
5	3.199	3.127	3.058	2.991	2.745	2.532	2.345	2.181	2.035
6	3.589	3.498	3.410	3.326	3.202	2.759	2.534	2.339	2.168
7	3.922	3.812	3.706	3.605	3.242	2.937	2.678	2.455	2.263
8	4.027	4.078	3.945	3.837	3.421	3.076	2.786	2.540	2.331
9	4.451	4.303	4.163	4.031	3.566	3.184	2.868	2.603	2.379
10	4.659	4.494	4.339	4.192	3.682	3.269	2.930	2.650	2.414
11	4.836	4.650	4.486	4.327	3.776	3.335	2.978	2.683	2.438
12	4.988	4.793	4.611	4.439	3.851	3.387	3.013	2.708	2.456
13	5.118	4.910	4.715	4.533	3.912	3.427	3.040	2.727	2.468
14	5.229	5.008	4.802	4.611	3.962	3.459	3.061	2.740	2.477
15	5.324	5.092	4.867	4.675	4.001	3.483	3.076	2.750	2.484
16	5.045	5.162	4.938	4.730	4.033	3.503	3.088	2.758	2.489
17	5.475	5.222	4.988	4.775	4.059	3.518	3.097	2.763	2.492
18	5.534	5.273	5.033	4.812	4.080	3.529	3.104	2.767	2.494
19	5.584	5.316	5.070	4.844	4.097	3.539	3.109	2.770	2.496
20	5.628	5.353	5.101	4.870	4.110	3.546	3.113	2.772	2.497
21	5.665	5.384	5.127	4.891	4.121	3.511	3.116	2.774	2.498
22	5.696	5.410	5.149	4.909	4.130	3.556	3.118	2.775	2.498
23	5.723	5.432	5.167	4.925	4.137	3.560	3.120	2.775	2.499
24	5.746	5.451	5.182	4.937	4.134	3.562	3.121	2.776	2.499
25	5.766	5.467	5.195	4.948	4.147	3.564	3.122	2.776	2.499
26	5.783	5.480	5.206	4.956	4.151	3.566	3.123	2.777	2.500
27	5.798	5.492	5.215	4.964	4.154	3.567	3.123	2.777	2.500
28	5.810	5.502	5.223	4.970	4.157	3.568	3.124	2.778	2.500
29	5.820	5.510	5.229	4.975	4.159	3.569	3.124	2.778	2.500
30	5.829	5.517	5.235	4.979	4.160	3.569	3.124	2.778	2.500